我們
為何相信？

THE
BELIEVING BRAIN

From Ghosts and Gods to Politics and Conspiracies -
How We Construct Beliefs and Reinforce Them as Truths

從鬼魂、神和外星人，到陰謀、經濟和政治，
大腦如何打造信念並鞏固為真理

Michael Shermer

麥可・謝爾默 ——— 著　蔡丹婷 ——— 譯

給德芬・齊爾・謝爾默（Devin Ziel Shermer）

為我們的小小貢獻——從出生到獨立的六千八百九十五天或一八・九年
——地球上的生命一代又一代，奇蹟般地延續了三十五億年，從未間斷，
這樣的綿延不絕光輝耀眼，思之凜然。現在交棒給你了。

因為人類心智絕非透明均勻的玻璃，能讓事物的光束依其真實入射角而反射。不是的，它就像一塊施了魔法的玻璃，若不加以導正和還原，就會充滿迷信和欺騙。

——法蘭西斯・培根（Francis Bacon），《新工具論》（*Novum Organum*），
　　1620年

目次 Contents

楔子 Prologue

我想相信

I Want to Believe

　　1990 年代的超級陰謀論電視影集《X 檔案》（*The X-Files*），經典地反映了 90 年代文化，集結了幽浮（UFO）、外星人、超能力、惡魔、怪物、變種人、變形人、連環殺手、超自然現象、化為現實的都市怪譚、企業陰謀、政府的掩蓋以及各種洩密，包括類似深喉（deep-throat）的人物「老煙槍」，諷刺的是，飾演這個角色的威廉·戴維斯（William B. Davis），在現實生活中其實是懷疑論者。吉蓮·安德森（Gillian Anderson）飾演的 FBI 探員黛娜·史卡利，對事件大多抱持懷疑態度，大衛·杜考夫尼飾演的探員福克斯·穆德則傾向相信，男女主角在劇中互相較勁，穆德的招牌台詞更成為流行文化用語：「我想相信」和「真相就在某處」。

　　《X 檔案》的催生者兼製作人克里斯·卡特（Chris Carter），將劇情安排為史卡利和穆德分別象徵懷疑論者和相信論者，讓這兩個陣營上演現實與幻想、事實與虛構、故事與傳說之間的心理拉鋸戰。《X 檔案》收視率好到被《辛普森家庭》（*The Simpsons*）拿來惡搞，這部卡通在 1997 年製作了一集「內糊檔案」（The Springfield Files），描述荷馬在牛飲十罐紅蟋啤酒後在森林裡遇到外星人。製作人別出心裁請來李奧納德·尼莫伊（Leonard Nimoy）擔任開場白，尼莫伊以飾演《星際爭霸戰》（*Star Trek*）中的史巴克聞名，但他也在 1970 年代主持過探祕型電視節目《大探索》（*In Search of . . .*），這部節目可說是非虛構版本的《X 檔案》。他在開場白中說：「以下關於遭遇外星人的故事完全屬實。不過我所說的『真』意思其實是『假』。這全是謊言。但這些是有趣的謊言，最終來說，這難道不是事實嗎？答案是，

不是。」

　　（不是）[1]，後現代主義秉持的真相相對主義（relativism of truth），加上大眾媒體的點擊文化（專注力持續時間以紐約分鐘*為單位），結果就是各式各樣包裝在資訊娛樂節目中令人眼花繚亂的真相主張。一定是真的，我在電視、電影和網路上看到的：《陰陽魔界》（*The Twilight Zone*）、《第九空間》（*The Outer Limits*）、《不可思議！》（*That's Incredible!*）、《靈異第六感》（*The Sixth Sense*）、《鬼哭神號》（*Poltergeist*）、《脆弱的變化》（*Loose Change*）、《時代精神》（*Zeitgeist: The Movie*）。神祕事件、魔法、謎團和怪物；玄學和超自然力量；陰謀與陰謀集團；火星上的臉孔和地球上的外星人；大腳怪和尼斯湖；超感官知覺（ESP）和心靈力量（psi）；幽浮和外星人（ETIs）；靈魂出竅（OBEs）和瀕死經驗（NDEs）；約翰・甘迺迪（JFK）、羅伯特・甘迺迪（RFK）和馬丁路德・金恩（MLK Jr.）等暗殺事件——字母陰謀**；意識異態和催眠回溯；靈通遙視和魂靈投射；通靈板和塔羅牌；占星術和手相；針灸和整脊；壓抑的記憶和假記憶；與亡者交談和傾聽你的內在小孩。種種主張揉合了理論與猜想、現實與幻想、寫實與科幻，叫人難辨真偽。緊張的音樂響起、畫面轉暗、燈光掃過主持人的臉。**別相信任何人。真相就在某處。我想相信。**

　　我相信真相就在某處，但它很少是淺顯易懂、明明白白擺在面前的。基於感性想要相信的，和基於證據應該相信的，也不見得總是能一致。我是懷疑論者，不是因為我不想相信，而是因為我想要**知道**。那我們該怎麼分辨「我們希望是真的」與「真的是真的」之間的差別？

　　答案在於科學。我們活在科學時代，信念就應該深植於堅實的證據與經驗數據。問題是，在大多科學家看來不足採信的事，為什麼會有這麼多

---

*　譯注：指綠燈亮起到後車按喇叭的時間。

**　譯注：在有關約翰・甘迺迪（JFK）、羅伯特・甘迺迪（RFK）和馬丁・路德・金恩（MLK Jr.）等重要人物的暗殺事件中，曾有許多關於字母陰謀（Alphabet Conspiracies）的陰謀論，這些論點通常指向機構或組織的參與，其名稱通常以字母開頭，例如 CIA、FBI、KGB 等。

人深信不疑呢？

信念的人口學

2009 年的哈里斯民意調查（Harris Poll）抽調了二千三百零三名美國成年人，請他們「回答是否相信題目所列事物〔如下〕」。調查結果發人深省。[2]

上帝	82%
神蹟	76%
天堂	75%
耶穌是上帝或上帝的兒子	73%
天使	72%
死後靈魂仍存活	71%
耶穌基督復活	70%
地獄	61%
（耶穌是）聖靈感孕	61%
惡魔	60%
達爾文的演化論	45%
鬼魂	42%
神創論	40%
幽浮	32%
占星術	26%
女巫	23%
輪迴	20%

相信天使與惡魔的人，比相信演化論的人還多。這實在令人不安。不過我對這樣的結果並不意外，因為過去數十年來進行的類似調查，[2] 結果也

都類似，包括國際調查亦然。[3] 例如，2006 年《讀者文摘》（*Reader's Digest*）抽調了一千零六名英國成年人，其中 43％的受訪者說他們可以讀取別人的心思，或是自己的心思曾被人讀取；有超過半數的受訪者說，曾對某一事件做過預知夢或有過預兆；超過三分之二的人說，被人盯看著時他們可以感覺到；26％的人說曾感應到所愛的人生病或有麻煩；62％的人說他們能在接電話之前就猜出是誰打來的；五分之一的人說自己見過鬼；將近三分之一的人說，他們相信瀕死經驗證明了死後的世界。[4]

雖然相信超自然力量和神祕事件的確切比例，依各國和不同年代而有所變化，但數字傳達出的意義仍舊相當一致：大多數人都抱持某種神祕或超自然信念。[5] 國家科學基金會（National Science Foundation，NSF）對這些數字感到心驚，也十分關切科學教育的成效不彰，以及科學教育對超自然信念形成的影響，於是展開廣泛的超自然及偽科學信念研究，包括「媒體對科學及科學過程的誤解，有時會助長這類信念。」[6]

我也很想把錯全都踢到媒體那邊，因為這麼一來，補救辦法就很直截了當──改善科學的普及方式就好。但這樣太簡單了，就連 NSF 自己的資料都不支持這種結論。雖然相信超感官知覺的比例在高中畢業生間是 65％，在大學畢業生間降到 60％；相信磁療法的比例在高中畢業生間是 71％，在大學畢業生間降到 55％，但這些受過良好教育的族群中，仍有過半數完全採信這類說法！至於對替代醫學的接受程度（一種偽科學的形式）甚至還**提高**了，在高中畢業生間是 89％，在大學畢業生間增加到 92％。

部分原因可能是有 70％的美國人仍不瞭解科學過程，科學過程在 NSF 研究中的定義為掌握概率、實驗方法和假設檢驗。所以解決辦法之一，就是除了教大眾**科學知道些什麼**之外，還要教導大眾**科學如何運作**。《懷疑》（*Skeptic*）雜誌在 2002 年有一篇文章名為〈科學教育並非懷疑論的保證〉（Science Education Is No Guarantee of Skepticism），文中提出一項研究成果，即科學知識（關於世界的事實）與超自然信念之間未發現相關。「在〈科學知識〉測試中得分較高的學生，對偽科學主張的懷疑程度，不比得分極低的學生

高，也不比他們低。」作者總結道：「顯然這些學生無法運用自己的科學知識，來評估這些偽科學主張。我們認為這種無能，源自傳統上科學的呈現方式──學生被教導該思考**什麼**，而不是**如何**思考。」[7]科學方法是可學習的概念，如同前述提及的國家科學基金會研究顯示，受過高等程度科學教育（九門以上高中及大學科學／數學課程）的美國人之中，有53％瞭解科學過程，相較之下，受過中等程度科學教育（六到八門這類課程）的人之中有38％，而只受過低等程度科學教育（少於五門這類課程）的人之中只有17％。所以，也許削弱迷信和超自然信念的關鍵，就在於教導大眾科學**如何**運作，而不光是普及科學新知。

但問題不只是這麼簡單，原因在於直接的教育工具攻擊，對大多數人們深信不移的信念無效，尤其是如果對方還沒準備好接受與其信念牴觸的證據。信念的改變來自多項因素的總合，包括個人心態的準備程度，以及更深層社會文化的轉變，也就是潛藏的時代思潮，部分是受到教育影響，但更多的是難以界定的大環境變動下的產物，如政治、經濟、宗教和社會變動。

人們為何相信？

信念系統威力強大、無所不在、歷久彌新。一直以來，我都致力於探索信念究竟是如何產生、形成、滋長、鞏固、受到挑戰、改變和消失。這本書總合了我三十年來的研究，試圖回答我們如何以及為何相信自己在生活中各方面的所做所為。我感興趣的不僅是為何人們會相信奇怪的事情，或為何人們會相信這個或那個說法，我真正想探討的是為何人們會相信任何事情。我的假說很簡單：

　　　我們在家庭、朋友、同事、文化和整體社會所創造的環境脈絡中，
　　出於各種主觀、個人、情感和心理原因，形成我們的信念；在信

念形成之後，我們會用一系列智性理由、有力的論據和理性解釋，來捍衛、證明和合理化這些信念。先有信念，然後才是對信念的解釋。

大腦是一具信念引擎。從通過感官流入的資料中，大腦自然地開始尋找和發現模式，並為這些模式賦予意義。我將第一個過程稱為**模式性**（patternicity）：*即在有意義和無意義的資料中，尋找有意義的模式的傾向。*第二個過程我稱為**主體性**（agenticity）：*即為模式賦予意義、意圖和主體的傾向。*我們忍不住就是會這麼做。人類的大腦已經進化到會自動將世界裡的點串連成有意義的模式，以解釋事情發生的原因。這些有意義的模式就成了信念。

信念一旦形成，大腦就會開始搜尋相符的證據以支持這些信念，並提升我們對信念的信心，進而加快鞏固的過程，周而復始，形成一個肯定信念的正向回饋循環。有時人們會因為一次啟示性的經歷形成信念，甚至打破個人背景或整體文化的框架阻礙。更罕見的狀況是，有些人會仔細衡量正反面證據，計算出自己原有的立場或模糊念頭的可能性，據此做出鐵面無情的決定，而且再也不回頭。這種信念逆轉在宗教和政治中非常罕見，如果出現在名人身上更是會成為頭條新聞，例如神職人員改變宗教或放棄信仰，或政客改投另一政黨或獨立。這種事情確實發生過，但就像黑天鵝一樣罕見。信念逆轉在科學領域比較常見，但即使科學高舉「科學方法」的理想化大旗，並強調只看事實，這類改變還是不如我們期望的那樣頻繁。科學家也是人，同樣容易受到情緒起伏和認知偏誤的影響，從而對自己的信念堅信不移。

這個「信念依存實在論」（belief-dependent realism，指依賴信念的真實主義）的過程，是衍伸自劍橋大學宇宙學家霍金（Stephen Hawking）和加州理工學院數學家兼科學作家雷納·曼羅迪諾（Leonard Mlodinow），在他們的書《大設計》（*The Grand Design*）中提出的科學哲學「模型相關實在論」（model-dependent realism，依賴模型的真實主義）。他們在書中解釋道：「因為沒有一個單一模型能適切地解釋現實，所以我們可以自由運用不同的模型以解釋世界的不同層面。『模型相關實在論的基本假設為，我們的大腦解讀感覺器官輸入的方式，是透過形成一個世界模型，當這樣的模型能成功解釋事件時，我們便傾向於將現實的品質或絕對的真實歸因於這模型，同時也歸因於構成這模型的元素和概念。但同一個物理狀況也許能以不同的模型解釋，而這些模型又各有一套基礎元素和概念。如果有兩個理論或模型能準確預測同一事件，我們就不能說其中一個比另一個更真實，而是可以自由選用最方便的模型。』」

　　我進一步主張，科學家用來解釋例如光波性或光粒子性的這些不同物理學和宇宙學的模型，本身就是信念；在與關於物理、數學和宇宙學的更高階理論結合後，就形成了關於自然的整體世界觀。因此我們可以說，信念依存實在論是模型相關實在論的更高階形式。此外，我們的大腦還會對信念做出價值判斷。我們為何形成信念並評價這些信念是好是壞，在演化上有很好的理由，這一點我會在談到政治信念時詳述，現在先簡單說明。人類演化的部落傾向，會引導我們與團體中想法類似的同伴形成聯盟，並將抱持不同信念的人妖魔化。因此，當我們聽到與我們的信念不同的想法時，很自然地就會對這些信念不屑一顧，或斥為無稽之談、邪說或兩者皆是。這種傾向讓我們在新證據就擺在眼前時，依舊難以轉換想法。

　　事實上，不光只是科學模型，關於世界的**所有**模型，都是信念的基礎；而信念依存實在論意味著我們無法逃離這種認識論的陷阱。不過，我們可以運用科學工具，因為科學工具正是設計用來檢測某一關於現實的模型或信念，是否不單只符合我們的觀察，同時也符合他人的觀察。雖然在我們自身之外，並沒有一個阿基米德點＊能讓我們看見**關於現實的真相**，但科學

＊　譯注：阿基米德支點（拉丁文：*Punctum Archimedis*）是一種假想的觀點，從這個觀點可以完美地理解某些客觀真理（因此也被稱為上帝視角）。換句話說，從阿基米德支點的觀點來看，是試圖將自己從研究對象中抽離，以便能夠看到它與所有其他事物的關係，同時又能保持對它們的獨立性。

是有史以來能提出關於條件式現實的當下真相的最好工具了。因此，信念
依存實在論並不是所有真相都平等，且每個人的現實都值得尊重的認識論
相對主義。宇宙真的始於大爆炸，地球真的已有數十億年歷史，演化真的
發生了，而任何持相反信念的人真的是錯了。即使是托勒密的地心說系統，
也與哥白尼的日心系統一樣能解釋觀察所得（至少在哥白尼的時代如此），當
然現在已經沒有人認為這兩個模型是平等的了，因為有更多證據讓我們知
道，日心說比地心說更符合現實，即使我們仍然無法宣稱這就是**關於現實
的絕對真相**。

　　我在本書中呈現的證據，證明了我們的信念依存於主觀、個人、情緒
以及生理等多層面的因素，這使得我們對現實的理解，正如培根（Francis
Bacon）詼諧的描述，有如透過「施了魔法的玻璃」，是如此地「充滿迷信
與欺騙」。我們將從軼事證據開始，先帶出三則關於個人信念的故事。第
一則故事是關於一個你應該從沒聽說過的人，他在幾十年前的凌晨，經歷
了一次深刻且改變人生的經驗，至今仍驅使著他去尋找宇宙的終極意義。
第二則故事的主角你很可能就有聽說過了，畢竟他是我們這個時代的偉大
科學家，他同樣也在一個清晨經歷了改變生命的經驗，因此下定決心做出
信仰之躍。第三則故事是我自己從信徒變成懷疑論者的旅程，以及一路走
來我學到了什麼，進而引領我走進系統性信念科學研究的職業生涯。

　　在敘述性證據之後，我們接著會談信念系統的結構：信念如何形成、
滋長、鞏固、改變和消失。我們會先從概念開始，談**模式性**和**主體性**的理
論結構，然後再具體深入探討人們為何會演變出這些認知過程，這些認知
過程符合我們祖先生活中的哪些目的，對現在的我們又意味著什麼。接著
我們將鑽進大腦，直達信念系統神經生理學結構中的單一神經元內部，自
下而上地重現大腦如何形成信念。再來，我們將檢視信念系統在宗教、死
後的世界、上帝、外星人、陰謀、政治、經濟和各種意識形態方面的運作
方式，然後我們會談一談，一系列認知過程是如何讓我們相信自身信念就
是真理。而在最後幾章，我們將探討如何知道自己的哪些信念是可信的，

哪些模式是真的，而哪些是假的；哪些主體是真實的，而哪些不是，以及科學如何作為最終的模式檢測工具，使我們在信念依存實在論之中，得以擁有一定程度的自由，並與心理陷阱拉開一段明顯的距離。

第一部

信念之旅

每個人都是他所處時代的產物；很少有人能超越當代的觀念。

——伏爾泰（Voltaire）

1

Chapter

達皮諾先生的兩難

Mr. D'Arpino's Dilemma

那聲音清晰，傳達的信息更不容錯認。「奇克」埃米利奧·達皮諾（Emilio "Chick" D'Arpino）從床上跳起來，他驚訝地發現，在他耳中如此清楚的話語，居然不是房間裡有人說話。那是 1966 年 2 月 11 日凌晨 4 點，達皮諾獨自一人在臥室裡，剛聽到的聲音似乎沒有讓他感到不安。那聲音非男非女，儘管從來沒有類似經驗可供參考，但達皮諾就是知道，那聲音不屬於這個世界。

我在四十七歲生日那天認識了奇克達皮諾，那天是 2001 年 9 月 8 日，再三天就是那場震驚全球的災難，從此將歷史劃分為 911 前與 911 後。奇克想知道我願不願意寫一篇文章回答他的問題：*是否可能得知在他處有沒有一個源頭，知道我們在這裡？*

「呃，你是說上帝嗎？」我問道。

「不一定，」奇克回道。

「外星人？」

「也許，」奇克繼續說，「但我不想指明源頭的本質，重點是在他處，不在這裡。」

我心想，誰會問這種問題？更重要的是，**為什麼**？奇克解釋說，他是一個家在矽谷的退休砌磚工，很喜歡追尋深層問題的答案，所以他會贊助

鄰近的聖荷西州立大學和史丹福大學舉辦論文比賽和單日會議，以尋求答案。我從未聽說過有砌磚工贊助會議，這勾起了我的興趣，而且我向來敬佩自學者。

　　幾年下來，我和奇克成了好友，我越來越好奇，為什麼一個砌磚工會把微薄的家產，花在贊助探討人生大哉問的論文比賽和會議上。我有種感覺，奇克早就知道他問的問題的答案，但十年來不管我怎麼問他都避而不答。直到有一天，我又再一次追問，他才稍稍透露了一點：

　　我有過一次經驗。

　　經驗，很好！這種語言我很熟悉——信念系統的語言深植於經驗。什麼樣的經驗？

　　奇克又閉緊嘴巴了，但我還是不死心地旁敲側擊，繼續追問細節，什麼時候的事？

　　1966 年。

　　在幾點發生的？

　　早上 4 點。

　　你看到還是聽到了什麼？

　　我不想談這件事。

　　但如果這次經驗這麼深刻，讓你到現在都還在追尋這些大哉問，那一定也值得和他人分享吧。

　　不，這很私密。

　　得了，奇克，我都認識你十年了，我們可是最好的朋友，我真的很好奇。

　　好吧，是一個聲音。

　　一個聲音，嗯。

　　我知道你在想什麼，麥可——你寫的那些關於幻聽、清醒夢和鬼壓床的文章我都看過了，但我的情況絕不是這些。那很清楚、明白、不容錯認，絕對不是出自我的心智，而是來自外面的源頭。

　　終於有點進展了，這個人是我結識多年的好友，平常看起來很理智，聰明才智也不在話下，我需要知道更多細節。在哪裡發生的？

　　在我妹妹家。

　　你怎麼會睡在你妹妹家？

　　我和老婆分了，正要離婚。

　　啊哈，是吧，離婚的壓力。

　　我知道，我知道，我的心理醫生跟你想的一樣——是壓力引發這次經驗。

　　精神科醫生？一個砌磚工怎麼會去看精神科醫生？

　　這個嘛，是特勤局（Secret Service）要我去安格紐斯州立醫院（Agnews State Hospital）找這個精神科醫生。

　　什麼？！特勤局？你為什麼會跟特勤局扯上關係？

　　我想跟總統談話。

　　好，讓我想想……1966 年……是詹森總統（Lyndon Johnson）……越戰反戰……示威……建築工人想見總統……精神病院。對一個以研究信念為職業的人來說，這個故事太有趣了，所以我繼續追問。

　　你為什麼想要見總統？

　　把那個聲音源頭的訊息轉達給他。

　　什麼訊息？

　　這個我永遠不會告訴你，麥可——我沒告訴過任何人，我會把它帶進墳墓裡，我連我的小孩都沒講。

　　哇，一定是很重大的訊息，就像摩西在山頂從耶和華那裡領受十誡一樣。應該持續了一段時間吧，有多久？

　　不到一分鐘。

　　不到一分鐘？

　　是十三個字。

　　你還記得那十三個字嗎？

當然！

好啦，奇克，告訴我是什麼啦。

不行。

你有寫在某個地方嗎？

沒有。

我可以猜猜訊息的主題嗎？

好啊，你猜吧。

愛。

麥可！沒錯！一點也沒錯，愛，那源頭不僅知道我們在這裡，他還愛我們，我們可以和他建立關係。

源頭

我很想知道 1966 年 2 月那天早上，我的朋友奇克達皮諾到底發生了什麼事，以及那次經驗如何深遠地改變了他的人生。我想知道奇克發生了什麼事，是因為我想知道當我們所有人形成信念時發生了什麼事。

以奇克來說，他的經驗是發生在與妻小分離的期間。分離的細節不重要（而且他也想保護家人的隱私），但分離的影響力很重要。「我那時候完全崩潰了，」奇克告訴我，[1]「在你能想得到的方面我都是崩潰的：財務、身體、情緒、心理。」

直到現在奇克仍然堅持，他經驗到的絕對不是出自他的心智。我強烈懷疑這一點，所以以下是我的解讀。獨自躺在床上的奇克醒了，也許正為又要開始煎熬的一天而憂慮著。心愛的妻子和孩子都不在身邊，奇克對之後的人生感到徬徨，不知何去何從，更懷疑自己是否被愛。只要是經歷過愛卻不得回報的苦、關係不確定的焦躁、婚姻不順遂的折磨或是離婚那種痛徹心肺的淒涼的人，應該都很清楚這種攪動情緒渣滓的痛苦騷動──胃部翻騰、心跳加速、壓力荷爾蒙讓戰或逃的情緒激升──尤其是在帶來救

贖希望的太陽還未升起的黎明前時刻。

　　我也體會過這種情緒，所以也許我是在投射。我父母在我四歲時離異，雖然那些分離和紛擾的細節在我的記憶中已經模糊不清，但有一個回憶格外清晰，當時不知有多少個深夜和清晨，我清醒地躺在床上，卻有種近乎眩暈的感覺，自己正在螺旋下降、縮進床裡，而我所在的房間不斷地向四面擴張，讓我覺得自己越來越渺小，既擔心又害怕……嗯……一切，尤其是關於被愛。雖然很幸運地，那種不斷縮小的經驗已經不再出現，但直到現在，還是有太多個深夜和清晨，失去愛的焦慮會再度襲來，如果是在其他時刻，我會用建設性的工作或體能活動去排除這些情緒，有時候會成功，但不是每次都有效。

　　接下來發生在奇克身上的事情，可以用超現實、空靈和超脫塵世來形容。1966 年 2 月的那個清晨，一個安詳舒緩的聲音，平靜地傳達了我所想像一個在混亂中精神崩潰的人渴望聽到的信息：

　　你被一個更高的源頭所愛，他也希望你報之以愛。

　　我不知道奇克達皮諾聽到的是不是這些字，畢竟他還是不肯說，不過他多透露了一點：

　　*那是關於源頭和我之間的愛，源頭點明了他和我的關係，以及我和他的關係，重點是——**愛**。如果非要說是關於什麼，那就是我們對彼此的互愛，我和源頭，源頭和我。*

　　要如何理解超自然事件，並得出自然的解釋？這是達皮諾先生的兩難。

　　我就沒有陷入這種兩難，因為我不相信有超脫塵世的力量。奇克的經驗是由（我合理推斷出的）因果場景所引發，那個外部聲音其實來自他的內心。因為大腦無法察覺自身或其內部運作，而且我們一般的經驗都是來自外界的刺激經由感官進入大腦，所以一旦神經網路出錯或傳送訊息到腦部

其他區域，而被當成外界刺激接收，大腦自然會將這些內部活動解讀成外在現象。這種情況既能自然發生，也能人為引發——很多人在不同的條件下（包括壓力）都會經歷幻聽和幻視，有大量研究（之後我會再詳述）指出，人為觸發這種虛幻的短暫現象有多麼容易。

　　不管這個聲音的實際源頭是什麼，一個人在有過這種經驗後會怎麼做？奇克說起了之後的故事，而這是我聽過最令人目瞪口呆的故事了。

　　那天是星期五，隔週的星期一——我記得是情人節——我就去了聖克拉拉郵局（*Santa Clara Post Office*），因為那時候 *FBI* 是在那裡。我想見總統，把我聽到的訊息轉達給他，但我不知道要怎麼才能見到總統。我想說可以從 *FBI* 那裡著手，所以我就走進去，告訴他們我想做什麼，然後他們就問我，「那麼達皮諾先生，你為什麼想要見總統？你是要抗議什麼嗎？」我說，「不是的，探員先生，我有好消息！」

　　你有仔細想過要怎麼告訴總統嗎？

　　沒有，我不知道要說什麼，我覺得到時候就知道了。基本上，我是想告訴總統「外面有一個源頭知道我們在這裡，那個源頭很關心我們。」

　　FBI 探員有什麼反應？

　　他說：「這麼說吧，如果是這種事，你應該要找特勤局，他們才是直接面對總統的人。」所以我就問他，我要怎麼去特勤局？他看了看錶，然後說，「達皮諾先生，你先開車到舊金山的聯邦大樓，特勤局辦公室就在六樓。如果你現在動身，不塞車的話，應該可以在他們下班前抵達。」所以我就這麼做了！我坐上車，開到舊金山，找到聯邦大樓，坐電梯，結果特勤局辦公室真的在六樓！

　　他們讓你進去了嗎？

　　是啊，我見到了一個探員，他大概一百八十三公分高，我跟他說我想

見總統。他立刻問我：「達皮諾先生，是總統有危險嗎？」我說：「就我所知是沒有。」然後他給了我一張紙條，上面寫著電話號碼，他說：「這樣啊，那這個給你，你可以打給華盛頓特區的白宮總機，找預約秘書看你能不能預約時間見總統，這樣就可以了。」

我簡直不敢相信！居然就這麼簡單，所以我就開始打電話，打了又打，打了又打，永遠打不通。這下我又卡住了，我不知道該怎麼辦，因為我是海軍退伍，所以我就去了退伍軍人醫院（Veterans Administration hospital），跟他們說了一遍我目前所做的事。你可以想像得到，他們都勸我別異想天開。「達皮諾先生，你為什麼想要見總統呢？」然後他們就請我離開，這時候 FBI 的人提到的那些示威者給了我靈感，我就在退伍軍人醫院坐下來不走了！

靜坐示威！

對，然後院方人員就說：「好了，達皮諾先生，你不走的話我就要叫警察了，我不想這麼做，你看起來是個好人。」所以我就跟那個人拉鋸了好一陣子，我記得他叫馬西，因為跟我女兒的名字同音。五個小時後他回來說：「你還在這裡啊，達皮諾先生？」我說：「對，我就待在這裡不走了。」他說：「真是的，達皮諾先生，你再不走我真的要叫警察了。」我說：「馬西，你做你認為對的事吧，我就待在這裡不走。」

所以他就報警了，後來來了兩個警察，他們問說：「有什麼問題？」馬西回答說：「這個人想見總統。」其中一個警察說：「達皮諾先生，你不能待在這裡，這裡是政府機構，服務老兵的。」我說：「我是老兵。」他說：「這樣啊……」然後他問馬西：「他有造成什麼麻煩嗎？有不當舉止嗎？」馬西說：「沒有，警察先生，他只是坐在這裡。」然後警察就跟他說：「這不歸我管。」他們討論了一陣子以後，就決定帶我去安格紐斯州立醫院，找能幫助我的人。

你可以想像得到，我走進一間州立精神病院的時候，完全不知道會發生什麼事。一開始他們和我談了一會兒，看出來我沒瘋也沒有精神病，其

中一名警察就送我回我車上，他說：「好了，達皮諾先生，這是你的鑰匙，只要你保證以後不會再吵著要見總統，你就可以回家了。」但我還是堅持要見總統，所以他們就說要把我留院觀察七十二個小時。那是我最大的錯誤，我以為只要我想隨時都能離開，我錯了。

你在精神病院待了三天？你做了什麼事？

他們派了好幾個精神科醫師來和我談話，他們認定我需要更多觀察，而且要在一名高等法院法官和兩名醫院指定的精神科醫師面前出庭，以判定我是否需要在精神病院住更久。2月24日那天，我站在法官和兩名精神科醫師面前，他們問了我一些問題，然後建議我住院。診斷：精神病。時間：待定。

聽到這裡，我的腦海已經浮現改編自肯・凱西（Ken Kesey）著名小說的奧斯卡金像獎電影中，傑克・尼克遜（Jack Nicholson）飾演的蘭道・麥克墨菲和露易絲・佛萊徹（Louise Fletcher）飾演的護士長拉契特，針對病人權益不斷過招的場景。我也把這個畫面告訴了奇克。

才不是！《飛越杜鵑窩》（One Flew Over the Cuckoo's Nest）跟那地方比起來簡直是小巫見大巫，那裡真的很難熬。整整一年半，我只能坐在病房裡做他們交代的小任務，還要參加團體治療，和精神科醫生談話。

我們該怎麼看這件事？奇克達皮諾是脫離現實的瘋子嗎？有被害妄想症的瘋子？不是的。一段三十秒的經驗不會導致精神病，更不用說他一生都在書籍、會議和大學課程中追尋科學、神學和哲學，以期更瞭解自己和人類的處境。奇克也許是有一點野心過大，但他不是瘋子。也許他曾經因為環境壓力，而暫時脫離了現實。也許，至少我懷疑是這樣……或之類的。然而，有數以百萬計的人經歷過離婚帶來的情感壓力，他們卻沒有這麼離奇的遭遇。

或許是環境壓力加上大腦異常短路的結果——例如隨機神經元放電，也可能是輕微的顳葉癲癇發作，有許多紀錄指出，顳葉癲癇發作會導致幻聽和幻視以及過激的宗教行為。或者，也有可能是不明原因引發的幻聽。我們甚至可以乾脆把這歸因到大數法則；在美國，即使只有百萬分之一機率的事件，每天也會發生三百次——只要有足夠多的大腦在足夠長的時間內與環境互動，就算是特殊事件也不免變得常見了。而且因為人類的選擇性記憶，我們只會記住異常事件，而忘記平淡無奇的日常。

我們大多數人都不會憑空聽到聲音或看見異象，但我們和那些能憑空聽到聲音、看到異象的人的大腦，都是以相同的神經化學方式連接，從摩西、耶穌和穆罕默德，到聖女貞德、約瑟夫·史密斯（Joseph Smith）*和大衛·考雷什（David Koresh）** 都一樣。大腦如何形成信念，並根據信念採取行動的模式，才是這裡要探討的重點，因為我們每個人都是如此——無可避免、不可抗拒、無庸置疑。信念是大腦創造的。無論奇克達皮諾發生了什麼事，我更感興趣的是，一旦我們形成了信念系統，又決心遵循時，信念系統就會支配我們，任何類型的信念都是如此：個人、宗教、政治、經濟、意識形態、社會或文化。或是精神病。

在瘋狂國度保持理智

1970 年代中期，我還是佩珀代因大學（Pepperdine University）心理學系的學生，系上有一門課叫變態心理學（abnormal psychology），課程要求學生必須到診所或醫院擔任義工，好對精神疾病有第一手的經驗。整整一學期，我每週六都開車上太平洋海岸公路，到卡馬利洛州立精神病院（Camarillo State Mental Hospital）待上一整天。那是很壓抑沈重的體驗，即使回程時放眼望去

---

* 　譯注：美國宗教領袖和後期聖徒運動的奠基人。
** 　譯注：大衛教教派的領袖，認為自己是其教派最終先知。

都是太平洋的美景，也無法提振我低落的心情。思覺失調症（schizophrenic）
患者和其他精神病患者在走廊裡拖著腳步走動，來回穿梭於空蕩單調的病
房和簡陋的遊戲室之間。儘管卡馬利洛率先從腦葉切除術轉為使用精神藥
物，在精神病治療方面已經是先驅，但在那些夢遊的軀體裡幾乎看不出恍
惚心智的存在。

為了讓我們在進入院所服務之前有所準備，教授要我們讀一篇論文（還
有聽作者的訪談），這篇論文出自著名的《科學》（Science）期刊，標題是〈談
在瘋狂之地保持理智〉（On Being Sane in Insane Places），作者是史丹福大學心
理學家羅森漢（David Rosenhan）。[2] 這篇論文現在是心理學期刊論文中最出名
的一篇，文中敘述羅森漢等人所做的實驗。研究人員進入東岸和西岸共五
個州的數十所精神病院，聲稱自己出現短暫的幻聽，並表示這些聲音通常
不清楚，但至少可以聽出一些字眼，像「空無」、「空虛」和「砰」。如
果硬要他們說的話，他們認為這些聲音裡的訊息是「我的人生空無空虛」。

八個研究人員都被收治入院了，其中七人被診斷為思覺失調症，另一
人是躁鬱症（manic-depressive）。但其實這些人之中，一個是心理學研究生，
三個是心理學家，一個是精神科醫師，一個是小兒科醫師，一個是家庭主
婦，還有一個是畫家（三男五女），沒有一人有精神病史。除了捏造的幻聽
經驗和使用假名之外，他們受到的指示是入院後就要說實話，正常行動，
並表示幻聽不再出現，現在已完全恢復。雖然護士回報這些病患「友善」
且「合作」，還說他們「沒有異常跡象」，但沒有任何一個院方的精神科
醫師或人員看破這場實驗，而是依舊把這些正常人當成病患對待。在院內
平均待了十九天後（從七到五十二天不等——他們得自己想辦法出院），羅森漢
這些假病人，全都在被診斷為思覺失調症「緩解中」後出院。

診斷性信念（diagnostic belief）的威力之大令人吃驚。在接受電臺訪問
時，[3] 羅森漢指出，在他入院面談的時候，精神科醫師問起他和父母及妻子
的關係，還問他有沒有揍過小孩。羅森漢回答，在青少年時期之前他都和
父母處得很好，不過在青春期的時候關係有點緊繃，他和妻子處得相當好，

偶爾會吵架，還有他「幾乎從來沒有」揍過小孩，只有兩次例外，一次是因為女兒拿藥品櫃的東西，另一次是兒子闖過繁忙的馬路，他才忍不住動手。他還補充說，精神科醫師完全沒有問起夫妻吵架或打小孩的前因後果。羅森漢解釋：「這些反而全部被解讀為反映出我在人際關係中的巨大矛盾，以及難以控制衝動，因為我平常不打小孩，可是要是我生氣了就會揍他們。」羅森漢總結說：「這個精神科醫師心裡已經判定我有病，就從我的病史找支持這種看法的證據，所以人際關係的矛盾就成了最好的例子」。

　　這種診斷性信念的偏誤無所不在。因為羅森漢的這些假病患在精神病院裡無聊到了極點，為了打發時間，他們不斷記錄經驗到的每一細節。其中一份令人心酸的描述如下：工作人員在研究人員的病理跡象清單中寫道，「患者固著於書寫行為」。假扮成病人的畫家則創作了一幅又一幅的畫作，而且因為畫得太好，畫作被掛在這家精神病院原本光禿禿的牆上——而這裡恰好是羅森漢擔任顧問的其中一家精神病院。

> 有一天我去參加一個病例會議，聽到院所人員在瀏覽她不同時期的畫作，他們是這麼說的：「看，在這裡你可以看出她的感覺中樞極度紛擾，可以看到事物如何爆發為意識。還有性欲的推動，在這裡你可以看到它被掩埋了」之類的。很明顯，在這件事上，其實所有類型的投射都是這樣，你想看到什麼就會看到什麼。心理健康專業人士對於患者的陳述，通常透露更多的是關於專業人士本身的認知，而不是他們對患者的處置。

　　而那些對精神科醫師的診斷毫不知情的真正病患，反而立刻察覺到有什麼不對勁。研究人員一共記錄了一百一十八位病患說的話，其中有三十五人指出他們瞭解其中端倪。其中一人說：「你沒瘋，你是記者，要不然就是教授。你是來察看醫院的。」一點也沒錯，不然誰會待在精神病院裡寫一大堆筆記？

　　那麼，病理信念系統是如何將正常行為徹底歪曲成不正常的呢？「既然病患人在醫院，那他一定是心理有問題，」羅森漢解釋道，「既然是心理有問題，那麼持續性地寫作一定就是這種問題的顯現，也許是與思覺失調症相關的其中一種強迫行為。」而且還不只是寫作，有一次一個假病人在走廊上走來走去，一名護士問他說：「X先生，在緊張嗎？」他回答道：「沒有，是無聊。」另一個假病人無意中聽到一位精神科醫生向一群實習醫生解釋說，病人提前三十分鐘排隊吃午飯「是這種病症口欲本質的展現」。唉呀，才不是那樣，他們只是又餓又無聊而已。

　　如果診斷標籤的威力如此強大，能讓人把正常人評判成瘋子，那麼反過來是否也適用？在不同情境下，瘋狂的行為是否會被標示為正常？為了測試診斷性信念的反向威力，羅森漢展開了後續研究。他聯絡了一間精神病院，因為先前這間病院曾寫信給他，表示**他們**絕對不會受到這種技倆的愚弄。羅森漢告訴他們，在接下來的三個月內，他會派一個或更多的假病人過去，請院方人員記錄他們認為哪些病人是偽裝的，結果是再次證明了依據診斷性工具解讀資料的信念威力。在院方收治的一百九十三名病患中，有四十一人被至少一位院方人員記錄為假扮者，另有四十二人被記錄為疑似假扮。事實上，根本**沒有**假病人被派往這間病院！「很顯然，我們無法在精神病院中區分精神正常者與不正常者，」羅森漢結論道，「醫院本身就形成一個特殊場域，行為的意義在其中極易被誤解。」

　　你相信什麼就會看到什麼，標籤定義行為，理論塑造數據，概念決定感知。

認識心智本身，你就認識了人性

　　在具結獲釋後，達皮諾回到工作崗位，同時展開了他的瞭解之旅。然而目的地何在？

　　在我死前，我想瞭解人類是否能正確回答「我是什麼？」、「我是

誰？」、「是否有別的源頭知道我們在這裡？」這類的問題，我認為我知
道這些大哉問的答案，在我死之前我想分享給眾人。

你從哪裡得到這些答案？

我從源頭那裡得到這些答案。

源頭是什麼？

心智本身。

　　我不是第一個問達皮諾這些問題的人，他剛開始向史丹福大學提出要
贊助這些大哉問的論文比賽時，教授就問過他類似的問題。在一封日期標
注為 2002 年 9 月 19 日的信件中，奇克這麼向教授解釋，其中還提到了認
識論（epistemology）的至理名言：

> 基本上，我之所以提出這個競賽的主題，是因為我深刻地意識到
> 「我是誰？」這個問題，是有正確答案的。我想盡我所能地「引
> 發」眾人的能力，以正確理解每個人個體自我認同的全部範圍。
> 關於提供心理能力及信息，以實現前述理解所需的原始源頭，我
> 亦特此聲明，我們與該源頭的本然關係在認識論上表達如下：「認
> 識心智本身，你就認識了人性。」

　　此處提及的可說是科學面臨的最大挑戰，也是我想在本書中探討的問
題：**認識心智本身，你就認識了人性。**

　　對我這樣的唯物論者來說，沒有「心智」（mind）這種東西。追根究底，
不過是神經元放電，和神經化學傳導物質流過神經元之間的突觸間隙，以
複雜的模式組合起來，產生了我們稱之為**心智**的東西，但實際上就是大腦。
奇克對此抱持異議。

　　那只是一種假設，麥可，你的出發點是除了大腦之外什麼也沒有，所以你當然會得出這個結論。

　　嗯，是的，我想是這樣沒錯。但你總得有個起點，所以我從底部開始，從神經元跟神經元動作開始。

　　但是麥可，選擇從這裡開始本身就是一種信念。這不是科學歸納，而是你有意識的選擇。

　　沒錯，但從底部開始有什麼不對嗎？歸納原則是科學的準則啊。

　　但如果你走這條途徑，就會錯失其他可能性：由上往下而不是由下往上的可能性。如果從上方的心智開始，再往下探討到神經元，就能開啟其他可能性。

　　你這不是兜著圈子說，你遇的事不只是你大腦的產物——而是真的有個源頭知道我們在這裡嗎？

　　這是認識論的不同起點，有合理的前提才有合理的結論。

　　現在我開始感覺自己好像是《與安德烈共進晚餐》（*My Dinner with Andre*）中的角色，在這部 1981 年由路易・馬盧（Louis Malle）拍攝的電影中，華萊士・蕭恩和安德烈・格雷戈里，就生活中深刻的哲學問題交談了數小時，其中有太多都是關於語詞的定義。

　　比如說？

　　你說大腦無法感知到自身。

　　對。

　　你知道自己是誰嗎？

當然知道。

這不就是了。是誰在問？從同一性（identity）的角度來說，總有一個人在感知。誰是在感知的那個「我」呢？對你而言，心智不過是大腦，但在我來說，心智不只是如此。它是我們的同一性。你知道自己是誰的這個事實，就代表大腦可以感知自身。

好吧，我懂你的意思了，但這也可以用神經運作來解釋，位於頂葉（parietal lobe）的神經網路監控身體，位於前額葉皮質（prefrontal cortex）的神經網路監控腦部其他部分，兩者形成神經反饋圈。這仍然是由下至上，從神經來解釋心智。但你說的似乎不只是這樣。

沒錯，心智具有普世性（universal）──它能推到人類以外，擴及任何形式的外星人或上帝或源頭之類的。

你怎麼知道？你又是從什麼前提得到這個結論的？

從人類的理解能力。理解能力出自哪裡？心智本身。

我不懂，你說的「理解」是什麼意思？

心智能感知心智。你能感知到自己正在感知，你同時是主體也是客體，我們有能力感知自身，也能如實地理解實體（reality）。

我想這就是我為什麼選擇了科學而不是哲學，恕我不能認同。這不就是認識論，談我們如何認識任何事嗎？

是的，這正是我喜愛邏輯和認識論的地方。邏輯從哪裡來？亞里斯多德嗎？他又是從哪裡得來的？最後還是要歸結到心智本身，而心智具有普世性。邏輯就像數學一樣，是先驗的（a priori）。我們沒有創造邏輯或數學，邏輯和數學的語法是後來發明的，但邏輯和數學的原理早已存在。

愛因斯坦相信邏輯、數學和自然法則，但他不相信有人格神（personal God）或任何至高的存在。你似乎相信除了邏輯、數學和自然法則之外，這個普世性的心智還代表著一個有意圖的主體，一個人格存在（personal being），知道我們在這裡，也關心我們。你怎麼知道是這樣？

因為他和我說話了。

所以到頭來還是個人經驗。

對，所以我想略過這些關於上帝或更高力量是否存在的對話和辯論，濃縮成三個字：「做實驗。」

什麼實驗？

SETI 實驗——尋找外星智慧生物。

早就有了啊。

是沒錯，但我覺得還要再加把勁，像是 METI 計畫，對外星智慧生物發送訊息，希望他們能偵測到。甚至是 IETI 計畫，邀請外星智慧生物，集結眾多科學家和學者，在線上向外星人發出邀請。

我見過 IETI 邀請函，這是假設外星人看得懂英語，而且還會用電腦瀏覽網頁，事實上我們現在所用的東西，在二十年前根本還未出現，二十年後應該也不管用了。

所以我才認為我們應該透過一個全球性組織，比如說聯合國，以所有語言向源頭發出口頭邀請。

你會說什麼？

我會說：「我們是地球公民，懷著和平的意圖，邀請所有外星智慧生物與我們接觸，請承認你們的存在，並承認你們知道我們的存在。」

　　達皮諾會不會有朝一日能實現他的夢想，請聯合國發送邀請給外星人，誰也不知道。試一試倒也無妨，說不定還能讓人類團結一致，暫時放下彼此之間的干戈。畢竟也沒有哪一條自然法則說不可能有外星智慧生物，或他們不可能知道我們的存在。但我很懷疑能得到回應，就像我依舊懷疑奇克幾十年前清晨的遭遇代表大腦以外的心智存在。但身為科學家，我永遠要考慮到自己可能是錯的這個可能性。無論如何，達皮諾的追尋之旅都證實了信念的力量。

柯林斯博士的轉變
Dr. Collins's Conversion

你現在可能在想，「拜託！這跟我有什麼關係？這個達皮諾是砌磚工人欸，我的信念是基於合理的分析和受過教育的考量。我從來沒有聽過什麼聲音，也沒有想去見總統。我的大腦和信念都好得很，謝了。」

這就是為什麼在繼達皮諾的故事之後，我要介紹法蘭西斯·柯林斯博士（Francis Collins）。他是一位擁有博士學位的醫生，曾任人類基因組計畫負責人、現任美國國家衛生研究院院長、榮獲總統自由勳章，也是地位崇高的美國國家科學院和羅馬教皇科學院院士，而這些不過是他的部分成就。柯林斯博士也經歷過一次改變人生的頓悟，同樣也是在清晨，促使他成為一名熱於分享的重生福音派基督徒，還寫了一本暢銷書，講述他從鐵桿無神論者轉變為熱忱信徒的經歷和旅程。你可能會認為自己能對砌磚匠故事中所展現的信念力量免疫，但我相信本書的讀者，應該沒有幾個人敢說自己擁有柯林斯的智力或科學資歷，畢竟他是當代最聰明的人之一。如果這種事能發生在他身上，那麼也可能發生在任何人身上。事實上，正如我在本書中所論證的，所有人都能感受到信念的力量，只是強度不一，還有出現在生命中的階段和時期不同。柯林斯博士的信仰之路，細節之處與達皮諾的截然不同，但信念如何形成以及鞏固的過程，才是我主要想要研究的內容。

柯林斯在他 2006 年的暢銷書《上帝的語言：科學家為信仰提供證據》（*The Language of God: A Scientist Presents Evidence for Belief*）中，[1] 敘述了他從無神論者到一神論者的心路歷程。一開始，柯林斯經歷一段停滯不前的腦內風暴，

腦中充滿科學家在研究新想法時經常出現的自我辯論（「我猶豫了，害怕後果，並受到懷疑的困擾」）。他閱讀有關上帝存在和基督神性的書籍，其中最值得注意的是著名牛津學者兼小說家 C. S. 路易斯（C. S. Lewis）的作品。路易斯的通俗非小說作品已成為基督教辨惑學的經典，他的兒童讀物《納尼亞傳奇》（*The Chronicles of Narnia*）系列，故事中充滿幾乎不加掩飾的聖經寓言，正陸續拍成好萊塢電影。當年我在佩珀代因大學就讀時，選修了一門課專門探討路易斯的著作，所以我能夠用切身經驗證明他的文字威力（不過他的科幻太空三部曲寫得不如納尼亞系列，不太可能拍成電影）。柯林斯回憶起他對耶穌是上帝道成肉身這一論點的最初反應，即耶穌以人的身分來到世間，為償還人的罪，使我們都能重生（比如在體育盛事中都能看到海報上寫著約翰福音三章十六節：「神愛世人，甚至將他的獨生子賜給他們，叫一切信他的，不至滅亡，反得永生。」）。他說：「在我相信上帝之前，這種邏輯簡直就是荒唐。現在，釘十字架和復活，成了上帝和我之間巨大鴻溝的有力解決方案，耶穌基督降生為人，成為這道鴻溝的橋梁。」同樣地，信念一旦形成，自然可以找到支持的理由。

不過，在柯林斯改信之前，他所受的科學和理性訓練，使他一直對信仰存疑。「我心裡屬於科學家的那一部分，一直拒絕走向基督教信仰，不管那有多吸引人，因為聖經裡關於基督的那些文字有可能只是神話，或者更糟，是騙局。」只要解釋先於信念，懷疑之心就能占上風。可是一旦你對信念的可能性敞開胸懷，解釋就自然到位了。他曾接受《時代》（*Time*）雜誌採訪，與著名的無神論者道金斯（Richard Dawkins）進行紙上辯論，道金斯挑戰柯林斯認為上帝是在宇宙之外的說法，並稱這種說法是「所有迴避說辭的父母」。柯林斯回應道：

> 我確實反對將自然界以外的一切都排除在對話中的這種假設，這對於我們會自問的問題——像「我為什麼會在這裡？」「我們死後會怎麼樣？」——而言，是一種乏善可陳的觀點。如果你拒絕

承認這種觀點的適切性，在檢視自然界之後，自然會得到上帝存在的可能性是零，因為這不是能用證據來說服的。但是，如果你對上帝存在的可能性保持開放態度，你就能看出宇宙中有許多層面與此結論相符。

先有解釋後有信念的次序即將顛倒。柯林斯正處於懷抱信仰、一躍而下的懸崖邊。對此，丹麥神學家索倫・克爾凱郭爾（Søren Kierkegaard）表示，這對於繞過「相信一個人既可以是完全的人，又是完全的上帝」這一悖論是必要的。路易斯為柯林斯提供了能夠飛越神學峽谷的投石器。在《純粹的基督教》（*Mere Christianity*）一書中，路易斯提出了著名的「騙子、瘋子或上帝」論點：

> 一個凡人若說出耶穌說的那些話，他就絕不可能是個偉大的道德導師。這人要麼是個瘋子——就跟一個人說自己是水波蛋一樣瘋狂——要麼就是地獄的惡魔。你得自己做決定，選擇相信這位耶穌是昔在今在的上帝的兒子，或者相信此人是瘋子，又或是一個更加可怕的人。你可以把他當傻子，叫他閉嘴，你可以對他吐口水，把他當惡魔殺死；或者你可以跪伏在他腳邊，稱他為主、為上帝。

關於基督神性正反兩面的思想論辯，在柯林斯的靈性探索過程中始終困擾著他，然而有一天下午在與大自然交會時，這些論辯全部潰不成軍：

> 路易斯是對的，我必須做出選擇。從我決定相信可能有上帝的那一刻起，已經過了一年，現在我受到召喚要有所承擔。在一個美麗的秋日，我第一次到密西西比河以西旅行，在喀斯開山脈上健行，上帝造物的威嚴和美麗，完全壓倒了我的抵抗力。我拐過一

個彎，一道美得不可思議，足有數百英尺高的冰封瀑布映入眼簾，我知道探索已經結束了。隔天早上，太陽升起時我跪在沾滿露水的草地上，向耶穌基督臣服。

　　就在我想進一步瞭解這個歷程時，恰好趕上了一次時機——那次正逢柯林斯要長途駕車拜訪親友，獨自在車上，不會受到身為國家衛生研究院院長的事務所擾。[2] 他非常坦率地從是什麼導致冰封瀑布的頓悟，開始談起自己的信仰和心路歷程。柯林斯之前是名住院醫生，每週工作一百個小時。「我工作過度、睡眠不足，還想努力當好丈夫和好爸爸，所以真的沒有時間深入反思。如果說山裡的那一刻真有什麼特別的話，那就是我拋開所有干擾，讓自己去思考這些深刻的問題。」在這種預備好的狀態下，柯林斯解釋道：「我轉過小路的轉彎處，看到冰封的瀑布在陽光下閃閃發光。與其說是上帝給的神蹟預兆，不如說是一種召喚我做出決定的感覺。我甚至記得當時自己想著，如果這時有一隻禿鷹從頭上飛過，那就太酷了，不過當然是沒有。但我確實體驗到一種平靜的感覺，準備好在正確的地方做出決定。我就是有一種『我在這裡，我做到了』的平靜感覺。」

　　柯林斯經歷了「大約一年的蜜月期」，「感受到極大的喜悅和寬慰，並與很多人談論了自己的轉變」，然而這段期間過去之後，懷疑開始爬上心頭，讓他不禁懷疑「這一切都是幻覺」。在一個懷疑格外洶湧的星期天，柯林斯「走到祭壇前，在巨大的痛苦中跪了好一會兒，用無聲的祈禱呼求幫助」。就在這時，他感覺到一隻手放到他的肩膀上。「我回頭一看，是一個那天剛加入教會的教友。他問我怎麼了。我告訴了他，他帶我去吃午飯，我們聊過之後成了好朋友。原來他是一位物理學家，和我有著相似的歷程，他幫助我看見懷疑是信仰之旅的一部分。」在得到同為科學家友人的寬慰後，柯林斯「得以回顧並重建自己最初是如何獲得信仰的，得出『我

的宗教信仰是真實的，而不是偽造的』的結論。」

　　他也是科學家的這一點有幫助嗎？

　　當然有！和許多人談論過信仰後，我發現我比大多數人更偏重以理性探討信仰，所以能與其他科學家分享我的疑惑這一點非常有幫助。

　　心中存疑不影響你的信仰嗎？

　　沒有，懷疑讓人有機會持續成長。

　　你如何區分「上帝存在，且懷疑是信仰正常的一部分」，以及「上帝不存在，且懷疑是合理且適當」這兩種立場？

　　以信仰的光譜來說，一端是絕對相信上帝存在，另一端是根本沒有上帝。我們都活在光譜的兩端之間，我比較靠近相信的那一端，但絕不是已經到了端點。我也知道活在光譜另一邊是什麼樣子，因為我二十幾歲時就是那樣。如果從純粹理性的觀點來看，兩個極端都站不住腳，不過如同我在書中敘述的種種理由，我的結論是：相信的那一邊還是比不信的那一邊要來得理智。

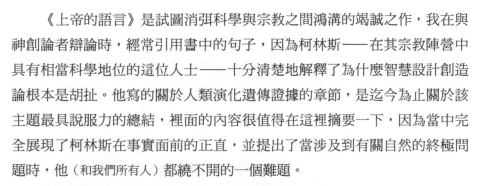

　　《上帝的語言》是試圖消弭科學與宗教之間鴻溝的竭誠之作，我在與神創論者辯論時，經常引用書中的句子，因為柯林斯——在其宗教陣營中具有相當科學地位的這位人士——十分清楚地解釋了為什麼智慧設計創造論根本是胡扯。他寫的關於人類演化遺傳證據的章節，是迄今為止關於該主題最具說服力的總結，裡面的內容很值得在這裡摘要一下，因為當中完全展現了柯林斯在事實面前的正直，並提出了當涉及到有關自然的終極問題時，他（和我們所有人）都繞不開的一個難題。

　　柯林斯首先描述了 DNA 中的「古代重複因子」（ancient repetitive elements，AREs）。AREs 源自「跳躍基因」（jumping genes），這些通常沒有任何功能的基因能夠自行複製，並插入到基因組的其他位置。「達爾文的理論預測，

在基因組中不影響功能的突變（即位於『垃圾 DNA』中的突變）將隨著時間的推移穩定積累，」柯林斯解釋道，「然而，基因編碼區的突變率應該會較低，因為這類突變大多數是有害的，只有極少數能提供選擇優勢，並在演化過程中保留下來。而我們觀察到的情況也正是如此。」事實上，哺乳動物基因組中到處都有 AREs，人類基因組中約有 45％是由 AREs 所組成。如果比對人類和小鼠基因組的片段，會發現相同的基因中有許多 AREs 都位於同一位置。柯林斯以一段犀利的評論做為總結：「除非有人情願認為上帝將這些沒頭沒尾的 AREs 精準地放在這些位置，是為了迷惑和誤導我們，否則人類和老鼠有共同祖先的這個結論，實際上是不可避免的。」

　　如果科學如此擅長解釋自然，讓我們不需要為 DNA 這類了不起的產物援引神靈的力量，那麼柯林斯為什麼相信有上帝呢？確實，為什麼會有科學家或理性的人相信上帝呢？這個問題有兩個答案，分別在理智層面和情感層面。從理智上來說，柯林斯用自然法則解釋世界上的一切，這點與其他科學家的作法完全一致，只不過有兩個例外（引述康德詩意的描述）：**群星蒼穹在我之上，道德法則存我心中。**[3] 在這個自然法則的宇宙起源和道德的演化起源這兩個領域交會之處，柯林斯站到了深淵的崎嶇邊緣，他沒有更進一步地逼近科學極限，而是憑著信仰一躍而下。為什麼？

　　預測一個人宗教信仰的首要指標，就是父母和家庭的宗教氛圍。不過對柯林斯來說，這一點並不適用。柯林斯的父母都是耶魯大學畢業生，也是世俗的自由思想家，他們在家自行教育四個兒子（柯林斯是最小的）直到六年級，對於他們的宗教思想保持既不鼓勵也不阻止的態度。除了父母、兄弟姐妹和家庭動力之外，同儕團體和老師也對塑造一個人的信仰有著強大的作用。在柯林斯的中學時代——他終於進了公立學校——他遇到一位極富魅力的化學老師，並因此認定科學就是他的天職。柯林斯認為宗教懷疑論本來就是科學思想的一部分，於是默認了不可知論（agnosticism）；但他並不是經過仔細分析論據和證據才這麼想，而比較像是「隨順『我不想知道』的路線」。在讀過愛因斯坦的傳記和這位偉大的科學家對亞伯拉罕人格神

的駁斥後，「我的想法更加強化了，亦即沒有一個有思想的科學家，能夠在認真考慮上帝存在的可能性時，不犯下某種知性自殺的錯誤。於是我逐漸從不可知論轉向無神論。任何人在我面前提到精神信仰，我都會樂於與他辯上一辯，還把這類信仰觀點視為感情用事和過時的迷信。」[4]

　　柯林斯在信仰光譜偏懷疑的那一側建造起知性大廈，但在他作為醫學生和住院醫生的期間，這座精神大廈逐漸受到情感經驗的侵蝕——病患受到的痛苦折磨讓他心中感到煎熬，信仰在病患身上展現的作用則令他驚奇。「我常和這些善良的北卡羅萊納州人在病床邊談話，最讓我印象深刻的是他們在精神層面的經歷。我親眼目睹許多人因為信仰而擁有內心最深刻的平靜，不管是此生或來生，儘管大多數人都是無端受到病痛折磨。所以我認為，如果信仰是一種心理拐杖，那一定是非常神奇的拐杖。如果信仰不過是出於文化傳統的虛飾，那麼這些人為何不對上帝感到憤怒，要親朋好友別再說什麼慈愛和仁慈的超自然力量呢？」

　　好問題，就像一名患有嚴重且無法治癒心絞痛的女子也問過他另一個好問題：他對上帝有什麼看法？在那一刻，柯林斯的體貼敏感壓過了他的懷疑論調：「我結結巴巴地說『我不確定』，一邊感覺臉都漲紅了。她那明顯詫異的表情，讓我強烈意識到我逃避了整整二十六年的難題：我從沒有認真思索過關於信仰的正反論述。」

　　柯林斯的家庭背景以及所受的教養和教育，使他成為宗教的懷疑論者。科學訓練再加上與其他心存懷疑的科學家為伍，更強化了他的這種立場。現在一次情緒體驗促使他正視這個問題，並從不同觀點重新檢視宗教信仰的證據和論點。「突然之間，我的論點顯得格外薄弱，有種腳下的冰面正在碎裂的感覺，」他回憶道，「這種體悟真的會讓人心生恐懼，畢竟，如果我的無神論立場再也站不住腳，對那些我不願被審視的行為，我是不是就必須負起責任了？我是不是得對自己以外的人負責？這個問題緊迫到我避無可避。」

　　就是在這個關鍵時刻——一個理智上的臨界點，一次情緒觸動就足以

扭轉整個走向——柯林斯開始閱讀路易斯影響深遠的著作，路易斯本人也曾在迷失後被尋回。現在信仰之門微微敞開了一道縫隙，路易斯引起柯林斯的共鳴，引領他不可抗拒地在情感上做好預備，直到冰封的瀑布徹底關上懷疑之門。「我在萬丈深淵前顫抖地站立了好久，終於，我看明白了逃無可逃，只能縱身一躍。」

　　縱身一躍是什麼感覺？

　　當然很令人害怕，不然我也不會猶豫那麼久了，可是當我真的跳下去後，就有一種平靜和解脫的感覺。之前我一直生活在一種緊張之中，因為我對信仰的合理性已經擁有信心，但又意識到這不會是一個從此安穩的立場。我要麼加以否認，要麼繼續前進。前進令人恐懼，而後退在理智上是不負責任的。這種不安的中間地帶顯然不會是我可以長居久安的地方。

　　這讓我想到，如果你是生在不同的時代或不同地點，也許你會對另一個宗教做出信仰之躍，所以信仰總是有些文化歷史的成分吧。

　　的確，不過我很慶幸讓我找到信仰的旅程，不是奠基於我童年時期大量接觸到某一宗教。這讓我少了一些疑慮，不用去懷疑這究竟是我自己的選擇，還是文化加諸在我身上的。

　　身為一個曾經是無神論者的信徒，你認為上帝為什麼要讓祂的存在如此不確定？如果祂想要我們相信祂，為什麼不弄得明白點？

　　因為很顯然，上帝依祂的心意，給了我們自由意志，要求我們做出選擇。如果上帝讓每個人都能清楚意識到祂的存在，那所有人都會機械式地奉行單一信仰。那又何必呢？

　　你覺得為什麼有許多思緒縝密的人，和你看到同樣的證據，卻得出不同的結論？也許他們是往另一個方向做出情感決定。

　　我們所做的每個決定都有自己的包袱，有些是證據說了什麼，有些是

我們希望證據說什麼。當然，有很多人並不喜歡有一個遠高於自己的上帝，或是一個對他們有所期望的上帝——至少在我二十二歲時就對這一點耿耿於懷，我想有些人一輩子都介意。我必須成為信徒才能體驗到那帶來的自由。

你駁斥智慧設計創造論者「間隙之上帝」（God of the Gaps）的論點，但照你的說法，宇宙的最終起源和其中的道德法則，仍然是科學無法解釋的間隙。如果我們回溯得夠遠，是否總會不可避免地發現間隙？

我想是的，總有些科學可以解釋的間隙和上帝留存的間隙。科學能填補的間隙不需要上帝，但自然無法解釋的間隙還是會導向超自然的解釋。這些間隙極力呼求上帝，所以上帝出現了。

在《善惡的科學》（The Science of Good and Evil）*裡，我主張道德感源自於內心，因為我們是社會性靈長類，我們需要與他人相處，所以我們傾向於社會化和合作，有時甚至是利他的。不是賽局理論中斤斤計較的利他主義——我幫你一次，你欠我一次——那種概念，而是更深層、更真誠地因為幫助別人而感覺良好。我們道德良心的「內在微小聲音」是透過演化創造出來的。從信徒的觀點看，為什麼上帝不是用演化來創造我們內心的道德感，就像你認為祂用演化來創造細菌鞭毛或 DNA 一樣？

我完全同意你的觀點。在寫完《上帝的語言》之後，現在我對這個問題的想法已經有所演變，在那本書裡，我比較不認為激進利他主義源自於演化。我現在認為這是有可能的，但這並不能排除這全都出於上帝的計畫。畢竟對像我這樣的有神演化論者來說，演化是上帝對所有創造物的偉大計畫。如果上帝的計畫能產生腳趾甲和顳葉，為什麼不能也產生道德感呢？如果有人試圖將利他主義貶為純粹的自然主義，那還是存在一個問題：為什麼會有是非原則。如果我們的道德感純粹是演化壓力下的產物，只為矇

---

* 譯注：由本書作者所著，於 2004 年出版，旨在從科學的角度探討道德和倫理的問題，試圖解釋人類行為和價值觀的起源。

騙我們相信道德很重要，那麼是與非終究是一種幻覺。如果說善與惡沒有意義——即使對於一個嚴格的無神論者來說，這也是一個非常艱難的處境。麥可，這不會讓你感到困擾嗎？

有時候的確是的，如果我跟你一樣，在醫院裡遇到一個瀕死的老太太問那個問題，我不確定我會怎麼說。但我不是一個道德相對主義者——那是一條危險的道路。我認為確實存在近乎絕對的道德原則——我稱之為**暫時的道德真理**，即某些事情暫時正確或暫時錯誤——我的意思是，對於大多數地方的大多數人在大多數時候來說，某個行為是對還是錯。我認為，在沒有上帝這樣的外部源頭的情況下，這已經是最好的了。就算有一位將是非具體化的上帝，我們又要如何才能學會是非？透過聖典？透過祈禱？還是怎麼做？

透過內心那依舊微小的聲音。

沒錯，我也能聽到這個聲音。問題在於這聲音的源頭是什麼呢？

是的，對我來說，這個內在道德聲音的源頭就是上帝。

我瞭解。對我來說，這聲音是演化後道德本性的一部分。

當然，也許是上帝透過演化給了我們道德本性。

所以還是要歸結到終極的未知？

是的，正是如此。

我很喜歡柯林斯也很尊敬他。他勇於面對生命最深的問題，逼自己站到懸崖上，仔細察看後做出自己認為對的事。他的道路不同於我的，但我們都忠於自我。所以信念終究是個人的事，這些永恆的問題，沒有最終答案。

在如此基本的不確定性下，生命的意義何在？無論你是信徒還是懷疑論者，生命的意義就在這裡，就在現在。在我們之內，又在我們之外。在

我們的思想之中，在我們的行動之中。在我們的生活之中，在我們的愛情之中。在我們的家人之中，在我們的朋友之中。在我們的社區之中，在我們的世界之中。在我們信念的勇氣之中，在我們承諾的品格之中。無論生命是否永恆，希望永不止息。

理性的馬銜與信念的馬

有一個常見的迷思是大多數人不假思索就接受的，那就是智力和信念呈負相關：隨著智力提高，對迷信或魔力的信念就會下降。事實證明情況並非如此，尤其是越往智商高的區間走，這一點就越不準。在智商普遍高於一般人的職業中（醫生、律師、工程師等），智力和成功之間沒有關係，因為在這個層級有其他變量決定生涯成就（野心、時間分配、社交技能、人脈和運氣等等）。同樣地，當人們遇到自己不熟悉的主張時（對我們大多數人來說，大多數主張都屬於這種），智力通常不是影響相信與不相信的因素，只有一個例外：一旦人們產生了某種信念，越聰明的人就越善於合理化這些信念。因此：**聰明人會相信怪事，是因為他們擅長為源自不聰明理由的信念辯護。**

一般來說，大多數人都是出於多種原因而形成自己的信念，包括性格和氣質、家庭動力和文化背景、父母和兄弟姐妹、同儕團體和老師、教育和書籍、導師和英雄，以及各種生活經歷，這些通常都和智力沒什麼關係。理性人（*Homo rationalis*）的啟蒙理想，要求我們坐在擺滿事實的桌子前，權衡正反觀點，運用邏輯和推理，來判定哪一組事實最能支持這個或那個理論。但這根本不是我們形成信念的方式。實際情況是，這世界的種種事實被我們的大腦層層過濾，透過我們在生活中累積的世界觀、典範、理論、假設、猜想、預感、偏見和成見等彩色濾鏡篩選。接著，我們又對事實進行分類，選擇能肯定我們原有信念的事實，同時忽略或合理化與我們的信念相矛盾的事實。

達皮諾先生的難題是想瞭解發生在他身上的事情——不是把這解釋為

生活的創傷或是神經異常放電下的產物，而是將其加以重建，賦予外在的
聲音一個內在意義。柯林斯博士的信仰轉變，則是將自身經歷重建為有意
義的信仰例證，他的智性之旅恰恰表達了信仰的力量是如何將理性和理智
推至末路，反之亦然。理性的馬銜在信念的馬嘴裡，韁繩拉扯著指引方向，
好說歹說，威脅利誘，馬最終還是走上最符合本性的道路。

一個懷疑論者的旅程

A Skeptic's Journey

我們的大腦皮質中有一組神經網絡，神經科學家稱之為左腦解讀器（left-hemisphere interpreter）。就某方面來說，就是大腦的講故事裝置，負責將事件重建成合乎邏輯的時序，並編織成一個有意義的故事。在寫傳記和自傳時，這個過程的威力格外強大：一旦知道了一段人生的結果，就很容易反推回去，重建一個人如何走到那一點，而不是其他地方；以及，在初始條件和最終結果確立後，這段人生旅程又是如何顯得如命定一般。

我在不同著作裡，多少都提過一些自己的經歷，用以說明某些論點。這一次我打算完整地述說，我是如何得出宗教、政治、經濟和社會方面的信念，在此同時也會揭露一些我從未公開過的私生活層面。帶著後見之明，並且心中也明白我的左腦解讀器在重建記憶中的過往時，偏見不比一般人少，在此情況下，請容我敘述一個懷疑論者的旅程。

重生

我曾經是一名重生的基督徒，只是後來迷失了（從信徒角度來說），或進步了（從懷疑論者角度來說），成為不信宗教的人。多年來，許多人對這一事實各有話說。神創論者試圖將我信仰的崩解，歸咎於我對演化論的信念，讓世界上又多了一個因自由世俗教育之惡而迷失的靈魂。無神論者大肆讚揚我的轉變，以此證實教育（尤其是科學教育）得以摧毀古代神話和基於信仰的過時信念。但真相遠比這些複雜得多。重要的宗教、政治或意識形態信

念，很少能歸因於單一的因素，人類的思想和行為幾乎總是出於種種原因，信念也不例外。

　　我不是出生在一個信仰重生的家庭，我的四個父母（親生的和繼父母）對宗教都不熱心，但他們也不是沒有宗教信仰。我認為他們只是不怎麼去想關於上帝和宗教這回事。就如同在許多大蕭條時代長大的孩子一樣，我的父母在二戰陰影下長大成人，只求能活下去就好。他們都沒上過大學，都一樣努力工作養活孩子。我四歲時雙親離婚又各自再婚：我母親嫁給帶著三個小孩的男人，讓我多了三個繼手足；我父親再娶後生了兩個女兒，因此我又多了兩個同父異母的妹妹。我的家庭是典型的美國混合家庭，儘管我會定期去上主日學的必修課程（我還留著加州拉肯亞達明窗教堂發的聖經），但是宗教儀式、祈禱、讀經，以及信教家庭在討論上帝時常出現的說話風格，在我的兩個家庭裡都不曾出現。直到現在，就我所知，我的兄弟姐妹中沒有一個是虔誠教徒，我還在世的兩個繼父母也不是。我父親於 1986 年因心臟病去世，我母親於 2000 年因腦癌去世；他們兩人都沒有投入宗教懷抱，甚至我媽媽在對抗病魔長達十年的時間裡，經歷了六次腦部手術和放射治療，也從未倒向宗教過。

　　因此，當我在 1971 年——我高三剛開始的時候——宣布我成為「重生」教徒，接受耶穌為我的救主時，可以想像他們有多驚訝。在我最要好的朋友喬治的要求下，以及隔天在教堂，在他和他極為虔誠的父母又再次要求下，我複誦了約翰福音 3 章 16 節的句子，就好像這些是福音一樣，事實上也是。我變得極度虔誠，完全相信耶穌遭受苦難而死，不僅是為了人類，也是為了我個人。只為了我！感覺很好，似乎也很真實。在接下來的七年裡，就如字面上的意義，我行我所說的。我挨家挨戶、面對面地為上帝作見證，為基督教傳福音。我成了朋友口中的「狂熱傳福音者」，兄弟姊妹口中的「耶穌迷」。有點宗教信仰是一回事，但如果你成天把宗教掛在嘴邊，對宗教沒那麼熱情的親朋好友就會覺得很尷尬又不自在了。

　　想要解決這種社交合宜性的問題，其中一個辦法是縮小社交圈，只和

想法相同的信眾在一起，我就是這麼做的。我和高中裡的其他基督徒來往，參加讀經班，到名為「穀倉」（其實是樣子像穀倉的紅房子）的基督教禮拜堂參加詩歌和社交活動。後來我被佩珀代因大學錄取，這是一所基督教大學，學校規定學生每週要去教堂兩次，而學校講授的課程內容包括舊約和新約、耶穌的生平和路易斯的著作。當年的這些神學訓練，讓我後來在關於上帝、宗教和科學的公開辯論中派上用場，但當初我是因為真心相信才會去研究的，我之所以相信是因為我毫不質疑地接受上帝的存在是真實的，連同耶穌的復活以及基督教信仰的所有信條一起。我在佩珀代因大學的歲月——住在馬里布（Malibu），和一位職業網球運動員同住一間宿舍（保羅‧紐曼〔Paul Newman〕有一次打電話來安排網球課程，我後來告訴我媽，我和她的男神說上話時，她差點暈倒），在十號宿舍和一群運動迷一起打乒乓球、一起玩大富翁（女生不能進入男生宿舍，反之亦然），聽福特總統（Gerald Ford）和氫彈之父泰勒（Edward Teller）的演講，並在傑出教授的指導下學習宗教和心理學——這些都是我一生中最難忘的回憶。

　　接下來發生的事情，多少讓神創論者和智慧設計論支持者感到好奇，因為他們希望我的經歷能證實他們的信念，即學習演化論會威脅到宗教信仰。[1]我之所以放棄信仰——再次成為未重生的人——牽涉到很多因素。在我接受基督進入我的內心後不久，我熱切地向另一位虔誠的高中朋友法蘭克宣布，我已成為一名基督徒。原本以為一直慫恿我信主的法蘭克會熱烈歡迎我成為教友，想不到他反而因為我去了長老會教會而大為失望——我甚至還加入了！——他說我犯了一個大錯，因為那是「錯誤的」宗教。法蘭克是「耶和華見證人」（Jehovah's Witness）的教徒，所以對不同教派持有不同的信仰觀點。高中畢業後（但還沒進佩珀代因之前），我到格倫代爾學院（Glendale College）就讀了一段時間，在那裡我的信仰受到了許多世俗教授的考驗，其中對我影響最大的是哈迪森（Richard Hardison），他的哲學課程迫使我檢視自己的假設和已認定的「事實」，從而發現這些並非始終合理或正確。但基督教有個口號是，當你的信仰受到考驗，就是你對主的信仰成長

的機會。確實是成長了，畢竟這些對我的信仰可是相當嚴重的挑戰。

　　從佩珀代因畢業後，我在加州州立大學富勒頓分校（California State University–Fullerton），展開實驗心理學的研究所學習。我仍然是一名基督徒，但在其他因素的壓力下，我的信仰基礎出現了裂痕。出於好奇，我選修了一門大學部的演化生物學課程，授課教授是魅力十足的布拉特斯羅姆（Bayard Brattstrom），他是爬蟲類學家，也是十分傑出的表演家。每週二晚上七點到十點的課程，讓我發現演化論的證據是豐富且不可否認的，而我一直在讀的神創論論點卻虛與委蛇又空洞。布拉特斯羅姆在課程的三個小時內極力展示了他的博學和風趣，下課後同學們又會齊聚到富勒頓市（Fullerton）中心的 301 俱樂部，在這家夜店裡，我們一邊暢飲成人飲料，一邊討論人生的大哉問。儘管我在佩珀代因大學的各種課程和閱讀中，已經接觸到這類激辯的各方說辭，但在這裡截然不同的是我同學們信仰的異質性。現在我身邊不再只有基督徒，不管我對任何事情持懷疑態度都不會受到社交懲罰。然而，除了持續到凌晨的 301 俱樂部討論之外，宗教幾乎從未出現在任何課堂或實驗室中。我們來學校是為了研究科學，也幾乎只研究科學，宗教不屬於這個環境。所以不是因為我學了演化論，才將我的基督信仰敲得粉碎；而是因為想挑戰任何信念都是可以的，不必擔心心理損失或社會報復。當然還有其他因素。

世界觀的差異（以及它所帶來的差異）

　　我在心理系正式修讀的是實驗心理學的碩士學位，我的指導教授納瓦里克（Douglas Navarick）是一位老派的行為主義學者，極力推崇嚴謹的科學方法，絕不容許學生有迷信或思考不周的餘地。不久前我去信詢問他當時的信念（三十年後記憶難免褪色），他在回信中提醒我，「在科學的框架內，我採取傳統經驗主義的因果方法（即自變數和應變數），但在這個框架之外，我盡量保持『開放心態』，這樣才不會錯過任何事情，比如巧合也許不只是

偶然事件的可能性，如此一來，我就能對別具意義的其他跡象（即事件的模式）保持警覺，但又明白這些純屬推測。」

確實，我鮮明地回想起在納瓦里克的反覆灌輸下，我學到了這套科學哲學。我們在他的實驗室裡進行嚴謹的控制學習實驗，同一時間人們卻在大肆談論莫斯（Thelma Moss）在加州大學洛杉磯分校的超心理學實驗室。莫斯在那裡研究「克里安攝影術」（拍攝生物體周圍的「能量場」），以及催眠、鬼魂、浮空等。由於這些人都是訓練有素的科學家，比我更聰明、受過更多教育，所以我認為超自然現象可能確實存在。但一旦我發現了懷疑論運動，以及懷疑論對這類主張的合理分析，我的懷疑就壓倒了我的信念。

同樣地，我目前的信念是，不存在「心智」這樣的東西，所有的心理過程都只能透過瞭解行為的潛在神經關聯來解釋，這樣的信念主要也是受到納瓦里克的行為學派哲學影響：「我拒絕對行為做『唯心論』的解釋，」他提醒我，「也就是將行為歸因於涉及內在狀態的理論結構，比如『瞭解』、『覺得』、『知道』、『明白』、『看出』、『想要』、『需要』、『認為』、『想』、『預期』、『愉悅』、『渴望』等等，學生們在論文中經常使用這些模糊的概念，儘管老師已經說過這樣會扣分。」[2] 將行為化為心理狀態的不只是學生，事實上每個人都會這麼做，因為「心智」是二元論的一種形式，我將在後面的章節中論證，我們的認知似乎傾向形成這種二元論。我們是天生的二元論者，這就是為什麼行為主義者和神經科學家要費這麼大的力氣，並挫敗地去控制心智對話。

布拉特斯羅姆的課引發了我對演化論的興趣，我開始研究動物行為學（研究動物行為的演化起源），授課教授懷特（Margaret White）思想深刻、為人和煦，為我奠定了人類行為生物學和靈長類動物群體社會動力演化的基礎（她有一次派我到聖地牙哥動物園，花一整個週末觀察銀背大猩猩，在互瞪了不知道多少個小時以後，我和大猩猩都一無所獲）。還要再將近二十年，演化心理學才會成為羽翼豐滿的科學，但這些學習都成了我日後研究宗教與道德的演化起源的基礎。我還選了一門文化人類學課程，授課教授德里奧斯（Marlene

Dobkin de Rios）遊歷廣泛、見多識廣。她在講座和書籍中講述了她在南美洲
與吸食致幻劑的薩滿巫師們共度的經歷，以及無數對萬物有靈論、靈魂、
鬼魂和神靈的描述，讓我意識到我的世界觀是多麼狹隘，以及我以為我的
基督教信仰是建立在唯一真實的宗教的基礎上，而所有其他宗教顯然都是
由文化決定，這種想法有多麼天真。

　　我所接觸到的這些學識，引領我對於比較世界宗教進行了個人探索，
並終於體悟到，這些往往相互不相容的信仰，相信的人都和我一樣堅信自
己是對的，而其他人都是錯的。在研究生訓練進行到半途時，我悄悄放
棄了我的宗教信仰，摘下了脖子上的銀魚（魚有時被視為「救主神之子耶穌基
督」）。我沒有向任何人宣告，因為其實也沒有人真的在意──除了我的兄
弟姊妹，他們可能鬆了一口氣，因為我終於放棄拯救他們了。

　　在放棄宗教後，我首先注意到的是，以前一天到晚傳福音的我，對於
不同信仰（或根本沒有信仰）的人來說有多煩人，畢竟如果你深信自己相信
的是唯一真神，不信教的人會失去永生的機會，不斷傳福音對你來說自然
是合情合理。但對不相信的人來說，信者得到上天堂的終極獎賞，不信者
遭受下地獄的終極懲罰，這種強迫性的二選一實在很嚴酷，也很，嗯，舊
約。但其實不該是這樣的。熱忱的福音派人士──我以前當然也是其中之
一──不僅在星期天傳福音，而是每天都以各種方式傳福音，永遠不要把
燈台藏在斗底下，正如馬太福音 5 章 16 節所宣告的：「你們的光也當這樣
照在人前，叫他們看見你們的好行為，便將榮耀歸給你們在天上的父。」
事實上，身為一名福音派基督徒最重要的就是公開地愛主，盡可能地帶領
更多的人歸向基督；不然你就不會是福音派人士了。我是在做上帝的工，
還有什麼能比這更重要？在福音派的世界觀中，教會和國家其實是不分的。
是的，耶穌告訴我們（在馬太福音 22 章 21 節）：「凱撒的歸給凱撒，上帝的
歸給上帝」，但我們相信這適用的是特定的事物，例如稅款和什一奉獻，
而不是帶領所有人歸向主的這個總體目標。

　　更重要的是，作為一個非信徒，我開始意識到「信念典範」的力量，

也就是透過宗教濾鏡看待世間發生的一切事情。在基督教的世界觀中，機率、隨機和偶然都變得不足以道。一切發生的事都有其原因，上帝對我們每個人都有一個計畫。當好事發生時，上帝會因為我們的信心、善行或對基督的愛而獎賞我們。當不好的事情發生時，嗯，上帝的行事奇妙，你不知道嗎？我有什麼資格懷疑、質疑或挑戰全能者呢？這種信念濾鏡會在所有層面上發揮作用，從崇高到荒謬，從生涯機會到賽事得分。我感謝上帝所做的一切，從讓我進入佩珀代因大學（確實，我的成績，也就是 SAT 分數其實差了入學標準一點），到在我工作的基督教青年會前找到一個停車位。在基督教的世界觀中，一切事物都有其位置，一切事物都安在其位，「生有時，死有時」（傳道書三章二節），這個信息甚至被編進 1970 年代的流行歌曲裡，以前我還是信徒的時候，一點也不覺得有什麼不對，現在聽起來卻覺得過於矯情。

在這種信念的視角下，就連政治、經濟和社會事件，也正在按照聖經末世的邏輯展開——我左手打開《洛杉磯時報》（*Los Angeles Times*），右手打開《但以理書》、《以西結書》或《啟示錄》。何梅尼（Ayatollah Khomeini）[*]是敵基督者嗎，或者是季辛吉（Henry Kissinger）[**]？天啟四騎士肯定是核戰、人口過剩、汙染和疾病。現代以色列於 1948 年建國，所以如果我們沒算錯，耶穌再臨應該……不遠了。當我不再是信徒後，這些政治和經濟事件，看起來更像是根植於人性和文化歷史的爭權奪利。世俗的世界觀讓我看到，自然法則和偶然事件按照本身的邏輯，沿著歷史的軌跡展開，絕大多數既不取決於我們的行動，也不受我們的意願影響。

不過，最終讓我的信念傾向懷疑的，是關於邪惡的問題——如果上帝是全知的、全能的、全善的，那麼為什麼壞事會發生在好人身上？首先是理智上的考慮，我越是去思考癌症、先天缺陷和事故等事情，就越相信上

---

[*]　譯注：伊朗什葉派宗教領袖，曾任伊朗最高領袖。
[**]　譯注：美國前國務卿。

帝要麼是無能的，要麼就是邪惡的，或者根本就不存在。其次，還有一個
情感上的考慮，迫使我在最原始的層面上去面對。我從未對任何人透露過
這件事，而這件事就發生在我最後一次向上帝祈禱的 1980 年年初，也就是
我決定不再相信上帝後不久。到底發生了什麼事情，讓我最後一次回頭？

　　我大學時的戀人莫琳是個阿拉斯加女孩，聰明又漂亮。我們在佩珀代
因認識，在我們交往期間，她某天半夜在一個荒郊野外發生了可怕的車禍。
莫琳在一家庫存公司工作，公司會在下班時間用貨車載送員工到全州各地；
在這樣的工作空檔，他們就仰躺在長條座椅上睡覺。那晚貨車衝出高速公
路、翻滾了好幾圈，莫琳的背部骨折，導致她腰部以下癱瘓。當她凌晨從
距洛杉磯數小時車程一間不知名的醫院打電話給我時，我以為情況應該不
算太糟，因為她聽起來一如以往地清醒和樂觀。直到幾天後，我們將她轉
送到長灘醫療中心（Long Beach Medical Center），放入高壓艙中，試圖讓她嚴
重受傷的脊髓恢復功能，我才意識到這對她來說意味著什麼。想到莫琳可
能的遭遇，我胃部一陣緊縮，頓時升起一種難以形容的恐懼感——如果一
切都能在一瞬間被奪走，那還有什麼意義呢？

　　日復一日的漫長苦悶，夜復一夜的不眠，我時而在寒冷無菌的走廊上
來回踱步，時而坐在候診室的硬塑膠椅上聆聽其他苦痛靈魂的呻吟和祈禱。
就在那裡，在重症監護病房中，我單膝跪下，低下頭，祈求上帝治癒莫琳
受傷的背部。我以最誠摯的心祈禱，我以莫琳的名義向上帝呼求，求上帝
不要理睬我的疑慮，我心甘情願地放下了所有的懷疑。在那個時候那個地
方，我再次成為了信徒。我之所以相信，是因為我想相信，如果宇宙中有
正義——一點點也好——這個可愛、善良、聰明、負責任、熱心助人、有
愛心的靈魂，不應該有個破碎的身體。一位公正、慈愛、有能力治癒的上
帝，一定會治癒莫琳。但祂沒有。我現在相信，祂沒有，不是因為「上帝
的行事奇妙」或「祂對莫琳有特別的計畫」——在這種艱難無望的時刻，
信徒有時會套用這種令人作嘔、蒼白無力的安慰——而是因為根本沒有上
帝。

原則性價值觀原則

如果事實證明我錯了，確實有一位上帝，而且是猶太基督教那個關注信仰勝過行為的上帝，那麼我寧願不在祂身邊度過永生，我會開開心心地前往另一個地方，我猜我的大多數家人、朋友和同事都會在那裡，畢竟我們都擁有差不多的原則性價值觀（principled values）。

話說回來，無論是否真有上帝存在，我所堅持並努力遵循的原則都應該是獨立的。在哲學中，這被稱為「游敘弗倫困境」（Euthyphro's dilemma），二千五百年前，希臘哲學家柏拉圖在其對話錄《游敘弗倫篇》（*Euthyphro*）中首次描述了這一困境。柏拉圖筆下的主人翁蘇格拉底，向一位名叫游敘弗倫的年輕人提出了以下問題：「我首先想弄明白的是，虔誠的或神聖的東西，是因為它是神聖的而受到眾神的喜愛，還是因為它受到眾神的喜愛而神聖？」也就是說，我們評斷某些行為是虔誠的或神聖的，是因為眾神碰巧喜歡這些行為，還是眾神喜歡這些行為，因為它們本質上是虔誠的或神聖的？古希臘的多神教所面臨的難題，現在的一神教同樣也免不了：上帝接受自然發生的、外於祂的道德原則，是因為它們是健全的（「神聖的」），還是這些道德原則之所以是健全的，只是因為上帝說它們是健全的？[3]

如果道德原則之所以有價值，只是因為我們相信上帝創造了它們，那麼如果沒有上帝，它們的價值何在？例如，人際交往中說真話和誠實的原則，是人與人信任的基礎，對於人際關係來說是絕對必要的；無論我們的世界之外是否有個源頭來驗證這些原則，這都是事實。我們真的需要上帝告訴我們謀殺是錯誤的嗎？違背承諾不道德，難道不是因為那破壞了人與人之間的信任，而是因為宇宙的創造者說這樣不道德？因此，我在信仰之旅中被反覆教誨而學到的大部分原則──包括我的政治、經濟和社會態度──事實上我的有神論和保守派朋友及同事都一樣認同，因此我不符合傳統上要麼是自由派、要麼是保守派這樣的標籤。我們緊接著要談的正是我信仰之旅的這一部分。

自由激進分子

我沒辦法很肯定地說，究竟是自由市場經濟和財政保守主義的優點，讓我相信了它們的正確性，或者是我的氣質和個性，正好與這樣的認知風格產生了良好共鳴。正如我們所抱持的大多數信仰系統一樣，有可能兩者皆是。我的父母可以說是在財政上保守，在社會上自由，這在今天被稱為**自由主義者**（libertarian），但在他們成長的 1940 年代和 1950 年代，並沒有這樣的標籤。我從小就被灌輸了經濟保守主義的基本原則：努力工作、個人責任、自決、財務自主、小政府和自由市場。

在抱持這些經濟信念的情況下，我在佩珀代因大學讀大四時，第一次與小說家兼哲學家艾因·蘭德（Ayn Rand）的《阿特拉斯聳聳肩》（*Atlas Shrugged*）一書相遇。我之前沒聽過這本書或這位作者，而且向來不特別喜歡讀小說，但我還是耐著性子讀完了前一百頁，直到最終真的被迷住。有數以百萬計的讀者克服了這一障礙，她的追隨者甚至吹噓說，根據美國國會圖書館和每月圖書俱樂部 1991 年的「改變讀者生命」書籍調查，《阿特拉斯聳聳肩》排名第二，僅次於聖經（儘管這項「調查」似乎更像是促銷活動，是要吸引讀者購買每月圖書俱樂部所推薦的書籍）。[4] 蘭德的知名度和影響力一直延續至今。2009 年，萬億美元的救助計畫以及隨之而來的政府干預自由市場計畫等事件，簡直像是將《阿特拉斯聳聳肩》的書頁化為現實，蘭德的書因此掀起了前所未有的熱潮。茶會紛紛探討《阿特拉斯聳聳肩》，還以蘭德筆下的各種金句為標題，像「阿特拉斯正在聳肩」、「誰是約翰·高爾特？」，還有超級酷的「名字是高爾特，約翰·高爾特」。光是那一年，《阿特拉斯聳聳肩》的銷量就接近五十萬冊，足以媲美當年度的最佳暢銷新小說──對一本已有半世紀歷史，長達一千多頁，內文充滿了關於哲學、形而上學、經濟學、政治，甚至性和金錢等長篇大論的小說來說，算是表現不俗了。[5]

蘭德筆下的人物和情節究竟有什麼魅力，讓人們想要閱讀她的書，還

大力推銷給其他人？我認為，這是因為在這個道德相對主義的後現代時代，蘭德清楚、毫不含糊、毫無保留、充滿熱情地代表了某種東西。她筆下的角色是打了類固醇的經濟人（*Homo economicus*），亦即超理性、追求效用最大化和自由選擇的超人（übermensches）。根據蘭德最新的傳記作者珍妮弗・伯恩斯（Jennifer Burns）在《市場女神：蘭德與美國右派》（*Goddess of the Market: Ayn Rand and the American Right*）一書中的說法，蘭德最吸引人的地方，在於她筆下那近乎救世主的面貌：「蘭德希望她的書成為一種聖典，儘管她強調理性，但真正使其小說不朽的是其中的情感和心理層面。」[6]事實上，儘管蘭德稱她的哲學為**客觀主義**（Objectivism），並說這種哲學基於四個中心原則——客觀現實、理性、利己主義和資本主義——但她的魅力其實來自於對生活和價值觀的熱情。

當然，蘭德及其行動的缺點，並沒有逃過我懷疑眼光的審視。在我1997 年出版的《為什麼會有人相信怪事》（*Why People Believe Weird Things*）一書中，我用了一整章來討論對蘭德那種邪教般的追捧（我稱之為「史上最不可能的邪教」），並試圖證明任何形式的極端主義，甚至是譴責邪教行為的那種，都可能變得非理性。事實上，邪教的許多特徵，似乎都符合客觀主義追隨者的信念，最明顯的就是對於領袖的崇拜，相信領袖無錯謬且無所不知，以及全心相信其信仰體系所定義的絕對真理和絕對道德。也就是說，且容我引用蘭德選定的知識繼承人納撒尼爾・布蘭登（Nathaniel Branden）對蘭德核心圈子的描述，他在其中列出了追隨者必須遵守的其他中心信條（除了前述四條之外），包括：

> 蘭德是有史以來最偉大的人。《阿特拉斯聳聳肩》是歷史上最偉大的人類成就。蘭德憑藉其哲學天才，在在世上的生活中什麼是理性、道德，或者對人來說才是合宜的等相關問題上，都是最高仲裁者。不欽佩蘭德所欽佩的事物，不譴責蘭德所譴責的事物，這樣的人不可能是一名優秀的客觀主義者。在任何基本問題上與

蘭德持歧見的人，不可能是完全一致的個人主義者[7]。

　　不過，任何關於蘭德的追隨者或她淫亂私生活的討論，都應該附上這樣的免責聲明：對一哲學創始人的批評，並不構成對其哲學任何部分的否定。在大多數人的描述中，牛頓是一個自戀、仇女、自我中心的暴躁老頭，但就算他是一個聖人般的紳士，他關於光、重力和宇宙結構的理論依舊獨立，不會因此增減半分真實性。蘭德對共產主義的批評激烈昂揚，可能是源自她和家人在俄羅斯殘暴的共產主義政權下的可怕經歷（包括她父親的生意被查抄），但就算她是在愛荷華州長大的農場女孩，她對共產主義批評的對錯（是對的）也不會偏移半分。

　　蘭德書中的大部分內容，不是與我原本的信念相契合，就是強化了我早已走上的信念路徑，所以我毫無困難地成為蘭德的書迷，贊同她書中的理念。不過有一點很清楚，當科學數據與政治和經濟哲學發生衝突時，我會選擇數據。例如，我最困擾的是蘭德的人性理論，她認為人性是徹底自私和競爭性的，這一點可以從《阿特拉斯聳聳肩》主角著名的「宣誓」看出：「我發誓——以我的性命和我對生命的熱愛起誓——我將永遠不為別人而活，也不要求別人為我而活。」演化心理學家和人類學家現在已經確實證明，人類具有雙重本質，既自私、競爭、貪婪，又樂於利他、合作和行善。我在《善惡的科學》和《為什麼投資就是不理性？》（*The Mind of the Market*）等書中，我所論證的演化倫理學和演化經濟學，大多數蘭德派應該都會覺得和自由市場經濟學相當合拍。閱讀蘭德，並吸收她關於經濟自由和政治自由的邏輯——她自稱是「資本主義的激進分子」——引領我閱讀了關於市場和經濟科學，法律自由（liberty）和行為自由（freedom）哲學的大量著作。這一切都與我的性格和氣質深刻共鳴。我是自由激進分子。

　　對我的政治和經濟思想產生影響的另一來源，是一位名叫安德魯‧加蘭博斯（Andrew Galambos）的退休物理學家，他透過自行成立的自由企業學院（Free Enterprise Institute）教授私人課程，並將他的領域命名為意志科學

（volitional science）。我選修了入門課程 V-50，該課程結合科學哲學、經濟學、政治學和歷史學，都是我在大學裡前所未聞的。這是嗑了提升表現藥物的自由市場資本主義，也是一種非黑即白的世界觀，亞當斯密是好的，馬克思是壞的；個人主義是好的，集體主義是不好的；自由經濟是好的，混合經濟是壞的。蘭德主張有限政府，加蘭博斯認為這樣還不夠，在他的理論所描繪的社會中，一切都將被私有化，直到政府徹底消亡。這怎麼可能行得通呢？這是基於加蘭博斯對行為自由（freedom）的定義：「當每個個體都對自己的財產擁有完全（即百分之百）的控制權時，存在的社會狀況。」因此，一個自由社會就是「任何人都可以為所欲為，無一例外，只要他的行為只影響他個人的財產；未經財產所有人同意，他不得採取任何影響他人財產的行為」。加蘭博斯提出三種類型的財產：**原始財產**（一個人的生命）、**初級財產**（一個人的思想和想法），以及**次級財產**（原始財產和初級財產的衍生物，例如土地和物質產品的使用）。如此一來，資本主義就是「其機制能夠完全保護所有形式私有財產的社會結構」。那麼，要實現一個真正的自由社會，我們只需「找到創建資本主義社會的適當手段」。[8]

這是任何經濟學家都不會認可的資本主義，但加蘭博斯卻無所顧忌地熱情推廣，我們之中有許多人也實行了他的想法——當然是在被允許的範圍內；我們都必須簽署一份合約，承諾我們不會向任何人透露他的想法，同時我們也被鼓勵招募其他人加入。與蘭德的情況一樣，我的一些政治和經濟學觀點受到加蘭博斯影響，但在早期的熱情消退之後，懷疑開始浮現——最明顯的是從理論到實踐的轉化。這些關於財產的定義都很好，但是萬一我們對財產權侵權的意見不一時怎麼辦？答案不可避免地類似這樣：「在一個真正自由的社會中，所有此類糾紛都將通過私人仲裁和平解決。」這種反事實的幻想讓我想起了我的馬克思主義教授，他們以同樣的說辭回應挑戰（「在一個真正的共產主義社會中，X 不會成為問題」。）

透過向我推薦加蘭博斯的人，我認識了加蘭博斯的門生斯內爾森（Jay Stuart Snelson），斯內爾森在與加蘭博斯鬧翻後，自行成立了人類進步研究所

（Institute for Human Progress）教授課程。為了與他的導師拉開距離，斯內爾森在奧地利經濟學派（最著名的是奧地利經濟學家馮米塞斯〔Ludwig von Mises〕的著作，和他 1949 年的巨著《人的行為》〔*Human Action*〕）的基礎上，建立了自己的自由市場社會理論。斯內爾森列舉了無數削弱自由的政府行為，他解釋道：「當個人的選擇裁量權不被干預主義剝奪時，自由就存在。當人們可以不受限制地自由買賣時，自由市場就存在。」斯內爾森繼續說道，儘管小偷、暴徒、搶劫犯和殺人犯沒收了我們的自由，但國會議員、參議員、州長和總統對我們自由的限制程度，卻比所有私人罪犯的總和還要大。斯內爾森表示，他們這麼做是出於好意，因為他們相信「剝奪人民的選擇自由，將為最大多數人帶來最大的滿足」。帶著這樣的好意，以及得以執行這些意願的政治力量，各個國家干預了商業、教育、交通、通訊、醫療服務、環境保護、預防犯罪、海外自由貿易和無數其他領域。

　　如何將這些服務全部成功地私有化，是斯內爾森的著作戮力最深之處。他認為，能讓和平、繁榮和自由最優化的社會制度，是「任何人在任何時候，都可以選擇生產或提供任何產品或服務，雇用任何員工，選擇任何生產、分銷或銷售地點，並提供以任何價格出售產品或服務」。唯一允許的限制來自市場本身。按這般在全世界範圍內系統地運用，自由市場社會將「向所有人敞開世界」。[9]

　　對那個時候年輕氣盛，還未正式對事業和家庭做出承諾的我來說，這些話令人熱血沸騰。有好幾年的時間，我教授斯內爾森的原則課程，以及我自己的科學史及戰爭史課程。我還發起一個名為「月光社」（Lunar Society）的每月討論會──取自 18 世紀著名的伯明罕月光社──重點討論《人的行為》等書。身為一名正在尋找研究項目的社會科學家，我接受了米塞斯的挑戰：「人必須研究人類行為和社會合作的規律，就像物理學家研究自然法則一樣。」[10] 我們要建立一門新的科學，並透過這門科學建立一個新社會。我甚至寫了一份「自由宣言」和一篇題為「我有一個夢想 II」的演講稿。[11] 還有什麼比這更宏偉的呢？

嗯，正如尤吉貝拉（Yogi Berra）*曾經說過的：「理論上，理論和實踐之間沒有區別。但實際上是有的。」我很快就發現貝拉的原則完全適用於經濟領域。我們生活的這個世界，與我那些富有遠見的導師所設想的世界截然不同，所以我將注意力轉向奧地利學派經濟學家以及其在芝加哥大學的門生們的著作。隨著國家開始系統性地轉向右派，他們在 1980 年代無疑變得更加主流。透過這些著作，我為自己的經濟和政治偏好找到了科學基礎。奧地利經濟學派和芝加哥經濟學派（我至今仍認為自己是其中一員）的元老，寫了許多書籍和論文，這些思想深深烙印在我的大腦中，讓我對人類行為的對錯有了清晰的認識。

我讀了弗里德里希·馮·哈耶克（Friedrich A. von Hayek）的《自由秩序原理》（*The Constitution of Liberty*）和《到奴役之路》（*The Road to Serfdom*）；我吸收了亨利·赫茲利特（Henry Hazlitt）的《一課經濟學》（*Economics in One Lesson*），這是對自由市場經濟學極為傑出的總結之作，我發現米爾頓·傅利曼（Milton Friedman）的《選擇的自由》（*Free to Choose*）是有史以來對經濟理論最清晰的闡述。他的同名 PBS 紀錄片系列——由史上最強壯的自由主義者，阿諾·史瓦辛格（Arnold Schwarzenegger）推介——是如此地鏗鏘有力，我忍不住買下全系列的影帶，還看了好幾次。[12] 在眾多形塑我思想的自由主義巨人中，米塞斯在同等地位中名列第一；他教會我干預主義會導致更多的干預主義，如果你可以進行干預以保護個人免受危險藥物侵害，那麼，危險的思想呢？[13]

正是自由與思想之間的這種連結，結合了我對科學的熱情和對自由的熱愛，並導致了我今天所從事的科學類型。

---

* 譯注：前美國職棒大聯盟捕手、教練與球隊經理，球員生涯主要效力於紐約洋基隊。

未獲授權的科學自傳

　　過去三十年來，我注意到科學和社會中有兩個令人不安的**趨勢**：第一，將科學排序為從「硬」（物理科學）到「中等」（生物科學）再到「軟」（社會科學）；其次，將科學寫作分為技術性和通俗性兩種形式。正如此類排名和劃分所習以為常的作法，其中包括了價值評估，即硬科學和技術寫作最受尊重，軟科學和通俗寫作則最不受尊重。這兩種偏見完全偏離重點，甚至都算不上錯。

　　我一直認為，如果非要有個排序（當然不應該有），也該是把目前的順序倒過來才對。舉例來說，物理科學被認為硬，是因為計算微分方程式很難，然而與計算生態系統中生物體的行為，或預測全球氣候變遷的後果相比，物理科學在因果網絡中的變量數量，相對地容易縮限和測試。然而，就連在生物科學中構建完善模型的難度，要是與人類大腦和社會方面的工作相比，也是小巫見大巫。如果依照這種衡量標準，社會科學才是硬學科，因為其主題更加複雜多面，控制和預測的自由度更高。

　　在技術和科普寫作之間，有一種我所謂的**整合科學**（integrative science），一個融合資料、理論和敘述的過程。如果這三條椅腿沒有俱全，科學事業安坐的椅子必定會倒崩。要想判定這三條腿哪一條最有價值，就像爭論 π 還是 r^2 是計算圓面積時最重要的因素一樣。我將敘事分為兩種類型：第一種是正式的科學寫作──我稱作**解釋的敘述**──以不存在的「科學方法」為基礎，即依照觀察－假設－預測－實驗等線性步驟進行，呈現出一種井然有序、循序漸進的過程，其中包括介紹－方法－結果－討論。這種類型的科學寫作就像自傳，正如喜劇演員史蒂文·賴特（Steven Wright）所說：「我正在寫一本未獲授權的自傳。」任何其他類型都是虛構的。這也是一種輝格史（Whiggish history）──從結論引出解釋，迫使事實和事件整齊地落入因果鏈中，使得最終結果成為邏輯序列的必然結果。

　　還有一種是非正式的科學寫作──我稱之為**實踐的敘述**──呈現了科

學的實際過程，其中穿插著見解、主觀直覺、隨機猜測和偶然的發現。科學就像生活一樣，其實混亂而無序，充滿了離奇的偶然事件、意想不到的分歧、偶然的發現、意外的遭遇和不可預測的結果。解釋的敘述讀起來可能是「這些資料得出的結論是……」，至於實踐的敘述讀起來更像是「呃，真奇怪」。

本書作為一部特殊的整合性科學著作，其餘部分是以實踐的敘述風格出現，從某種意義上說，這是一部未獲授權的科學信念自傳。

萬一我錯了呢？我會對上帝說什麼

我的年紀不輕了，也從許多慘痛的教訓中學到我有可能是錯的。我曾經看錯許多事，所以我對上帝的看法也可能是錯的。

也許達皮諾在 1966 年那天清晨所經驗到的確實是真的：是我們世界之外的意圖主體——也許是上帝、智慧設計者、外星人或源頭——在對達皮諾說話，並傳遞了大部分人都會判斷為鼓勵性的訊息：外面有個存有在乎我們。那絕對是達皮諾至今仍堅信的，即使他非常清楚這類經驗的神經學原理。又或許柯林斯的推理是正確的，即宇宙必定有第一個起因和原動力，一個實際的（不是想像的）意圖主體，安排了自然法則來產生恆星、行星、生命、智慧和我們。

也許歷史上和現在所有接觸過精神世界，或遭遇過超自然現象的神祕主義者、聖賢和普通人，只是對另一個維度更敏銳，他們的懷疑主義少到足以讓他們的心智連接上這樣的源頭。事實上，偉大的高等研究院（Institute for Advanced Study）物理學家戴森（Freeman Dyson）正是這麼認為。在 2004 年一篇關於超自然現象的文章中，戴森得出了一個「站得住腳」的假設，即「超自然現象可能真的存在」，因為，他說，「我不是化約論者（reductionist）」，而且「超自然現象是真實的，但超出了科學的範圍，這一點有大量證據支持」。他承認，這些證據完全是軼事，但因為他的祖母是一位信仰治療師，

他的堂兄編輯了一本有關通靈研究的期刊，而且因為心靈研究學會（Society for Psychical Research）和其他組織收集的軼事指出，在某些條件下（例如壓力），有些人有時會表現出一些超自然的力量，「我認為精神現象世界的存在是合理的，只是變動太快、太捉摸不定，無法用笨重的科學工具來掌握。」[14]

　　也許大腦以外還有心智，也許上帝就是心智，或其某種表現形式。如果是這樣，也許心智能超越肉體，在死後繼續存在，而這就是我們最終與神聯繫的方式。 如果最初是心智本身創造了宇宙呢？如此一來，也許上帝就是那普世的心智，而死後的世界是沒有了大腦的心智所去的地方。

　　也許，但我很懷疑會是這樣。我相信我已經為達皮諾的經歷提供了一個合理的解釋，即壓力引起的幻聽，與登山者、探險家和極限耐力運動員所經歷的感知存在效應（sensed-presence effect）差不多，這些我將在第五章中詳細描述。至於戴森對超自然現象的認可，由於他是我們這個時代最偉大的思想家，因此無論他說什麼都值得認真考慮。但即使是這種驚人天才的頭腦，也無法克服偏好軼事思維的認知偏誤。想查明軼事是否代表真實現象，唯一的方法是做對照試驗。人們要麼可以讀取別人的心聲（或 ESP 卡），要麼不能。而科學已經明確地證明他們不能。不管是身為整體論者（holist）而非化約論者，還是與通靈者有聯繫，或是閱讀到關於人們遇到的怪事，都不會改變這個事實。

　　至於上帝的問題，上帝要麼存在，要麼不存在，不論我怎麼想都不會有影響，所以我並不特別擔心。即使死後的世界的確像基督徒認為的那樣有天堂和地獄之分，並以信仰上帝和祂的兒子作為進入的必要條件。但這有道理嗎？

　　首先，為什麼全知全能又慈愛的上帝，會關心我是否相信祂呢？祂不是應該早就知道這一點了嗎？即使假設祂賦予我自由意志，既然上帝據說是無所不知、超越時空的，那祂不應該知道所發生的一切嗎？無論哪種情況，「信仰」為何重要？除非上帝更像希臘和羅馬的諸神，他們相互競爭人類的感情和崇拜，並且充滿了嫉妒等屬乎人類的情感。舊約裡的耶和華

上帝，在十誡裡的前三條中聽起來確實像是這種神（出埃及記二十章二至十七節，欽定版）：「我是耶和華，你的神……除了我以外，你不可有別的神，不可為自己雕刻偶像，也不可做甚形像彷彿上天、下地，和地底下、水中的百物。不可跪拜那些像，也不可事奉它；因為我耶和華你的神是忌邪的神。恨我的，我必追討他的罪，自父及子，直到三四代。」

哎呀！父親的罪要由孩子的孩子的孩子來承擔嗎？這是什麼樣的公義？這是一個什麼樣的上帝啊？聽起來實在是……嗯……上帝都不能接受。大多數人都學會了克服嫉妒，我甚至在大多時候都能設法控制住嫉妒，而我確實不是上帝。[15] 若是一個全知全能又慈愛的上帝，難道不應該更關心我在**這個世界上**的行為舉止，為什麼反而只執著於我是否相信祂和／或祂的兒子，以期我可以在**另一個世界**去到對的地方？是我就這麼想。行為舉止該在道德和倫理的高級餐桌上享受；嫉妒則是沈迷於人類原始情感中毫無營養的空熱量。

總之，如果真有死後的世界和端居其中的上帝，我打算按以下思路來答辯：

主啊，我盡我所能地使用您賜予我的工具了。您給了我能夠懷疑地思考的大腦，我也相應地使用了它。您賦予了我推理的能力，我將其應用於所有主張，包括您的存在。您給了我道德感，使我為自己選擇做的壞事和好事，感到內疚的痛苦和自豪的喜悅。我試著己所不欲，勿施於人，雖然我有太多次都未能達到這個理想，但只要有可能，我就盡力應用您的基本原則。無論您的不朽和無限的精神本質的本質到底是什麼，作為一個有限的肉體存在，儘管我盡了最大的努力，也不可能理解，所以您想怎麼處置我都可以。

第二部

相信的生物學

———✦———

第一原則是絕對不要欺騙自己——而你是最容易受騙的人。

———理查・費曼，《別鬧了，費曼先生！》

（*Surely You're Joking, Mr. Feynman*），1974 年

模式性

Patternicity

　　想像你是三百萬年前沿著非洲大草原行走的原始人，你聽到草叢裡有沙沙聲，這聲音只是風聲還是來自危險的掠食者？你的答案可能意味著生或死。

　　如果你認為草叢中的沙沙聲是危險的掠食者發出的，但結果只是風聲，那麼你就犯了所謂的第一型認知錯誤（Type I error），也稱為誤報（false positive），即認為某事為真，但實際上不是。也就是說，你發現了一個不存在的模式，將草叢中的沙沙聲（A）與危險的掠食者（B）聯繫起來，但在本例中，A 與 B 並未相連。無傷大雅。你遠離沙沙聲，變得更加警覺和謹慎，尋找另一條通往目的地的道路。

　　如果你認為草叢中的沙沙聲只是風聲，但結果卻是危險的掠食者，那麼你就犯了所謂的第二型認知錯誤（Type II error），也稱為漏報（false negative），即認為某件事並非真實，但實際上它是。也就是說，你錯過了一個真實存在的模式。你未能將草叢中的沙沙聲（A）與危險的掠食者（B）聯繫起來，在本例中，A 與 B 相連。你成了掠食者的午餐。恭喜，你獲得了達爾文獎，不再是原始人類基因庫的一員。

　　我們的大腦是一具信念引擎，演化出一套模式識別機制，善於將各個點串連起來，並為我們認為在自然界中看到的模式創造出意義。有時 A 確實與 B 有聯繫；有時並非如此。沒刮鬍子（A）且打出一支全壘打（B）的棒球運動員，在 A 和 B 之間形成了錯誤的關聯，但這是一種相對無害的關聯。然而，當這種聯繫真實存在時，我們就學到一些關於環境的有價值事物，

我們可以從中做出有助於生存和繁殖的預測。我們是最善於發現模式的那些人的後裔。這個過程稱為聯想學習（association learning），是所有動物行為的基礎，從線蟲到智人都是如此。我稱這個過程為**模式性**（patternicity），也就是無論是在有意義和無意義的聲響中，都試圖尋找有意義模式的傾向。

很可惜，我們的大腦並沒有演化出對於胡扯的偵測網絡，以分辨模式的真假。我們沒有內置錯誤偵測器來調節這具模式辨識引擎，原因在於犯下第一型和第二型認知錯誤的相對成本，我以下列公式呈現：

$$P = C_{TI} < C_{TII}$$

只要犯第一型錯誤（TI）的成本（C），小於犯第二型錯誤（TII）的成本（C），就會出現模式性（P）。

問題在於，要評估第一型錯誤和第二型錯誤之間的差異，非常困難——尤其是在我們祖先的生活環境中，生死常常就在一瞬間——因此預設的立場是假設一切模式都為真；也就是，假設草叢中的所有沙沙聲都是危險的掠食者，而不是風聲。

在此基礎之上，衍生出了模式性的所有形式，包括迷信和魔力思維（magical thinking，即認為思考某件事情或希望其發生的信念可以使其發生）。假設所有模式都為真，且所有模式性都代表真實且重要的現象，這樣的認知過程是經過天擇的。我們是最能成功運用模式性的靈長類動物之後代。

請注意此處的論點。這不僅僅是一個解釋人們為何相信奇怪事物的理論，更是在解釋**人們為什麼會相信任何事物**。好，先到此為止。模式性是尋找和發現模式、將點串連、將 A 和 B 相連的過程。說穿了，這仍然是聯想學習，是所有動物都會做的事。光靠演化太慢，生物體就是用這一招適應不斷變化的環境。基因在不斷變化的環境中會經過篩選，但這需要時間——好幾代的時間。大腦會學習，而且幾乎可以立刻學會——時間不是問

題。

　　在 2008 年一篇題目為「迷信和迷信行為的演變」的論文中，[1] 哈佛大學生物學家佛斯特（Kevin R. Foster），和赫爾辛基大學生物學家柯寇（Hanna Kokko），透過演化建模（evolutionary modeling，一種用來評估生物體間不同關係的相對成本和好處的工具），測試了我較早期的理論版本。例如，你應該向誰提供幫助？在演化論中，無私幫助他人似乎是有問題的，因為在自私的基因模型中，我們不是應該囤積所有資源，不幫助任何人嗎？不對。漢彌頓氏法則（依著名英國演化生物學家漢彌頓〔William D. Hamilton〕命名）指出，br > c：即一個社會行為對遺傳相關性（r）的好處（b）大於成本（c）時，兩個個體之間可能會發生正向的社會互動。例如，一名手足可能會為另一名手足做出無私的犧牲，因為這樣讓另一名手足能夠活下去，將其基因傳給下一代，因此所獲得的遺傳利益超越了犧牲的成本。也就是說，比起同父異母的兄弟，你更有可能幫助同父同母的兄弟；而比起完全陌生的人，你更有可能幫助有一半相同血緣的兄弟。[2] 血確實濃於水。

　　當然，生物體不會有意識地進行這樣的計算。天擇為我們做了這些計算，並灌輸給我們指導行為的道德情感。在《善惡的科學》中，我闡述了對血親，還有對同一群體成員，甚至是透過正向的社會互動成為榮譽友人或親戚的陌生人，展現親社會、合作和利他等特質的演化優勢。例如，部落成員之間的食物分配和工具共享。在這種情況下，演化使我們學會一條經驗法則：「對我們的血親以及那些對我們友善慷慨的人，必須慷慨並提供幫助。」即使是一個毫無血緣關係的氏族成員，如果表現出如此正向的特質，也會在我們的大腦中觸發一種道德模式：(A) 某某對我很好，所以 (B) 我應該對某某好；而且 (C) 如果我幫助某某，(D) 某某也會回報我。在《為什麼投資就是不理性？》一書中，我證明了當氏族和部落參與互利交換（也稱為貿易）時，也可以在氏族和部落間看到這種效應。即使是在現代世界，開放兩國之間的貿易邊界，往往也會降低兩國之間的緊張局勢和侵略；而關閉貿易邊界（實施貿易制裁），則會提高兩國發生戰爭的可能性。這些都

是道德模式性對我們人類有利或不利的好例子。[3]

　　佛斯特與柯寇運用漢彌爾頓法則，推導出他們自己的公式，證明只要相信錯誤模式為真的成本，小於不相信模式為真的成本，天擇就會有利於模式性。[4] 透過一系列複雜的公式，包括額外的刺激（樹上的風）和先前的事件（過去與掠食者和風有關的經驗），他們兩人證明了「個體（人類或其他）無法將因果概率分配給周圍發生的所有事件組，而這通常會迫使他們將因果關係與非因果關係混為一談。從此出發，迷信的演化基本原理就很清楚了：天擇青睞那些做出許多不正確因果關聯的策略，以便建立對生存和繁殖至關重要的關聯。」換句話說，我們傾向於找到有意義的模式，無論它們是否存在，而且這樣做是有充分理由的。從這個意義上說，迷信和魔力思維等模式與其說是認知錯誤，不如說是大腦學習的自然過程。我們無法消除迷信的學習，正如我們無法消除所有學習一樣。正確的模式識別有助我們生存，但錯誤的模式識別並不一定會導致我們死亡，因此模式性現象熬過了天擇的篩選過程。因為我們必須建立關聯才能生存和繁殖，所以天擇偏好所有能建立關聯的策略，甚至是那些導致誤報的策略。從演化的角度來看，我們現在可以理解，**人們會相信奇怪的事情，是因為我們演化成需要相信不奇怪的事情。**

模式性的演化

　　軼事聯想是一種非常常見的模式性形式，常會導致錯誤的結論。我聽說米爾德里德阿姨的癌症在飲用海藻萃取物後好了很多，嘿，這也許真的有用。話又說回來，也許事實並非如此。誰知道呢？要正確地辨識出模式，只有一種絕對可靠的方法，那就是科學。只有讓一組服用海藻萃取物的癌症患者與對照組進行比較時，我們才能得出有效的結論（而且不一定能成功）。

　　在我寫到這裡時，關於疫苗接種和自閉症之間的一種軼事關聯，正引發了重大爭議。有些自閉症兒童的父母聲稱，在他們帶孩子接種 MMR（麻

疹、腮腺炎、德國麻疹）疫苗（A）後不久，孩子被診斷為自閉症（B），這兩者的關聯才是影響重大的模式性。在 2009 年的全國自閉症意識日，賴瑞金（Larry King）在他的節目中主持了一場辯論，他桌子的一側坐著幾位自閉症和疫苗方面的醫學研究人員和專家，他們解釋說，兩者之間從未有過聯繫。據稱有毒的化學物質硫柳汞（thimerosal）已於 1999 年從疫苗中去除，而在去除硫柳汞後出生的兒童，仍然有些被診斷患有自閉症。桌子另一側坐著的是演員金凱瑞（Jim Carrey）和他的前《花花公子》（Playboy）兔女郎搭檔麥卡錫（Jenny McCarthy），麥卡錫還帶來愛子明顯表現出自閉症症狀的影片。你會相信誰——是幾位擁有專業知識的書呆子天才，還是兩個擁有明星光環的狂人？這是情感大腦凌駕於理性大腦之上的典型案例，麥卡錫牽動著觀眾的心弦，而科學家則努力闡明，科學證據是建立在謹慎的對照實驗和流行病學研究之上。再一次地，理性的馬銜在感性的馬嘴裡，但那天韁繩沒有扯向任何一方。

我們面臨的難題是，對神奇力量的迷信和信念已有數百萬年的歷史，而科學及其控制中介變數以避免誤報的方法，才只有幾百年的歷史。軼事思維是自然而然的，科學則需要訓練。任何信誓旦旦 A 能治癒 B 的醫療販子，只需要大肆宣傳一些成功的見證軼事即可。

史金納（B. F. Skinner）是第一個系統性研究動物迷信行為的科學家，他注意到當食物以隨機時距增強時制（schedule of reinforcement）*發放，而不是以更可預測的增強時制提供給鴿子時——啄鴿籠裡的鍵，就會有食物放進餵食器（見圖 1）——鴿子就會表現出各式各樣奇怪的行為，比如在啄鍵之前左右跳躍或逆時針旋轉。這可說是一種鳥類祈雨舞。鴿子這樣做，是因為這裡採用的是變動時距（variable interval）增強時制，其中因啄鍵而獲得食物獎勵之間的時間間隔不是固定的。在啄鍵和餵食器送出食物之間的這段時間

---

*　譯注：增強時制是指行為學中所指定的一種時間表，用於決定何時提供增強（獎勵）來加強特定
　　行為。這些時間表可以根據提供增強的頻率和時間間隔來設定。增強時制有多種類型，包括固
　　定增強時制和變動增強時制，這些時間表可以影響行為的學習和表現方式。

圖1：在加州州立大學富勒頓分校，道格拉斯・納瓦里克實驗室的史金納箱，1970年代我在這裡進行關於學習的研究，我們的一隻鴿子學會了啄上面的兩個鍵，好從下面的餵食器得到穀物。史金納發現，如果隨機地提供食物增強物，鴿子在食物提供前恰巧在做的任何動作，下一次會再重複，例如在啄鍵之前左轉一圈。這就是鴿子的模式性，或者說是迷信的學習。（攝影：作者）

裡，鴿子碰巧做了什麼而剛好食物也送出來，便會在牠們的小小腦中記錄為一種模式。

　　這佐證了我的論點，即模式性對於變動環境下反應行為的演進非常重要，史金納指出，「鴿子幾乎都在籠裡的同個位置，重複做出反應，並對籠子的某些特徵做出定位。增強效應是要訓練鳥類對環境中的特定方面或特徵做出回應，而不僅僅是執行一系列的動作。」這些迷信行為會大量重複，通常在十五秒左右的時間內會重複個五到六次，正如史金納的結論：「這隻鳥的行動就好像自身行為和食物的供給之間存在著因果關係，儘管這種關係根本不存在。」[5] 在這隻鳥的大腦中，旋轉一次並啄鍵（A）是和食物（B）相連的，這是基本的模式性。如果你還懷疑它對人類行為的影響

力，請到拉斯維加斯的賭場裡觀察一下拉霸機玩家的各種嘗試，只為找到拉下機器把手（A）和中獎（B）之間的模式。鴿子有的雖然是鳥類大腦，但就這麼基本的模式性而言，我們的大腦其實也差不多。

　　受到史金納經典實驗的啟發，日本駒澤大學（Komazawa University）的小野浩一（Koichi Ono），做了一個以人類為受試者的史金納箱實驗，讓受試者坐在內有三個手柄的小隔間裡。[6]受試者會看到一個計數器，每給一分，就會伴隨一道閃光和聲響（可說是低配版的拉霸機），而給分與他們如何拉動手柄無關（但受試者不知道）。給分是按照變動時距增強時制（跟鴿子的待遇一樣），平均時距為三十秒（實際範圍為三至五十七秒）或六十秒（實際範圍為二十五至九十五秒）。在實驗開始之前，受試者被告知「實驗者不要求你做任何特定舉動，但如果你做了某件事，有可能會在計數器上獲得積分。現在請嘗試獲得最多的積分。」

　　由於受試者無法預測何時會獲得積分（因為給分時制是變動的），而且人似乎有去拉動手柄的自然傾向，因此有部分受試者推斷拉手柄（A）和獲得積分（B）之間具有關聯。在此，模式性出現了。還有一些特殊情形；受試者一號碰巧按照左─中─右─右─中─左的順序拉動手柄後得到一分，所以他又重複了這個模式三遍。受試者五號在一開始稍微拉動所有手柄，當然分數的積累與他怎麼拉完全無關，但隨後他碰巧在握住中間手柄時獲得分數，所以之後他就展開了迷信儀式：先微拉三下，然後握住中間的手柄。當然，他握住手柄的時間越長，再獲得一分的機會就越大（因為分數是依變動時距發放的）。所以從全長三十分鐘實驗中的第九分鐘開始，五號受試者確立了他的儀式。第十五號受試者則發展出最奇怪的儀式；實驗開始五分鐘後，她碰巧在觸摸計分器時獲得了分數，接著她開始觸摸任何觸手可及的東西，當然，由於分數不斷發放，這種奇怪的觸摸行為因此受到了增強。到了第十分鐘時，她恰巧在跳了一下時得到一分，她立刻放棄了觸摸，改以跳躍作為新策略，最高潮的一刻是她跳起來碰到天花板時又得分了，但之後她提前結束實驗，因為她跳得太累了。

　　嚴格來說，以小野的說法，「迷信行為的定義是：以獨立時程給予增強物後的反應所導致的行為，且增強物給予和反應之間僅存在著偶然關係。」其實就是用一種比較文縐縐的方式在說，迷信只是一種偶然的學習形式。這就是模式性。這種習得的迷信模式性可以改掉嗎？可以的。1963年，史金納的哈佛同事卡塔尼亞（Charles Catania）和卡茨（David Cutts）讓人類步上鴿子的後塵。他們請二十六名大學生各自在黃燈閃爍時，擇一按下盒上的兩個不同按鈕，並試著在計數器上累積最多的分數。每當受試者獲得一分時，綠燈就會閃爍。紅燈則表示實驗結束，也就是受試者已累積了一百分。但受試者不知道的是，只有右側按鈕能帶來分數，給分則是按照變動時距增強時制給分，時距平均為三十秒。實驗結果清楚證明，大多數人腦跟鳥腦的迷信程度不相上下：大多數受試者很快就會發展出一套迷信按法，如果給分前他們恰好按了左側按鈕，他們就會一再重覆這個模式。一旦受試者建立了一套迷信按法，就會持續運用到實驗時間結束，因為他們會一再獲得增強。

　　為了消除第一型誤報模式，卡塔尼亞和卡茨引入了所謂的轉換延遲（changeover delay，COD），即在按下左側按鈕，與隨後加強按下右側按鈕並獲得增強之間，增加一段時間，讓這兩個動作不會產生任何有意義的模式。也就是說，如果之前左側按鈕（A）和獲得分數（B）之間產生錯誤關聯，建立了迷信模式，現在則用拉長時間把 A 和 B 分開，讓關聯鏈接被斷開。你可能會預期（當然更希望是如此），人類比鴿子需要更長的轉換延遲，因為我們的認知能力（可能）比鳥類強，能將關聯記得更久。但這是一把雙面刃。人類更強的學習能力，常常被更強的魔力思維能力給抵消。鴿子的迷信很容易消除，人類則困難得多。[7]

根深蒂固的模式性

　　模式性在動物界很常見。行為學（動物行為的演化起源）研究的先驅廷貝

亨（Niko Tinbergen）和勞倫茲（Konrad Lorenz），在 1950 年代的早期研究指出，許多生物體都具有快速形成持久模式的能力。例如，勞倫茲發現了**印記**（imprinting），這是一種「階段依賴」的學習，即一個物種的幼雛在其發展的關鍵階段，將對在這段短暫時間裡出現在他們面前的任何人或事物，形成固定且持久的記憶模式。以勞倫茲研究的灰雁雛鳥為例，在十三到十六小時齡的關鍵時期，雛鳥注視的對象通常是母雁，因此母雁會在雛鳥大腦中留下印記。為了驗證這個假設，淘氣的勞倫茲確保在這段關鍵時期只有他出現在雛鳥視野中，然後康拉德「媽媽」就帶著他的小雁繞研究站走了一圈。[8]

人類則有一種反向印記，即所謂的亂倫禁忌——兩個在童年關鍵時期密切相處的人，長大後不太可能覺得對方有性吸引力。演化為我們安排了一條經驗法則：不要與那些和你一起長大的人交配，因為他們很可能是你的兄弟姐妹，在基因上會太過相似。[9]同樣地，我們本身不會做基因上的衡量，是天擇為我們進行了衡量，並賦予我們相應的情感，也就是對於亂倫的厭惡。我們的大腦在發育過程中對形成亂倫禁忌模式性很敏感，即使是對和我們一起長大的繼兄弟姐妹，或其他與我們沒有遺傳關係的人，也會發生這種情況。這是第一型錯誤，誤報。會演化出這種現象，是因為在舊石器時代，我們童年家裡的其他人大多是血親。

廷貝亨在對銀鷗的研究中觀察到，當雛鳥看到母鷗黃喙上的紅點時，牠會立即開始對著紅點啄，這會促使母鷗反芻一些食物讓雛鳥吃。對這一現象的進一步實驗研究證明，帶有紅點的黃喙受到雛鳥啄食的次數，是沒有紅點的全黃喙的三倍多。廷貝亨發現，單獨由人工飼養的鳥類，有時也會啄食櫻桃或網球鞋的紅底，這可能代表極幼的雛鳥對紅色有所偏好，尤其是出現在鳥喙上時（見圖 2）。廷貝亨將這個順序編列如下：**訊號刺激**（sign stimulus）觸發大腦中的**先天釋放機制**（innate releasing mechanism），導致**固定行為模式**（fixed action pattern）（SS-IRM-FAP）。在銀鷗雛鳥的例子中，紅點與母鳥的黃喙形成鮮明對比，成為訊號刺激，觸發雛鳥大腦中的先天釋放機

圖 2. 模式性的 SS-IRM-FAP 系統

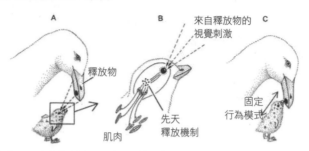

a. 尼科・廷貝亨發現，當銀鷗雛鳥看到母鷗黃喙上的紅點時，牠會立即開始對著紅點啄，這會促使母鷗反芻一些食物讓雛鳥吃。這就是訊號刺激（SS）—先天釋放機制（IRM）—固定行為模式（FAP）的過程。出自 John Alcock. *Animal Behavior: An Evolutionary Approach*（Sunderland, Mass.: Sinauer Associates, 1975），p. 164。最早見於 Niko Tinbergen and A. C. Perdect, "On the Stimulous Situation Releasing the Begging Response in the Newly Hatched Herring Gull Chick," *Behaviour* 3 (1950): 1–39。

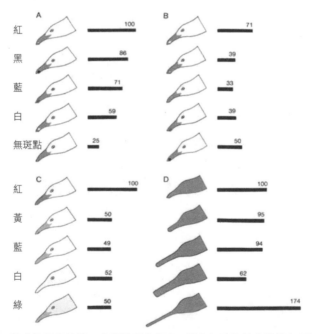

b. 對 SS-IRM-FAP 模式性現象的進一步實驗研究指出，帶有紅點的黃喙從雛鳥那裡獲得的啄食次數，是沒有紅點的全黃喙的四倍，而且某些喙的形狀屬於超級刺激，會觸發過度乞食行為。出自 Niko Tinbergen and A. C. Perdeck, *Behaviour,* 3: 1–39. Reprinted in John Alcock, *Animal Behavior: An Evolutionary Approach*（Sunderland, Mass.: Sinauer Associates, 1975），p. 150。

制，進而產生啄食紅點的固定行動模式。反過來，雛鳥的啄食成為母鳥的訊號刺激，觸發了大腦中的先天釋放機制，進而出現反芻食物的固定行為模式。[10]

臉部識別模式性

　　人類的臉部識別，是 SS-IRM-FAP 模式性的另一種形式，而且從出生後不久就開始了。當嬰兒看到父母發出咕咕聲的笑臉時，臉部就成為訊號刺激，啟動大腦中的先天釋放機制，觸發微笑回應的固定行為模式，從而奏響親子凝視、咕咕聲、微笑的交響曲——進而產生依附感。甚至不是真人的臉也行。在剪出的紙板上畫兩個黑點，也能引發嬰兒的微笑，但如果只有一個黑點就不行，這代表新生兒的大腦經過演化的預先制約，會自動尋找由二到四個資料點代表的簡易臉部模式：兩隻眼睛，鼻子和嘴巴，甚至可以簡化為兩個點加一條垂直線和一條水平線。

　　演化將人臉識別軟體內建在我們的大腦中，因為臉部在建立和維持關係、解讀情緒，以及確定社交互動中的信任方面非常重要。我們透過觀察眼白來判斷對方目光的方向性，如果看到對方的瞳孔放大，就認為他可能有點激動（憤怒、性興奮或其他）的跡象。我們會掃視別人的臉孔，尋找洩露情緒的痕跡：悲傷、厭惡、喜悅、驚訝、憤怒和快樂。我們能微妙地分辨真笑和假笑，因為真笑時外眼瞼會上翹。臉部對人類這種社會性靈長類來說非常重要，所以我們也格外容易在自然界的隨機圖案中看到臉孔：火星上風化山脈形成的臉孔是我最愛的例子，但還有許多其他例子（見圖3）。

　　神經科學家已經確定了大腦中識別和處理臉孔的位置。大致來說，我們知道在大腦顳葉內（耳朵上方），有一個叫**梭狀回**（fusiform gyrus）的結構，會積極參與臉部識別，因為這處受損會使人很難或無法再認出熟人的臉孔，甚至鏡中的自己！更具體地說，腦部其實有兩個獨立的神經通路，一種用於處理臉部整體，另一種用於處理特定臉部特徵。這是透過兩種不

同類型的神經元完成的：巨（mango）細胞構成相對快速放電的**巨細胞路徑**
（magnocellular pathway），負責處理大範圍的視野，並攜帶低空間頻率（粗粒
度數據）訊息（即臉部整體）；較小的細胞則組成相對較慢放電的**小細胞路徑**
（parvocellular pathway），負責處理較小的視野，並攜帶高空間頻率（細粒度數據）
訊息（例如眼睛、鼻子和嘴巴等臉部細節）。

　　此外，大腦似乎會優先處理臉部的整體形狀，例如兩隻眼睛和一張嘴
的大致輪廓，然後再處理臉部特徵的細節，例如眼睛、鼻子和嘴巴。所以
如果讓你看歐巴馬總統的倒置照片（圖3），你可以立即認出他；但如果你
再盯著看一會兒，就會發現在其中一張照片裡，他的眼睛和嘴巴有點奇怪。
把書翻過來看，你就會知道為什麼。這就是兩個不同的臉部識別網絡以不
同速度和粒度運行的結果。首先，大腦快速評估這是一張臉，然後識別出
這是你認識的人的臉；然後才是臉部細節的處理，這需要久一點的時間。
前者發生得很快且無意識，後者則發生得較慢但有意識。[11]

　　緩慢和快速訊息處理之間的這種差異很有趣，因為在尋找意識的神
經相關性時，大多數理論認為快速的無意識處理，先於較慢的意識察覺。
1985年，神經科學家利貝特（Benjamin Libet）進行了一項著名的研究，他請
受試者坐在螢幕前面，螢幕上有一個點繞著圓圈移動（就像鐘面上的秒針一
樣），同時間記錄受試者的腦波圖。受試者被要求做兩件事：（1）當察覺
自己有行動的念頭時，需注意螢幕上點的位置，以及（2）按下按鈕，記錄
點在螢幕上的位置。1和2之間的差異是兩百毫秒，也就是在想要按下按
鈕和實際按下按鈕之間有十分之二秒的延遲。每次試驗的腦波圖紀錄顯示，
涉及行動起始的大腦活動，主要集中在次級運動皮質，並且在**受試者報告
他們初次察覺到有意識地決定採取行動之前**的三百毫秒，大腦的這一部分
會變得活躍。

　　也就是說，我們意識到想做某件事，落後於與該行動相關的大腦活動
的初始波大約三百毫秒。換句話說，從大腦做出選擇到我們意識到這個選
擇，中間間隔了十分之三秒的時間。這段處理時間，再加上另外的十分之

圖 3. 到處都有臉

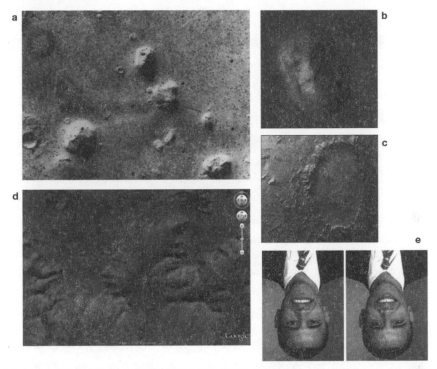

人臉在情感表達中非常重要，所以我們的大腦演化出臉部識別網絡（詳見正文），以致我們在任何地方都可以看到臉孔。以下為一些例子：

a. 火星上的臉孔，1976 年維京號（Viking）太空任務的原始粗粒子照片。（NASA 提供）

b. 火星上的臉孔，2000 年火探勘者號（Mars Surveyor）任務的近距細節照片。（NASA 提供）

c. 火星上的笑臉。（NASA 提供）

d. 是印第安酋長的頭，還是隨機形成的山谷地貌？這處地貌位於加拿大艾伯塔省賽普雷斯縣（Cypress County），卡加立（Calgary）東南方，美國邊境以北附近。將書翻轉過來，從不同角度看這張圖，或者在 Google 地圖中輸入坐標，自行放大並旋轉圖像，你就會看到臉孔圖案的出現和消失。（Google Maps 提供）

e. 哪張倒置的歐巴馬總統照片看起來怪怪的？把書翻過來看看就知道了（解釋請見正文）。原始的錯覺照由約克大學（York University）的湯普森（Peter Thompson）發現，並在 1980 年刊載於 Peter Thompson. "Margaret Thatcher: A New Illusion," *Perception*, 9, no. 4 (1980):483–484。這張歐巴馬錯覺照。可見於 More Optical Illusions: http://www.moillusions.com/2008/12/who-says-we-dont-have-barack-obama.html

二秒用來依此選擇採取行動，這代表從大腦出現想做某事的意圖，到我們意識到自己實際做了這項行動之間，經過了整整半秒鐘。我們的意識無法得知產生行動意圖之前的神經活動，所以我們才會體驗到自由意志的感覺。但這是一種錯覺，因為我們無法辨識是什麼讓自己意識到這樣的行動意圖。[12] 綜合以上研究可以得知，模式性在我們的大腦中早已根深蒂固，與無意識緊密相連，並在我們意識不及之處產生模式。

面部識別模式的最後一個例子，是現在已有完善紀錄的問候表情，這幾乎在世界各地的每一人類群體中都可以發現（除了在文化上壓抑這類表情的地方，如日本）。隔著較遠距離打招呼時，人們會微笑點頭；如果是友好的，還會快速挑動眉毛，持續大約六分之一秒。在 1960 年代，奧地利動物行為學家艾布爾－艾貝斯費爾特（Irenäus Eibl-Eibesfeldt）走遍全球，用一台巧妙配備斜角鏡頭的相機拍攝人們，相機看似朝向某個方向，但實際上是從與該方向呈九十度角的方向拍攝。從歐洲城市到波利尼西亞的鄉村，人們的面部表情就這麼被「暗中拍下」，然後以慢動作進行分析。

世界各地的人們都有一種與生具來的問候表情，無需受過任何文化訓練就能理解。這種模式不僅適用於友善的問候，艾布爾－艾伯斯費爾特還記錄了截然不同的文化在其他情感表達方面的顯著相似之處，例如憤怒，其特點是張開嘴角、皺眉、緊握拳頭、跺腳，甚至擊打物體。[13] 之後艾克曼（Paul Ekman）也證實了艾布爾－艾伯斯費爾特的研究，他們共同為面部模式性的演化起源提供了大量無可爭議的證據。[14]（見圖 4）

擬態模式

擬態是模式性的另一種形式。在前述關於模式性演化的論文中，佛斯特和柯寇提出了三個這樣的例子：（1）會避免吃黃色和黑色危險昆蟲的掠食者，通常也會避免吃有類似黃色和黑色花紋的無害昆蟲；[15]（2）會避免捕食有毒物種的掠食性蛇類，通常也會避免擬態危險類型的無毒物種；[16]（3）

圖 4. 世界各地與生俱來的問候表情

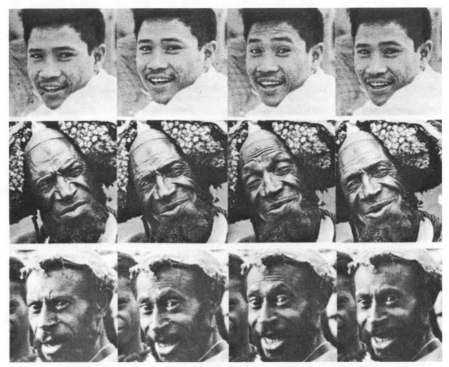

奧地利動物行為學家艾布爾－艾貝斯費爾特走遍全球，用隱藏鏡頭拍攝人們互相打招呼的情景。他發現，當人們從遠處打招呼時會微笑點頭，如果友好的話，會快速挑動眉毛，持續時間大約為六分之一秒。這是先天面部模式性的一個例子。FROM IRENÄUS EIBL-EIBESFELDT, ETHIKIGY（NEW YORK: HOLT, RINEHART AND WINSTON），1970.

單細胞的大腸桿菌（存在於人類腸道中）被發現會游向生理惰性的甲基化天冬氨酸（methylated aspartate），因為大腸桿菌演化為能消化具生理活性的真天冬氨酸。[17] 換句話說，這些生物體在刺激（視覺、味覺）與其作用（危險、有毒）之間，形成了有意義的關聯，因為這種關聯對於生存至關重要；因此建立這種關聯的能力被天擇留下，而其他生物體可以利用這一點來欺騙模式系統。

　　如第一個例子所示，擬態的作用在於黃色和黑色昆蟲（A）和危險（B）之間形成原始關聯，而原本無害的昆蟲模仿了危險昆蟲的外貌，使掠食者

避開牠們，因此提高了存活機會，而牠們體內與危險昆蟲花色更相似的基因便得以傳遞下去。第二個例子同樣展示了 A－B 關聯的模仿和利用的原理，使演化有利於與毒蛇花色相似的無毒蛇。「的確，由於環境變化後的演化滯後，為迷信行為提供了另一條途徑，」佛斯特和柯寇解釋說，「生物體將兩個曾經有過因果關係、但現在已經無關的事件聯繫起來，例如捕食者已經滅絕了，但獵物仍在夜間躲藏。」

第三個例子，大腸桿菌因為偏愛天冬氨酸的味道，所以會游向化學結構類似天冬氨酸的物質，這與人類喜愛人工甜味劑以及現代人的肥胖問題有明顯的相似之處。在自然環境中甜的和高油的食物（A）與營養豐富和稀有的食物（B）產生了強烈關聯，因此，我們會偏愛任何甜的和高油的食物，而且因為這些東西以前很稀有，所以人類大腦沒有相關的飽足感網絡去通知我們該關閉飢餓機制了，因此我們會能吃多少就吃多少。在味覺光譜的另一端，則是眾所周知的味覺厭惡效應──透過一次試誤學習，將某種食物或飲料與嚴重的噁心和嘔吐連結，通常會導致對該食物或飲料的長期厭惡。就我個人的例子，在我研究生時期，過量的廉價紅酒（A）和吐了一整晚（B）兩者連結了起來，使得我幾十年來都難以享受紅酒，就連昂貴的牌子也引不起我的興趣。這在演化上的意義是顯而易見的：那些可能害死你（但實際上沒有）的食物，永遠不應嘗試第二次，因此一次試誤學習演變為一種重要的適應方式。

超常模式性

超常刺激物（Supernormal stimuli）結合了擬態原理和 SS-IRM-FAP 系統，是先天模式性的另一例子。例如，廷貝亨發現，海鷗雛鳥會更加熱切地啄食比母鳥真喙更長、更窄的假喙。他還研究了一種通常會在帶有灰斑的淺藍色小蛋上坐巢的鳥類，發現牠們更喜歡坐在帶有黑色圓點的亮藍色大蛋上。這是欺騙大腦的一種形式，大腦在演化安排下會期待特定模式，這就

是用更誇張的同樣模式來欺騙大腦。[18]

　　哈佛大學演化心理學家巴瑞特（Deirdre Barrett）在 2010 年出了一本書名為《綁架本能的世界》（*Supernormal Stimuli*），書中提到許多古代的先天模式被現代世界綁架的例子。[19] 除了前面提到的甜食和高油食物導致肥胖的模式外，巴瑞特還概述了現代化如何改變了自古以來的性偏好模式傾向，導致人們期望女性面孔和身材能符合超常刺激，也就是能在完美的（和經過完美修飾的）超級名模身上看到的長腿、沙漏型身材、零點七的腰臀比、碩大的乳房、完美對稱的臉龐、無瑕的肌膚、豐唇、瞳孔放大的迷人大眼，以及濃密的秀髮。在我們舊石器時代老祖先的環境中，這些身體特徵的「正常」維度代表基因健康，因此天擇讓我們對大致具備這些身體特徵的女性存在情感偏好。就像營養豐富且稀有的食物一樣，這些物理特性既讓人強烈渴望又不知滿足，因此我們的大腦會被欺騙，覺得越多越好。

　　當然，沒有人會帶著量尺走進夜店，測量腰臀比或面部對稱性。演化已為我們完成了測量，只留下了性欲等基本情緒。在 SS-IRM-FAP 系統中，這類「正常」特徵就是訊號刺激，會啟動大腦中的先天釋放機制，從而導致尋求性接觸的固定行為模式。因此，「超常」刺激，例如使胸部更豐滿的矽膠隆胸、使雙唇更豐厚的豐唇術、讓雙眼更迷人的彩妝、讓雙頰白裡透紅的腮紅、讓雙腿更顯修長的高跟鞋等，都會引發更強烈的情緒和行為反應。

　　當然，女性對男性的偏好也同樣真實而自然：女性會青睞比她們高、肩寬腰窄、精瘦強壯、五官勻稱、膚色清透、下巴堅毅的男性。這些都是與睪固酮和其他荷爾蒙的良好平衡有關的特徵，所以在選擇生育伴侶方面，可作為基因健康的指標。然而，由於男人在性方面較偏重視覺，因此以色情作品作為一種超常刺激的情況，幾乎純屬於男性。女性色情片——真的有一部滑稽劇叫這個片名，劇中穿戴整齊的男人邊做家務邊說：「我剛用吸塵器清理完全家了！」——主要出現在肥皂劇、愛情劇，尤其是言情小說裡，故事中的女主角「找到並擄獲真命天子的心」，巴瑞特寫道，「性

可能是明示或暗示的，也可能要等到求婚後才能發生，而求婚通常是故事的結尾。」[20]

　　還有許多其他形式的超常刺激預設模式性。例如，我們天生的「領地本能」，即我們強烈渴望保護我們所擁有的東西，特別是土地、社區和國家等形式的實際領土。這也已經被現代化綁架了。正如巴瑞特所指出的，「養活後代是一種強烈的本能；這實際上就等同於誰的基因能夠存活下來。」然而，在現代世界，領地已呈現出超常的規模。「現在，權貴和富翁可以將這些本能導引到超常的家族財產、世代相傳的信託基金，以及在君主制國家中家族的永久統治權。」[21]

　　大多數領域性動物會通過威嚇手勢、呼喝聲來解決領域糾紛，如果情況更糟的話，還會進行短暫的身體攻擊，可能會有一方被推擠甚至被咬傷。事實上，在實驗室的「直視」實驗中，靈長類動物學家只需張開嘴盯著猴子看，就會引發雄性恆河猴擺出威嚇的手勢和姿態，甚至是攻擊性動作。這又再次回到 SS-IRM-FAP 系統，直視和張嘴是訊號刺激，引發先天的憤怒釋放機制，從而引發攻擊性或相互威嚇姿態的固定行為模式。在這項研究中，我們還在猴子腦幹中找到了 IRM 在單一細胞層次的直接證據。當實驗者盯著猴子時，猴子腦幹的神經元活動顯著增加；移開目光，則會減少神經元活動以及攻擊性反應。[22]

模式性和控制

　　模式性不會隨機發生，而是與生物體的背景和環境有關，即生物體認為自己能夠控制環境到什麼程度。心理學家稱之為**控制信念**（locus of control）。在**內在**控制上得分高的人，傾向於相信是自己讓事情發生，並且能控制周遭情況；而在**外在**控制上得分高的人，傾向於認為情況超出他們的控制範圍，他們只是剛好遇上這些事情而已。[23] 這裡的想法是，高度內控的人會對自己的個人判斷更有信心，對外部權威和訊息來源更加懷疑，

並且較少遵循外在影響。事實上，自稱對異常現象和超自然現象「持懷疑態度」的人，通常在**內控**方面得分較高；而自稱是超自然現象、招魂術、輪迴和一般神祕體驗「信徒」的人，往往在**外控**上得分較高。[24]

控制信念還會受到物理和社會環境的確定性或不確定性程度的調節。凌諾斯基（Bronislaw Malinowski）對南太平洋特羅布里恩島民（Trobriand Islanders）迷信現象的著名研究指出，隨著環境不確定性程度的增加，迷信行為的程度也會增加。馬凌諾夫斯基特別指出特羅布里恩群島漁民的這一點——漁民航行的距離越遠，環境的不確定性就越大，捕獲成功與否的不確定性也越大，迷信儀式的程度就會隨著不確定性程度而上升。「只要運氣和意外的成分重，希望與恐懼之間的情感落差大，我們就會發現魔法，」馬凌諾斯基解釋說：「如果追求是確定且可靠的，並且是在合理方法和技術流程的控制下，就不會有魔法存在。此外，在危險因素顯而易見之處，也會發現魔法。」[25]

我觀察到運動員的迷信也有類似的情形，尤其是棒球選手。因為外野手的成功率通常超過九成，所以幾乎不會出現迷信儀式，可是一旦選手拿起球棒走向本壘包時——十次至少會有七次打擊失敗——他們突然間就會改採魔力思維，表現出各種古怪的儀式性行為，以應付這種不確定性。[26]

1977 年一項研究測試了風險與控制，結果顯示，如果給即將跳傘的人看一張充滿雜訊的圖片（例如電視螢幕上雪花般的雜訊點），他們在圖片中看出不存在的隱藏圖案之機率，會比在準備跳傘更早之前看到照片的情況下高出許多。不確定性會讓人感到焦慮，而焦慮與魔力思維相關。例如，1994年的一項研究指出，焦慮的 MBA 一年級生，比更有安全感的二年級生，更容易陷入陰謀論心態。就連飢餓這樣的基本情緒，也會影響你的感知模式。1942 年的一項研究發現，向飢餓者和飽足者展示模糊圖像時，飢餓者更有可能看到食物。以當前的經濟衰退來說，經濟環境很可能會導致錯誤的看法。在一項實驗中，與來自富裕社區和家庭的孩子相比，來自貧困社區和工薪階層家庭的孩子，往往會高估硬幣的尺寸。[27]

　　實驗心理學家布萊克莫爾（Susan Blackmore）探討了人格、信仰和模式性之間的關係。她最出名的地方，便是在進行多年研究並試圖查明難以捉摸的 ESP 後，她本人戲劇性地從信徒轉變為懷疑論者。她發現，相信 ESP 的人在查看資料時，傾向看到超自然現象的證據，懷疑論者則不會。例如在一項研究中，布萊克莫爾和她的同事先讓受試者填了一份超自然信念量表，然後讓他們看雜訊化程度不同的常見物體的圖片（分別為 0%、20%、50% 和 70%），並詢問他們是否能識別出每一物體。結果顯示，信徒比非信徒更有可能在雜訊最多的圖片中看出物體，然而卻辨識錯誤（見圖5）。[28] 換句話說，

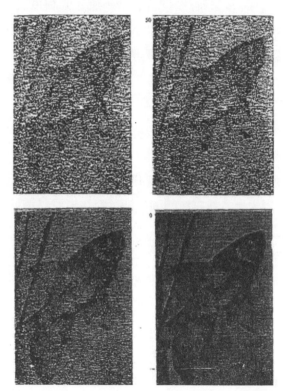

圖 5. 模式性與信念

心理學家蘇珊‧布萊克莫爾發現，與懷疑論者相比，相信 ESP 和其他形式超自然現象的人，更有可能在左上角雜訊程度最大的圖片中看出物體，但犯的識別錯誤也更多。（圖片由蘇珊‧布萊克莫爾提供）

他們看到了更多的模式，但犯了更多的第一型誤報錯誤。

　　另一項實驗也發現了類似的效果，這個實驗是讓受試者判定擲骰子的機率。讀者可以自己試一試。想像你現在手裡拿著一顆骰子，連續持骰三次，然後記錄下結果。以下哪一組順序最有可能：2-2-2還是5-1-3？大多數人一開始都說第二組比第一組有可能，因為連續擲出2好像比較不可能。事實上，兩組順序出現的機率相等，因為骰子沒有記憶，每次擲骰時出現2的機率，跟出現5或1或3都是一樣的。這種心理被稱為**迴避重複**（repetition avoidance）的效應，對信仰者和懷疑者的影響程度不同。當相信ESP的人面臨這種選擇時，他們傾向為5-1-3這組順序出現的可能性打出更高分，比懷疑論者給的分數高出許多。也就是說，信仰者可以在隨機性中發現更多的意義。[29]

　　另一項研究證明了模式性與對環境的感知控制程度之間，存在著更直接的聯繫。兩位專門研究企業環境如何影響心理狀態的管理學研究員，德州大學奧斯汀分校的惠特森（Jennifer Whitson）和西北大學的賈林斯基（Adam Galinsky），於2008年進行了一項研究，題名簡單明瞭：「缺乏控制會增加幻覺模式感知」。研究將「幻覺模式感知」（illusory pattern perception，模式性的一種形式）定義為：在一組隨機或不相關的刺激之間，辨識出連貫且有意義的相互關係（例如感知到錯誤相關性、看到想像中的圖形、形成迷信儀式和擁抱陰謀信念等）。研究人員進行了六項實驗來檢驗這一論點，即「當個體無法獲得客觀上的控制感時，他們會嘗試從感知上獲得控制感」。[30]人們為什麼要這樣做？惠特森在會議空檔，試圖在繁忙機場的安靜角落獲得一種控制感，這時她向我解釋道：「因為，控制感對我們的身心健康非常重要——當我們感覺一切盡在掌控之中，思緒就會更清晰，也能做出更好的決策。缺乏控制是非常令人厭惡的，而我們增強控制感的一個基本方法就是去瞭解情況。因此，我們會本能地尋找模式，以重新獲得控制感——即使這些模式是虛幻的。」

　　惠特森和蓋林斯基請受試者坐在電腦螢幕前，並告訴其中一組受試者，

他們必須猜測兩張圖片中的哪一張，呈現了電腦選擇的潛在概念。例如，他們可能會看到大寫字母 A 和小寫字母 t 被上色、被劃底線或被圓形或正方形框住。然後受試者要猜測一個潛在概念，例如所有大寫字母 A 都是紅色的。其實，根本沒有什麼潛在概念——電腦程式只是隨機告訴受試者他們的答案「正確」或「不正確」，讓受試者因此產生一種缺乏控制感。另一組受試者沒收到隨機反饋，因此感覺更有控制感。在實驗的第二部分，受試者會看到二十四張雜訊圖片，其中一半包含隱藏圖像，例如手、馬、椅子或土星，另一半則由顆粒狀隨機點組成（見圖 6 土星點與隨機點的範例）。儘管幾乎每個受試者都正確識別了隱藏的圖形，但與對照組相比，控制組的受試者在沒有嵌入圖像的照片中發現了更多圖案。

　　在第二個實驗中，惠特森和蓋林斯基讓受試者鮮明地回憶起一次經歷，是他們能夠完全控制或是完全缺乏控制的。接著受試者會閱讀一些故事，故事中的角色在所設定的情境產出結果之前，會做出一些不相關的迷信行為（例如進去開會前跺腳），並在做出這些行為後獲得成功（例如提出的想法在會議上通過）。然後受試者被問及他們是否認為角色的行為與結果有關。與回憶起完全掌控經歷的受試者相比，回憶起缺乏控制經歷的受試者，認為兩個不相關的事件之間有關的比例高出許多。有趣的是，低控制感的受試

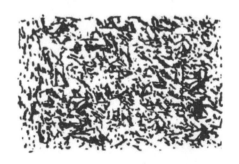

圖 6. 找出隱藏的模式

大多數人都能看出左邊照片裡藏著一顆土星。你能從右邊圖片中看出隱藏的圖形嗎？如果沒有，那麼你可能感覺自己的生活處於掌控之中，因為處於感覺失控狀態的受試者，更有可能從這一堆隨機點中看到某種模式。（圖片由惠特森提供）

者在讀到一名員工未能升職的故事後，往往會認為原因是有幕後陰謀。

「就拿911來說吧，」當我提到懷疑論者花了多少時間揭穿陰謀論時，惠特森說，「我們可以看到恐怖攻擊造成的不確定性環境，幾乎立即且直接地導致潛在陰謀論的產生。」我提醒她911的確是一場陰謀，只不過是十九名蓋達組織成員用飛機撞建築物的陰謀，而不是布希政府的「內部作案」。這兩個陰謀有什麼區別？「也許是即使我們立即被告知這是蓋達組織犯案，但未來仍存在一種可怕的不確定性，一種失控感，」惠特森推測說，「這可能導致人們尋找潛藏的模式，而911『真相人士』認為他們找到了。」

也許。我猜這只對了一半，還有另一個我稱之為**主體性**（agenticity）的因素與陰謀論有關，這一點將在下一章中探討。目前的話，請記住，研究結果一致指出，一旦人們認定了剛剛觀察到的事件之原因（換句話說，在A和B之間建立了聯繫），他們就會繼續收集資訊來支持這種因果聯繫，而不是其他可能性——通常不太可能在認定第一個因果聯繫後還能想到其他可能性。

有趣的是，負面事件（例如體育比賽失利或未能達到目標）似乎會更快產生因果聯繫和支持訊息，特別是出乎眾人意料之外的事件。當常勝的球隊意外輸給實力殊異的對手（「意外」失敗）時，觀賽者（尤其是球迷）會比起比賽按預期進行時做出更多的因果解釋，反之亦然。[31]例如，身為常勝軍洛杉磯湖人隊的終生觀賽者，我能以親身經歷證明以下事實：長期連勝的解釋通常很簡單，如團隊合作無間、勤奮練習和球員天賦過人等；要是偶爾輸球，那就得用長篇大幅報導和幾小時的廣播談話時間，無止境地尋找這個、那個以及其他原因——科比和歐尼爾不合、菲爾的背傷、勞資糾紛、太多奔波、太多好萊塢干擾，什麼都有，除了另一支球隊就是打得比他們好這一事實以外。

惠特森和蓋林斯基最有趣和最實際的發現，是測試股票市場中缺乏控制與模式感知之間的關係。實驗藉由市場環境的波動與否操縱受試者的控

制感。其中一組是將市場環境設定為波動市場（受試者會看到一篇短文，標題為「投資人前方波濤洶湧」，內文包括投資股票市場就像「走過雷區」）；另一組則將市場環境設定為穩定市場（受試者看到的短文標題是「投資人前方風平浪靜」，內文包括投資股市就像「走過花田」）。之後受試者會接觸到不相關的股票資訊：他們會讀到一系列有關兩家公司財務狀況的二十四份言論，其中有些是正面的，有些是負面的。A 公司有十六份正面言論和八份負面言論，而 B 公司有八份正面言論和四份負面言論。儘管兩家公司正面與負面言論的比例相同（2:1），處於「波動市場」狀況（「前方波濤洶湧」）的受試者，投資 A 公司的可能性，明顯低於處於「穩定市場」狀況的受試者（「前方風平浪靜」）。為什麼？因為那些處於「波動市場」狀況的受試者，記住的是 A 公司的負面言論更多，而那些處於「穩定市場」狀況的受試者，則是準確記住了負面言論的數量。為什麼會這樣呢？

　　原因在於**錯覺相關**（illusory correlation）效應，也就是將兩組毫無關聯的變量，誤認為具有因果關係，或是過度高估兩個變量之間的關聯性。當人們在統計上小概率事件（X）和罕見且通常是負面的特徵或行為（Y）之間形成錯誤的關聯時，錯覺相關的效應最為強烈。舉個無關痛癢的例子，人們傾向於回憶起洗車時（X）下雨（Y）的日子；舉個嚴重點的例子，美國白人通常高估了非裔美國人（X）被捕（Y）的比率。[32]

　　對於錯覺相關和更廣泛的錯覺模式的偵測問題，我們能做些什麼？在最後一項實驗中，惠特森和蓋林斯基讓兩組受試者都產生了缺乏控制感，然後要求一組思考並肯定他們生活中最重要的價值觀——這是一種經過驗證可減少習得性無助的方法。然後，研究人員讓兩組受試者看同樣的雜訊圖片，結果發現那些缺乏控制感但沒機會自我肯定的受試者，比經過自我肯定的受試者，看到了更多不存在的模式。

　　有趣的是，惠特森向我坦承，她最初設計這個研究方案的時候，正是人生中壓力特別大的一段時期，感覺自己相當失控。她稱這個是治療科學，而且似乎有效。「在接受手術之前，」惠特森反思說，「如果病患知道接

下來會發生什麼事，焦慮就會減少，甚至可能會恢復得更快。知識是另一種形式的控制。」這讓人想起 1976 年哈佛大學心理學家蘭格（Ellen Langer）和她的同事羅丹（Judith Rodin），在新英格蘭一家安養院進行的一項研究。羅丹現任洛克菲勒基金會（Rockefeller Foundation）主席。安養院的居民獲贈植物以及每週看電影的機會，但控制權有所不同。四樓的居民負責給植物澆水，也可以選擇一週中想在哪一晚看電影，結果他們比其他人活得更久也更健康，即使是獲贈植物後由工作人員澆水的居民，也活得更久、更健康了一些。這正是控制感對健康和福祉產生了明顯的影響。[33] 也許這就是伏爾泰在《憨第德》（Candide）一書結尾想說的，潘格羅斯博士說：「在這個最美好的世界裡，所有事件都有關聯。」而主角憨第德反駁道：「說得好，但我們必須耕耘自己的花園。」

模式性的力量和危險

偶爾會有人質疑我擁抱迷信又怎樣，他們會這麼說：「噢，得了吧，謝爾默，讓人們留著他們的妄想吧，這有什麼大不了？」暫且不談出於好玩看看報紙上的星座預測，或瞧瞧飯後餅乾中藏著的籤言這些，我通常會回答：生活在現實世界比生活在幻想世界更好。事實上，如果模式性是屬於第二型的漏報，危害可能極其嚴重。

什麼危害？你可以問問冤死在培德爾（John Patrick Bedell）手裡的人，2010 年 3 月，培德爾持槍襲擊五角大樓入口的警衛，此人似乎是一名右翼極端分子，也是 911 事件的「真相人士」。他在網路的貼文中表示，他打算揭露 911「雙子星大樓倒塌」背後的真相。顯然，在妄想影響下的培德爾打算持槍開路進入五角大樓，查看 911 背後的真相。這是陰謀論殺人。

理論殺人則有另一個引人注目的例子。2000 年 4 月，一位名叫坎迪斯·紐梅克（Candace Newmaker）的十歲女孩開始接受所謂的**依附障礙**（attachment disorder）治療。珍妮·紐梅克（Jeane Newmaker）收養了坎迪斯四年，她認為

坎迪斯有無法遵守紀律的問題,並為此傷透腦筋。珍妮向所謂的兒童依附治療和培訓協會(Association for Treatment and Training in the Attachment of Children)附屬的治療師尋求幫助,[34] 她被告知坎迪斯需要做依附治療,其理論基礎是如果在關鍵的頭兩年沒有形成正常的依附,仍然可以在之後重新依附。這有點像是在主張說,就算小鴨子的印記沒在關鍵期早期發生,依然可以在以後的時間完成(實際上不可能)。

根據依附治療背後的理論,為了讓後來的依附過程成功,孩子必須首先受到身體上的「對抗」和「約束」,以釋放被壓抑的遭拋棄的憤怒。這個過程重複的時間會視需要而定——可能是數小時、數週、甚至數週——直到孩子體力耗盡、情緒上還原為「嬰兒期」狀態。然後再讓父母將孩子抱在懷裡搖晃、用奶瓶餵養孩子,促成「重新依附」。這就像是捉住一隻成年鴨子,試圖通過身體和情感的限制將其還原到小鴨階段,看牠是否會再次依附於母鴨。總之,他們的理論就是這樣。這種做法導致了完全不同的結果……而且致命。

坎迪斯被帶到科羅拉多州的艾弗格林(Evergreen),在那裡接受了沃特金斯(Connell Watkins)和她的助理龐德(Julie Ponder)的治療。沃特金斯是全國著名的依附治療師,也是艾弗格林依附中心的前臨床主任;龐德則是不久前才從加州獲得執照的家庭諮商師。治療在沃特金斯的家中進行並進行了錄影。根據審判紀錄,沃特金斯和龐德進行了四天多的「束縛療法」,期間她們抓住或遮住坎迪斯的臉一百三十八次,搖晃或撞擊她的頭三百九十二次,對著她的臉大吼一百三十三次。但這些都沒讓坎迪斯崩潰,她們就改把才三十一公斤的小坎迪斯包在法蘭絨床單裡,在她身上放滿抱枕,幾個成年人(總重近三百一十八公斤)同時壓在她身上,好讓她可以「重生」。龐德告訴坎迪斯,她是在子宮裡的「小小寶寶」,並命令她「頭先出來」還有「用腳推」。坎迪斯的反應是尖叫說:「我不能呼吸了,我做不到!有人壓住我,我要死了!求求你們!空氣!」

根據依附治療理論,坎迪斯的反應代表了情緒上的抗拒,她需要更多

的對抗去累積足夠的憤怒，以「衝破」壁壘，達成情感治癒。龐德將理論付諸實踐，一邊警告她：「你會死的。」坎迪斯哀求說：「求你了，求你了，我不能呼吸了。」龐德指示其他人：「加大按壓力道！」認定依附障礙兒童會誇大自身痛苦。坎迪斯嘔吐了，然後大喊道：「我要大便了。」她媽媽哄她說：「我知道這很辛苦，但我在等你。」

經過四十分鐘的折磨，坎迪斯不再發出聲音。龐德斥責她：「真沒用，沒用！」有人開玩笑說要進行剖腹產，而龐德則拍拍一隻慢慢走過的狗。又沉默過了三十分鐘，沃特金斯諷刺地說：「來看看這個小笨蛋，看是怎麼了——裡面有一個小孩嗎？你躺在自己的嘔吐物裡啊——你不累嗎？」

坎迪斯·紐梅克不是累了；她死了。屍檢報告上寫著：「這個十歲的孩子死於缺氧缺血性腦病變引起的腦水腫和腦疝脫。」坎迪斯的直接死因是窒息，多位治療師因「魯莽虐待兒童導致死亡」而被判處至少十六年徒刑。至於罪魁禍首，其實是偽裝成心理學的偽科學江湖騙術。梅瑟（Jean Mercer）、沙納（Larry Sarner）和羅莎（Linda Rosa）在《依附治療審判》（*Attachment Therapy on Trial*）一書中深入分析此案，他們寫道：「無論這些治療方法看起來多怪異，也無論它們對兒童是多無效或有害，這些治療方法都源自一套複雜的內部邏輯，不幸的是，全都基於錯誤的前提。」[35]

這些治療師害死坎迪斯並不是因為他們生性邪惡，而是因為他們陷入了根植於迷信和魔力思維的偽科學信念之中。而這正是模式性的力量和危險的一個極端例子。

5 主體性

Agenticity

再說回非洲平原上的原始人，他們聽到草叢中的沙沙聲，而關鍵問題是這種聲音代表的是危險的掠食者，還是風而已。這在許多層面上都有著重要區別，最重要的當然是生死之別，但請注意還有另一個區別：「風」代表**無生命的力量**（inanimate force），而「危險的掠食者」則表示**有意圖的主體**（intentional agent）。無生命的力量和有意圖的主體之間的區別很大。大多數動物都能在表面（但至關重要）的生死層面上做出這種區分，但我們還能區別一個其他動物無法區別的東西。

作為大腦體積較大的原始人，擁有發達大腦皮質和「心智理論」（能夠意識到自己和他人的欲望和意圖等精神狀態的能力），我們還會發揮我所謂的**主體性**（agenticity）：即為*模式注入意義、意圖和主體的傾向*。也就是說，我們經常為發現到的模式賦予主體和意圖，並相信這些有意圖的主體控制著世界，有時是從上到下無形地控制著世界，而不是認為構成世界的成因絕大多數是自下而上的因果隨機性。[1] 人們相信，靈魂、鬼魂、神靈、惡魔、天使、外星人、智慧設計者、政府陰謀家以及各種具有力量和意圖的隱形主體，充斥在這個世界中，並控制著我們的生活。再加上人們在有意義的訊息和無意義的雜訊中，傾向尋找有意義模式，使得模式性和主體性因此成了薩滿教、異教、萬物有靈論、多神論、一神論以及所有新舊時代心靈主義模式的認知基礎。[2] 還不只如此，據說智慧設計者是一個自上而下創造生命的隱形主體。外星智慧生物經常被描繪成從天而降的強大生物，警告人類即將迎來自我毀滅。陰謀論當然包括藏身於幕後運作的主體，有如操縱

政治和經濟的傀儡師，而我們則隨著畢德堡集團（Bildebergers）、羅斯柴爾德家族（Rothchilds）、洛克菲勒家族（Rockefellers）或光明會（Illuminati）的曲調起舞。就連認為政府可以採取自上而下的措施來拯救經濟的信念，也是一種主體性，歐巴馬總統被譽為擁有幾近救世主的力量，是能拯救我們的「那一位」。

現在已經有大量出自認知神經科學的證據證明，人類傾向找出模式並賦予模式主體性。布里斯托大學（University of Bristol）的心理學家胡德（Bruce Hood），在 2009 年出版的《超感》（Supersense）一書中表示，有越來越多的資料不僅證明我們傾向於將主體和意圖注入模式之中，而且還相信物體、動物和人都包含一種本質——一物之所以為一物的存在核心——而且這種本質可以從物體傳遞到人，也可以由人傳遞給人。這種**本質主義**（essentialism）有其演化上的原因，即根源於對疾病和傳染病的恐懼。因為這些疾病和傳染病含有可能致命的自然本質（所以我們應該避免）。因此，對於那些順從本能避開本質，進而避開疾病的人來說，他們就被天擇留下了。但我們也將這種本質情緒推及自然和超自然存在，推及所有物體和人類，並推及可見和不可見的事物；我們也假設這些可見和不可見的物和人，都是擁有意圖的主體。「許多受過高等教育、聰慧過人的人都有過這種強烈感受，即這世界上有一些模式、力量、能量和主體在運作，」胡德寫道，「更重要的是，這些經驗並沒有可靠的證據能證實，這就是為什麼它們是超自然和不科學的。將它們認知成可能是真實的，這種傾向或感知就是我們的超感。」[3]

主體性的例子比比皆是。受試者看著反光點在黑暗的房間裡移動，進而推斷反光點代表一個人或有意圖的主體，特別是當這些反光點有著兩條腿和兩條手臂的形狀時，更容易出現這種推斷。孩子相信太陽會思考並跟著他們走，當被要求畫出太陽時，他們經常加上笑臉來賦予它主體性。香蕉和牡蠣等形狀類似陰莖的食物，經常被視為能提升性能力。有三分之一的器官移植接受者，認為捐贈者的性格或本質會隨著器官一同移植。胡德

的研究團隊針對健康的成年人進行了一項研究，首先要求受試者對二十個人的外貌、智力以及接受其心臟移植的意願進行評分。在記錄這些評分後，胡德告訴受試者，他們剛剛評分的人之中，有一半是被定罪的殺人犯，然後要求他們看著照片重新評分。很明顯地，雖然殺人犯的外貌和智力評分因此下降了，但其中分數下降幅度最大的項目是接受殺人犯心臟的意願。胡德得出的結論是，這是因為害怕邪惡的本質可能會傳遞給接受者。[4] 這一發現與另一項研究的結果相符，該研究指出大多數人都說他們永遠不會去穿殺人犯的毛衣，並對這種想法表現出極大的厭惡，就好像殺人犯的邪惡會殘留在毛衣上一樣。[5]

相較之下，在正向主體性的形式下，大多數人都說他們**願意**穿兒童電視節目主持人羅傑斯先生的羊毛開襟衫，並認為穿上這件毛衣會讓他們成為一個更好的人。[6] 這種本質主義更深層的演化基礎是什麼？「如果本質被認為是可以轉移的，那麼我們就不會認為自己是孤立的個體，而是一個部落的成員，可以透過對超自然聯繫的信仰而相互聯繫在一起。」胡德推測說，「我們會根據與我們本質不同的屬性來看待他人。這種想法意味著，某些本質特性比其他特性更容易被傳遞。青春、活力、美貌、氣質、力量，甚至性取向，都是我們賦予他人的本質特性。」[7]

2009 年我到奧斯汀的德州大學，與神創論者進行一場辯論，期間我發現自己也陷入了主體性的時刻。在城裡時，我造訪了阿姆斯壯（Lance Armstrong）著名的自行車店 Mellow Johnny's（這個店名來自美國人對法語 maillot jaune 的粗暴發音，也就是「黃色車衣」）。除了牆上掛滿黃色車衣外，展示櫃裡還擺放著阿姆斯壯的幾輛自行車，他曾用這些自行車贏得七次環法自行車賽。「很多人都以為這是仿製品，」店經理告訴我，「當我解釋說蘭斯就是騎這幾輛車贏得巡迴賽的時候，他們就把車當聖物一樣地觸摸。」我被這個例子逗樂了，但隨後我不假思索地購買了一系列阿姆斯壯的自行車裝備，在那晚的辯論中，我穿了一雙阿姆斯壯的黃邊黑襪，還在西裝下套了一件 Livestrong 的 T 恤。我的理性大腦一刻也不相信，是阿姆斯壯為人

稱道的力量和耐力本質，支撐我完成三小時的辯論，但出於某種奇怪的原因，我感到更加自信。也許，考慮到信念的影響和安慰劑的力量，那晚我的確辯論得更出色了。誰知道呢？這種超自然的思維確實可能產生自然的影響。

我們是天生的超自然主義者，會本能地尋找有意義的模式並對其賦予意圖主體。但我們為什麼要這麼做呢？

主體性與惡魔出沒的大腦

五個世紀前，惡魔出沒於我們的世界，夢魔（incubi）和魅魔（succubi）*侵害熟睡的人們。兩個世紀前，鬼魂出沒於我們的世界，幽魂和食屍鬼徹夜騷擾受害者。在過去一個世紀裡，外星人出沒於我們的世界，灰色或綠色的外星人騷擾睡夢中的人，在他們醒來時向他們傳遞信息，或者把他們從床上綁架走，帶到母艦上進行刺探。如今，人們經歷靈魂出竅，漂浮在床上、漂出臥室，甚至離開地球進入太空。

這是怎麼一回事？這些難以捉摸的東西和神祕現象，到底是真的存在於我們的世界，或只存在於我們的腦海中？現在你已經知道，我會說這些完全存在於我們的腦袋裡，只是經過我們碰巧所屬的文化修改和調整。現在已經有壓倒性的證據指出，大腦和心智其實是同一件事。就以勞倫森大學（Laurentian University）神經科學家帕辛格（Michael Persinger）的研究來說，他在安大略省薩德伯里（Sudbury）的實驗室中，透過將志願者的顳葉置於磁場模式下，在志願者身上誘發了上述所有的事件。帕辛格運用改裝過的機車頭盔（有時稱為**上帝頭盔**）內的電磁體，引發受試者大腦的**顳葉瞬變**（temporal

---

* 譯注：傳說中的惡魔。根據傳說，incubus 是一種男性惡魔，會降臨在女性的夢中，通常以男性形象出現，並與她們發生性關係。而 succubus 則是一種女性惡魔，會降臨在男性的夢中，以女性形象出現，並與他們發生性關係。這些傳說在中世紀的歐洲尤其流行，被認為是導致一些夢魔和性幻覺的原因。

lobe transients），即耳朵上方顳葉區域的神經元放電模式增加和不穩定。帕辛格認為，磁場會刺激顳葉出現「微痙攣」，通常會產生被描述為「靈性」或「超自然」的事件：即感覺房間裡有另一存在、靈魂出竅的體驗、身體部位的怪異扭曲，甚至是與上帝、神靈、聖人和天使接觸的深刻宗教感受。無論我們怎麼稱呼，這個過程本身就是主體性的一個例子。

　　為什麼會出現這種情況？帕辛格說，因為我們的「自我意識」是由左腦顳葉維持的，在正常的大腦運作下，會與右腦顳葉的對應系統一致。當這兩個系統不同步時，左腦會將不協調的活動解釋為「另一個自我」或「（所感知到的）另一個存在」，因為只能有一個自我。兩個「自我」被重新設定為一個自我和一個其他的東西，可能被標示為天使、惡魔、外星人、鬼魂甚至上帝。帕辛格說，當杏仁核參與瞬變事件時，情感因素會顯著增強體驗，而當這種體驗與靈性主題聯繫起來時，就可能成為產生強烈宗教情感的強大力量。[8]

　　讀完帕辛格的研究後，我很自然地想知道，他的頭盔是否能對懷疑論者的大腦發揮作用。最近，我在福克斯家庭頻道（Fox Family Channel）擔任共同主持人的《探索未知》（*Exploring the Unknown*）系列節目中，再次嘗試近二十年來的第一次催眠。[9]在我二十歲出頭的時候，懷疑心還沒那麼重，在為總長近五千公里的橫越美國自行車賽進行訓練時，我請了一位研究所同學來教我自我催眠，以便到時候能應對疼痛和睡眠剝奪。我很容易被催眠，這一點在 ABC《體育世界》（*Wide World of Sports*）拍攝我的「近距離接觸」段落中足以證明，在那段影片中，我深深陷入了催眠中，讓我的催眠師同事費了不少功夫才將我喚醒（全在電視上戲劇性地揭露）。但在《探索未知》的節目裡，我在催眠過程中對大腦中發生的事情過於焦慮，因而使得催眠無效，只能說比角色扮演模式好一點（不過批評者認為催眠本來就是演出來的。）我想知道，如果我在帕辛格的實驗室裡戴上上帝頭盔，也會是這樣嗎？

　　帕辛格善於言辭、聰明且懂得運用媒體，是一個有趣的人物，他最出名的是無論走到哪裡都穿著 1970 年代的三件式西裝（據說在修剪草坪時也不

例外）。他對研究的描述充滿術語，讓人很難知道假設和理論何時融入了推測和猜想。自 1970 年代初以來，帕辛格一直致力於測試超自然體驗是大腦產生的幻覺這一假設。大腦化學物質的細微變化，或電活動的微小差異，都會產生看似絕對真實的強烈幻覺。這種大腦異常放電有可能因外力而自然發生。例如，帕辛格在他的「構造應變理論」（Tectonic Strain Theory）中推測，地震活動可能會產生影響大腦的過度電磁場，這也許有助於解釋地震頻繁的南加州為何為新時代主義如此瘋狂。

我對這個假設持懷疑態度，因為這種電磁場會隨著距離的平方而減弱：在距離震源兩倍距離的地方，你只會接收到四分之一的能量。而且我就住在南加州。大多數震央都距離人口稠密處數十至數百公里，通常位於洛杉磯盆地周圍的沙漠地帶。在我看來，這與佩戴從幾公厘外傳遞電磁場的頭盔截然不同。在現實世界中，這種自然電磁場的強度是否足以影響大腦還有待觀察，但帕辛格在他的實驗室中以人工方式做到了這一點。從這些在實驗中收集的資料，為電腦模擬超自然體驗奠定了基礎。「我們知道所有的經驗都源自大腦，」帕辛格在我採訪他時解釋道，「我們還發現，微妙的模式會產生複雜的人類體驗和情感。借助電腦科技，我們提取了這些經歷期間大腦產生的電磁模式，然後讓志願者重新暴露在這些模式中。」

採訪結束，到了進行實驗的時候了。一名實驗室助理為我綁上頭盔，將導線貼在我的手、胸部和頭皮上，以測量腦電波、心率和其他生理活動，然後將我留在一個隔音房間裡。我一屁股坐在一張舒適的椅子上，很像是《全家福》（All in the Family）佈景裡男主人翁邦克的安樂椅。帕辛格、他的助手和攝影人員離開了房間，我好整以暇地陷在椅子裡。一個聲音響起，宣布實驗即將開始。磁場沖刷過我的顳葉，我的第一反應是有點飄飄然，好像整個過程是一個我可以輕易控制的可笑行為，就像我不久前的催眠經歷。我也擔心自己會不小心睡著，所以努力保持警惕。但一想起過度思考是如何阻礙了我被催眠，我又清空了思緒，讓自己陷入一種故意暫停懷疑的狀態。幾分鐘後，我感覺到大腦的理性部分和感性部分之間展開了一場

拉鋸戰，爭論我想要離開身體的感覺是否真實。

「麥可現在的情形是，」帕辛格在第一組試驗中向我的製片人解釋說，「他正暴露在與類似鴉片體驗相關的複雜磁場中，會感受到漂浮、愉悅和旋轉之類的。」實驗進行到一半時，帕辛格的技術人員調整了幾個旋鈕，改變了電磁模式。「現在這個是右腦產生的另一種模式，通常與較可怕的經驗相關。」確實，在這些模式下，志願者自述看到了魔鬼，被外星人抓走，甚至被傳送到地獄。正如我在節目中的實驗後匯報裡告訴帕辛格的，「第一輪的時候，感覺就像有什麼東西從我身邊經過……我不確定是我離開了，還是有人或什麼東西從我身邊經過，非常奇怪。然後在第二輪裡，有一種身在波浪中的感覺，我想離開我的身體，但又不斷地回去。我確實可以瞭解，如果受試者稍微容易幻想，又傾向從超自然的角度來解釋環境刺激，這種體驗會是多麼誇張。」[10]

顳葉刺激也許無法解釋所有的超自然經驗，但帕辛格的研究可能是揭開許多百年謎團神祕面紗的第一步。正如他在節目上總結時說的，「四百年前的超自然現象，現在大部分都能用科學解釋。這就是超自然現象的命運——變成科學，變成常態。」或者，直接在科學方法的審視下消散了。

瞪山羊的特務

超自然現象信念就是主體性的延伸，相信有不可見的力量出自強大的主體。在 1970 年代我還是實驗心理學研究生的時候，在電視上看到以色列異能人士蓋勒（Uri Geller），能憑著異能彎曲餐具和複製圖畫。有一段時間，我對這種現象的真實性持開放態度，直到我在強尼卡森（Johnny Carson）的《今夜秀》（*Tonight Show*）中看到「驚奇大師」蘭迪（James Randi）。蘭迪在節目中用魔術複製蓋勒做出的效果（正如蘭迪喜歡說的，「如果蓋勒是用異能去彎曲湯匙，那他也太辛苦了。」）。蘭迪彎曲湯匙、複製圖紙、懸浮桌子，甚至進行了心靈手術。當有人提及蓋勒的能力已通過專業科學家測試時，蘭

迪解釋說，科學家沒有接受過檢測把戲和刻意欺騙的訓練，而這正是魔術的藝術。

蘭迪是對的。我還清楚記得 1980 年我在俄勒岡州格蘭茨帕斯（Grants Pass）的艾雷希亞基金會（Aletheia Foundation）參加了一次研討會，當時一位名叫施瓦茨（Jack Schwarz）的整合治療師，將一根二十五公分長的帆針插入手臂，他面不改色，只流了一滴血，讓在場的人印象深刻。令我失望的是，多年後，蘭迪用最簡單的魔術完成了同樣的壯舉。我是在當時的約會對象艾莉森的要求下，參加了那個研討會。艾莉森是俄勒岡州人，有著一頭深色頭髮，早在新時代運動 * 在 1980 年代全面盛行之前，她就有種新時代的魅力。她穿著天然纖維製的連衣裙，頭髮上插著鮮花，赤腳踩著大地。但在我們那一年的遠距交往中，最讓我感興趣的是艾莉森的靈性天賦。我知道她可以看透我（比喻式的），但艾莉森也能看到她說絕非虛構的東西：身體光環、能量脈輪、精神實體和光體。一晚她關上門，關掉我浴室的燈，要我盯著鏡子直到我的光環出現。而我只能呆呆看著虛空。在一個寒冷的深夜，我們開車穿過俄勒岡州鄉村時，她指出了景色中散布的靈性存在。而我茫然地望向黑暗。我試圖像艾莉森那樣看世界，但我做不到。她可以看到隱形的意圖主體，但我看不到。她是一個信徒，而我是一個懷疑論者。這種差異昭示著我們的關係沒有未來。

到了 1995 年，正當新時代熱潮逐漸冷卻時，一則消息爆出，說過去二十五年中央情報局（CIA）與美國陸軍合作，投入二千萬美元在名為「星門」（Stargate）（還有「烤焰」〔Grill Flame〕和「史卡納特」〔Scanate〕）的高度機密異能間諜計畫。星門是冷戰時期發起的計畫，旨在縮小美國和蘇聯之間的「超能力差距」（相當於導彈差距的超能力用語）。蘇聯人正在訓練異能間諜，所以我們美國也要做。我在撰寫這一章時，星門的故事——CIA 的一種主

---

* 譯注：新時代運動（New Age Movement）起源於 1970 至 1980 年代西方社會，是一個以探索心靈、個人成長和身心健康為核心的社會、宗教及靈性運動。這個時期，許多人開始對傳統宗教、哲學和醫學模式產生懷疑，轉而尋求更加自由、個性化的精神體驗和自我發現。

體性形式——再次引發關注，因為改編自英國調查記者羅森（Jon Ronson）著作的《超異能部隊》（*The Men Who Stare at Goat*）電影上映。這是一個類似《愛麗絲鏡中奇遇》（*Through the Looking Glass*）的故事，講述 CIA——透過所謂的心理戰（Psychological Operations，PsyOps）——進行的研究：隱形、懸浮、心靈遙感、穿牆，甚至透過瞪視殺死山羊，最終目標是透過異能殺死敵方士兵。在一個子項目中，異能間諜試圖利用「遙視」，從馬里蘭州一座破舊建築的一個小房間裡，找出導彈發射井、潛艇、戰俘和失蹤人員的位置。據信，如果這些技能能夠加以磨練和結合，也許軍官可以直接破壞透過遙視找到的敵方導彈。[11]

　　起初，《星門》的故事受到大量媒體關注——包括 ABC《夜線》（*Nightline*）節目的特別調查報導——並讓一些異能間諜成為小名人，如達姆斯（Ed Dames）和麥克莫尼（Joe McMoneagle）等。這些前間諜成了阿特貝爾（Art Bell）傾向超自然現象的電台談話節目《從東海岸到西海岸》（*Coast to Coast*）的常客，他們吐露的故事如果不是在其他地方也有相關紀錄的話，看起來就會像是偏執妄想症患者的胡言亂語。例如，羅森將古巴關達那摩灣和伊拉克阿布格萊布監獄對囚犯使用的一些奇怪的酷刑技術，與 FBI 在德州韋科鎮圍困大衛教派時使用的類似技術聯繫起來。FBI 探員徹夜用各種刺耳的聲音炮轟大衛教派，比如尖叫的兔子聲、哭叫的海鷗聲、牙醫鑽牙聲，以及（絕對不是我憑空杜撰）辛納屈的歌曲〈這些靴子是用來走路的〉（*These Boots Are Made for Walking*）。美國軍方對伊拉克戰俘施行運用了同樣的技術，只是把辛納屈的流行歌，改成了 PBS 兒童電視節目《小博士邦巴》（*Barney and Friends*）的主題曲——許多家長都同意，這首歌一聽再聽確實是一種酷刑。

　　羅森的消息來源之一，正是以彎曲湯匙聞名的蓋勒，蓋勒指引他找到斯圖布爾賓三世少將（Major General Albert Stubblebine III），斯圖布爾賓在維吉尼亞州阿靈頓的辦公室指揮這個異能間諜網絡。斯圖布爾賓認為，只要勤加練習，他就可以學會穿牆，這一信念受到查農中校（Lieutenant Colonel Jim

Channon）的鼓勵。查農是一名越戰老兵，戰後在加州碧蘇爾（Big Sur）的伊色冷研究所（Esalen Institute）等新時代聖地的經歷，使他創立了由「武僧」和「絕地武士」組成的「第一地球營」。 根據查農的說法，這些戰士將改變戰爭的性質，他們將以「閃光眼」進入敵方勢力範圍，吟唱著佛教梵語的「唵」行進，並向敵人展示「自動擁抱」（在電影版《超異能部隊》裡由克魯尼〔George Clooney〕飾演的角色生動地呈現出來）。查農對現代戰爭的醜陋大屠殺感到失望，他夢想有一個軍械庫，能製造出「不和諧的聲音」（南希和邦尼？）以及有能向敵方士兵發射「正能量」的「精神電流」槍。

　　儘管這一切都很有趣，但真的有人能懸浮、隱形、穿牆或從遠處查看隱藏的物體嗎？當然沒有。在控制條件下，遙視者找到隱藏目標的準確度始終不比盲猜高。偶爾耳聞的成功案例，都是出於偶然或可疑的實驗條件，例如主觀評估遙視者的敘述描述是否與目標匹配的人，早就已經知道目標位置及其特徵。當實驗者和遙視者都不知道目標為何時，超能力就會消失。

　　我在多年來調查超自然現象中學到一個重要教訓：人們記憶中發生的事情，很少與實際發生的事情相符。我有最佳例證：羅森採訪了一位名叫薩維利（Guy Savelli）的武術老師，他聲稱自己參與了異能間諜計畫，並目睹士兵透過瞪視殺死山羊，而且他自己也這樣做過。但隨著故事細節的展開，我們發現薩維利（在多年後）想起他對三十隻編號山羊進行的一次特殊「實驗」。薩維利隨機選擇了十六號山羊，並盡全力使出他的死亡凝視。但那天他無法集中注意力，所以他中斷了實驗，後來卻被告知「十七號山羊」死亡。故事結束。沒有屍檢或解釋死因。沒有任何訊息透露瞪視與死亡之間隔了多久；或是放置三十隻山羊的房間條件（溫度、濕度、通風等）；山羊在房間裡待了多久等等。當被要求提出證據證實他的說法時，薩維利得意地拿出了另一項實驗的錄影帶，是其他人在該實驗中使山羊的心臟停止跳動。但錄影帶裡只呈現一隻山羊的心率從每分鐘六十五次降至五十五次。

　　瞪死山羊的實證就是這些。作為一個花了幾十年時間，同樣徒然地追尋幽靈山羊的人，我得出的結論是，一般來說，超自然現象的證據沒有比

這好多少。他們也射殺馬，不是嗎？[*]

打電話給亡者主體

　　2008 年秋天，我參加了在賓州舉行的一場超自然現象會議，我將在會上發表主題演講，這是很古怪的安排──一個超自然現象的懷疑論者，要對著滿場自稱是異能者、靈媒、占星家、塔羅牌占卜師、手相師和各種靈性大師的聽眾，發表演講說超自然現象根本不存在。我認為與一群超自然現象信徒共處的經歷，值得我大老遠從西岸飛到東岸，就算只是為了收集更多關於為什麼有人相信看不見的力量和主體的資料也好。這個行程果然沒讓我失望。我參加的第一場會議，就是關於對亡者說話。當然，任何人都可以對亡者說話──要讓死者回應才叫困難。但在會場前方，這一幕似乎正在上演，亡者回應了，透過桌上的一個小箱子。

　　「是馬修嗎？」夏安問道，這位有著一頭迷人的金髮女人對著箱子說話，顯然相信她的兄弟會從另一邊接通。

　　「我在。」箱子裡的揚聲器發出刺耳的聲音。

　　連線「確認」後，夏安顫抖著繼續說道：「自殺錯了嗎？」

　　一個聲音嘶啞地說道：「我的死是一個錯誤。」

　　夏安淚流滿面，轉而要求與母親交談，母女倆連上線後，夏安結結巴巴地說：「你看到我的孩子，你的漂亮孫子了嗎？」

　　媽媽回答：「有，我看到孩子們了。」

　　這些令夏安感到寬慰的訊息，出自愛迪生的「通陰電話」，或者至少是這個傳聞中機器的複製品，但據我們所知，這位偉大的發明家從未發明過這種東西。這只是當天克里斯多福・穆恩（Christopher Moon）主持的眾多

---

* 譯注：They shoot horses, don't they? 電影《射馬記》片名。1969 年電影，改編自 Horace McCoy 同名小說，內容以大蕭條時期的美國為背景，講述了一群參加舞蹈比賽的人的故事，他們不得不忍受酷刑般的競賽，以獲得獎金而生存。

「通話」中的其中一場（一次九十美元），綁著小馬尾的穆恩是《出沒時代》（*Haunted Times*）雜誌和 HauntedTimes.com 的高級編輯，《出沒時代》可說是所有超自然現象的資訊交流站。

　　我聽不出夏安的兄弟、母親或任何其他無形的靈體說話，直到穆恩解讀了機器發出的隨機噪音，他向我解釋說，機器是由科羅拉多州一位名叫桑普森（Frank Sumption）的人創造的。「法蘭克的箱子，」據其發明者說，「內含隨機電壓產生器，用於快速調頻 AM 接收器模組。調頻器的音頻（原始音頻）被放大並輸入到迴聲裝置，靈體在那裡操縱音頻來形成他們的聲音。」（見圖7）顯然，這對亡者來說也很困難，因此穆恩請了「泰勒」來幫助，「泰勒」是「另一邊」的靈體「技術員」，他會把飄乎不定的魂體困在能接收到的範圍內。對於未經訓練的耳朵（也就是任何不在穆恩解讀聲量範圍內的人）來說，這些聲音聽起來就像是快速轉動電台調頻旋鈕時發出的聲音，只能聽到噪音、單詞和句子片段。

圖7 通陰電話

「法蘭克的箱子」，又名「通陰電話」，傳聞中最早是由愛迪生發明，這一部是由科羅拉多州的桑普森建造。（攝影：作者）

「亡者在那個小箱子裡嗎？」我問穆恩。

「我不知道亡者在哪裡，另一個維度吧。」穆恩懶懶地推測道。

「好吧，我們都知道大腦很容易在無意義的雜訊中，找出有意義的模式，」我繼續說道，「你怎麼區分哪些是亡者說的話，哪些是聽起來像話的隨機無線電噪音呢？」

令人驚訝的是，穆恩同意我的觀點：「你必須非常小心。我們記錄內容並從人們聽到的聲音中梳理出一致性。」

我追問道：「一致性……多少，95％，51％？」

「很高，」穆恩立刻回答。

「很高是……？」我們的即興問答到此結束，下一場會議即將開始，我不想錯過〈量子力學：這是否證明了超自然現象的存在？〉的講座。講者是另一位綁著馬尾辮的投機商，單名康斯坦丁諾斯（Konstantinos）。

那天晚上，在我的主題演講中，我解釋了向大腦「預告」看到或聽到的某些東西，會如何提升感知服從概念的可能性。我播放了一段齊柏林飛船（Led Zeppelin）的〈天堂之梯〉（Stairway to Heaven），先是配合螢幕上的歌詞播放：*如果你的樹籬裡有喧囂／不要驚慌／這只是五月女王的春季大掃除／是的，你有兩條路可走／但從長遠來看／還來得及改變你所走的路。*我開玩笑說，我不知道歌詞是什麼意思，但我高中的時候覺得它們深具意義。然後我倒著播放這部分歌曲，螢幕上沒有任何字，幾乎每個人都聽到了「撒旦」，有些人還聽到了「性」或「666」。接著，再以螢幕呈現所謂的歌詞，先對他們的大腦預告後，我又播放了一遍。這次聽覺資料隨著視覺預備躍然而出，每個人都可以清楚地聽出：*哦，致我可愛的撒旦／他的小路會讓我悲傷／他的力量是撒旦／他會給你／給你 666／有一個小工具棚，他讓我們受苦，悲傷的撒旦。*[12] 對於觀眾來說效果十分驚人，沒有經過預備的耳朵只能聽出一到兩個單字，但經過預備後就可以聽出完整的歌詞。[13]

這些都是模式性和主體性的例子。第二天，穆恩為我做個人演示，這

正是驗證這一切的時機。隨著通陰電話刺耳的聲音響起，我試圖連線已故
的父母，尋求任何已連上線的「實證」——姓名、死因……什麼都行。我
好說歹說，但什麼也沒有。穆恩請求泰勒介入，還是什麼也沒有。穆恩說
他聽到了一些東西，但我一追問，他就支支吾吾。我心甘情願地放下懷疑，
只希望能和我深切思念的父母說上話，但什麼也沒有。我搜索了可能找到
的任何模式，什麼也沒有。恐怕這就是我對超自然現象的評價，什麼也沒
有。

主體性和感知存在效應

　　要瞭解大腦的運作，最有效的方法之一，就是探討大腦無法正常運作、
出現問題或處於極端壓力或條件下的狀況。以後者的例子來說，在登山客、
極地探險家、單人航海家和耐力運動員經歷極端壓力時，有一個眾所皆知
的現象，他們的大腦容易感受到另一個超自然的存在，這被稱為「第三人
因素」（third-man factor），我則稱之為**感知存在效應**（sensed-presence effect）。
感知到的存在有時被描述為出現在極端和不尋常環境中的「守護天使」。
[14] 特別是面臨異常惡劣的氣候，或在不尋常的緊張或壓力下，在生死中掙
扎時，大腦顯然會憑空變出幫手，提供具體的指引或士氣上的支持。「第
三人」這麼精妙的描述，出自艾略特（T. S. Eliot）的詩〈荒原〉（The Waste
Land）：

　　　　一直走在你身邊的第三人是誰？
　　　　我一數，只有你和我在一起。
　　　　但當我抬頭看向前方的白色道路
　　　　總有另一個人走在你身邊
　　　　裹著棕色斗篷，戴著兜帽，滑行。

艾略特在這幾行詩的注腳中解釋道，「靈感來自一次南極探險的敘述（我忘了是哪一次，但我想是沙克爾頓爵士〔Sir Ernest Henry Shackleton〕*說的）：據說，探險隊在筋疲力竭的情況下，一直有一種錯覺，認為比實際人數多出一位成員。」[15] 事實上，在沙克爾頓爵士的敘述中，是有第四人陪伴著隊伍中的其餘三人：「在我看來，我們經常是四個人，而不是三個人。」不管是第三人、第四人、天使、外星人、還是多出的人，讓我們感興趣的是感知到的存在，因為這是大腦主體性能力的另一例證；我把這樣的同伴稱為「感知存在」，並將這種過程稱為「感知存在效應」。

蓋格（John Geiger）在他的著作《第三人因素》（The Third Man Factor）中，列出了與產生感知存在相關的條件：單調、黑暗、荒蕪景色、孤立、寒冷、受傷、脫水、飢餓、疲勞和恐懼。[16] 在這一串清單裡還可以加上睡眠剝奪，這可能是林白（Charles Lindbergh）** 在跨大西洋飛往巴黎的航行中感知到存在的原因。在這次歷史性的航行中，林白察覺到他在聖路易精神號（Spirit of St. Louis）的駕駛艙裡有同伴：「我身後的座艙裡擠滿了幽靈般的存在——輪廓模糊的形狀、透明、會動，不帶重量地跟我一起在飛機上。我對他們的到來並不意外，他們的出現並不突然。」

最關鍵的是，這些並不是駕駛艙環境的一時變化，例如霧或反射光，因為正如林白所說，「我不用轉頭，就能像在正常視野中一樣清楚看到它們。」林白甚至聽到了「威嚴而清晰的聲音」，但在航班報告後，「想不起來它們說的任何一個字。」這些幽靈在飛機上做什麼？它們在幫忙，「談論並建議我該如何飛行，討論我的導航問題，讓我安心，給我在日常生活中無法獲得的重要訊息。」[17]

奧地利著名登山家布爾（Hermann Buhl），是登上海拔八千一百二十五公尺高南迦帕爾巴特峰（Nanga Parbat）的第一人——南迦帕爾巴特峰是世界第

---

*　譯注：愛爾蘭南極探險家。

**　譯注：美國飛行員、探險家，從紐約市羅斯福飛行場橫跨大西洋飛至巴黎勒布爾熱機場，歷史上首位成功單獨飛越大西洋的飛行員。

九高峰，被稱為「殺手山」，因為有三十一名登山者葬身山中——他當時獨自攀登，但在下山途中突然發現同伴：「我在銀馬鞍（Silbersattel）上看到兩個點，簡直要開心地叫出聲來；有人上來了。我還聽到他們的聲音，有人在叫『赫爾曼』，但後來我發現那只是後方聳立的瓊拉峰（Chongra Peak）上的岩石，那時我真的很失望。我低下頭再次出發。這種情形經常發生，我會聽到聲音，非常清楚地聽到有人喊我的名字——幻覺。」事實上，在舉步維艱的路途中，布爾說：「我有一種不尋常的感覺，我並不孤單。」[18]

　　這類說法在攀登傳說中屢見不鮮。歷史上最著名的獨攀者（也是第一位不使用氧氣瓶登頂聖母峰的人）梅斯納爾（Reinhold Messner），回憶起在喜馬拉雅山稀薄空氣裡探險的過程中，他與想像出的同伴進行了多次對話。這種將感知存在效應與更廣義的信念聯繫起來的情況，使我在讀到登山者辛普森（Joe Simpson）的描述時格外感興趣，他從祕魯安第斯山脈六千三百四十四公尺高的修拉格蘭德（Siula Grande）山頂往下走時，發生了幾乎危及生命的事故，他講述了在那之後發生的事：辛普森掙扎著想走回基地營，這時他的腦海中突然出現了第二個心智，為他提供幫助和安慰。在確定聲音不是出自他的隨身聽後，辛普森認為這絕對是特殊狀況：「那聲音乾淨俐落，對我發號施令。它總是對的，它說話時我會傾聽，並根據它的決定採取行動。另一個頭腦只會胡思亂想出一堆不連貫的畫面、記憶和希望，我把它們當成白日夢一樣看待，然後開始服從那個乾淨俐落聲音的命令。」[19]

　　與本書的論點「先有信念，才有解釋」一致，自稱無神論者的辛普森將自己的經歷歸因於「第六感」，他認為可能是遠古演化殘留下的意識，他直接稱之為「那個聲音」。相較之下，在麥金利（William Laird McKinlay）的經典倖存回憶錄《卡魯克號的最後一次航行》（The Last Voyage of the Karluk）中，這位信仰虔誠的北極探險家，描述了一種感知存在的體驗，「讓我充滿了超越所有塵世感受的狂喜。當這股狂喜退去後，我走回船上，全心全意地相信，並深知任何不可知論者、懷疑論者、無神論者、人文主義者或任何有懷疑的人，都無法從我這裡奪走上帝存在的確定性。」[20] 事實上，正如

研究超自然經驗的專家兼心理學家切恩（James Allan Cheyne）觀察到的：「這類存在經常伴隨雙重意識，頑固的現實主義者會同時意識到該存在不屬於正常意義上的真實，但又極度令人信服；如此令人信服又持久，到最後甚至會自然而然地提供食物給該存在。」[21] 這就是主體性的力量。

　　我自己在總長近五千公里的橫越美國自行車賽（RAAM）中，就有過很多次這樣的經歷。RAAM 在 1993 年被《戶外》（Outside）雜誌評為「世界上最艱辛的體育賽事」（根據距離、路徑難度、承受的疼痛和痛苦、環境條件、中途退出率、恢復時間和其他因素加以評比）。[22] RAAM 從西海岸出發，到東海岸結束，參賽者只在必要時睡覺，並盡量不停下來。一流自行車手能在八天半到九天內完成五千公里的賽程，平均每天騎五百二十五到五百六十五公里，每晚只睡大約九十分鐘。沿途天氣條件變化大，從加州沙漠攝氏四十九度的高溫，到科羅拉多州山路攝氏零下一度的酷寒。馬鞍瘡和壓力點的疼痛加上極度的疲憊，幾乎令人難以忍受。而且又沒有時間恢復。高達三分之二的退賽率，充分證明了這項超級馬拉松賽事的難度。將近三十年的賽事中，甚至只有不到二百人贏得了令人艷羨的 RAAM 戒指。橫越美國自行車賽是一場關於身體耗竭和心理惡化的滾動實驗，再加上睡眠剝奪，在美國的高速公路和小徑上產生了不少瘋狂古怪的故事。我之所以知道這一點，是因為我在 1982 年與另外三人共同創辦了這項比賽，而且曾經五度完賽。

　　所有 RAAM 的參賽者，在這些極限條件下都有奇異經歷可說。我在中西部經常把路邊成群的郵筒，看成是歡呼的支持者在為我們加油。路面上因道路整修而留下的斑駁，看起來像動物和神話中的生物。在 1982 年的比賽中，奧運自行車選手霍華德（John Howard）告訴 ABC 電視台的攝製組：「有一天，我看到埃及象形文字沿著高速公路散落約五十公尺長，這是我見過的最瘋狂的事，但我真的看到了！」也在同一場賽事的馬里諾（John Marino）回憶道：「在賓州的霧裡我一路騎行時，我彷彿看到自己在霧之隧道中側身傾斜地騎車。接著我放開手，停好車，下車坐在地上，然後重新騎上了車。然而實際上整個過程我一直都騎著車。」在 1986 年的賽事中，

維里爾（Gary Verrill）說起他的靈魂出竅經歷：「第三天之後，我的意識已經處於夢境狀態。我還清醒到能與人交談，但同時也在另一平面上看著自己。這種感覺就像在做夢一樣——唯一的區別是很失望無法醒來或控制夢境。」[23]

我在 1990 年代擔任賽事總監的期間，經常會在半夜遇到雙眼迷矇的自行車手，喋喋不休地談論守護天使、神祕人物、各式各樣的陰謀集團和針對他們策劃的陰謀。一天晚上，在堪薩斯州（桃樂絲前往奧茲國的地方），我遇到一名參賽者站在鐵軌旁，我問他在做什麼，他解釋說他正在等著坐火車去見上帝。不久前，五屆冠軍羅比奇（Jure Robic）目睹了瀝青裂縫變形成密碼訊息，並在幻覺中看到熊、狼甚至外星人。羅比奇是斯洛維尼亞軍人，有一次他下了自行車去與一排郵筒戰鬥，他堅信那是敵軍。另一年，他發現自己被一群黑鬍子騎兵咆哮追趕。「聖戰士，朝我開槍，」羅比奇回憶道，「所以我騎得更快了。」[24]

RAAM 的姊妹賽事，是在阿拉斯加州從安克拉治（Anchorage）到諾姆（Nome），一千六百公里不間斷的艾迪塔羅德狗拉雪橇比賽（Iditarod sled dog race）。參賽者連續九到十四天中只維持最低程度的睡眠，除了他們的狗作伴，便是隻身一人，路途上他們極少見到其他參賽者。他們會在幻覺中看到馬、火車、幽浮、隱形飛機、管弦樂隊、奇怪的動物、沒有人只有聲音，偶爾還會看到路邊的人形幻影，或者有想像中的朋友搭上雪橇，在漫長的孤路上與他們聊天。四屆冠軍麥基（Lance Mackey）回憶起有一天他在駕駛雪橇時，看到一個女孩坐在路邊編織。「她對我笑著揮手，我從她身邊經過時，她就不見了。遇到這種情況，就只能笑。」[25] 一位名叫加尼（Joe Garnie）的參賽者以為他的雪橇包上坐著一個人。他禮貌地請男人離開，但男人卻沒有動。加尼拍了拍他的肩膀，堅持要他離開雪橇，當這位陌生人拒絕時，加尼給了他一拳。[26]

在充滿主體的感知存在體驗中，大腦發生了什麼事？因為發生的環境差異極大，我強烈懷疑原因不只一種。例如，如果這種情況只發生在高海

拔地區，我們可能會懷疑是因為缺氧？不過我們發現北極探險家在低海拔地區也經歷過這種情況；或是懷疑這種情況只發生在嚴寒的低溫氣候？然而，在溫暖氣候中獨行航海家和 RAAM 參賽者也能感知到存在。據我猜測，極端的環境條件對感知存在體驗是必要但尚不充分的解釋。無論直接原因是什麼（溫度、海拔、缺氧、體力耗竭、睡眠剝奪、飢餓、孤獨、恐懼），感知存在效應更深層次的原因仍然是在大腦中。我認為有四種解釋：（1）在物理和社會環境中，我們對自己和他人的正常存在感的延伸；（2）受控理性的高等道路，與本能情感的低等道路之間的衝突；（3）身體基模（body schema，身體上的自我意識）發生內部衝突，你的大腦被欺騙，認為存在另一個你；（4）心智基模（mind schema，心理上的自我意識）發生內部衝突，心智被欺騙，認為存在另一心智。

　　1. **在物理和社會環境中，我們對自己和他人的正常存在感的延伸**。這種感知到另一存在的過程，可能只是對周遭人的正常期望的延伸，因為人類是社會性很強的物種。我們都有同住的家人，尤其是在童年和青少年時期，無論這些家人在不在，我們都會產生一種他們在的感覺。在正常情況下，你放學或下班回家的時候，會預期其他家庭成員也在家或很快就會回來。你的視線會掃視一些明顯線索，像車輛、鑰匙或外套等，你會聆聽是否有熟悉的聲音響起歡迎你回家。你要麼感知到他們的存在，要麼期待感知到他們的存在。我母親過世後，每次我回從小長大的家去看繼父時，總是有種強烈的感受，好像母親隨時會從轉角處走出來，即使我的理性大腦不斷糾正這樣情緒預期。我母親過世八年後，我繼父養了一隻個性熱情的黑色拉不拉多犬，叫哈德森，每次我去繼父家，哈德森都會跑過來迎接我；牠過世以後，我還是覺得牠隨時會朝門口跑來。這些感知存在的預期，在那麼多年後依舊深深刻印在腦海，所以每次回老家的時候，我總有種奇怪的感覺，好像家裡不是只有繼父和我兩個人。

　　2. **受控理性的高等道路，與本能情感的低等道路之間的衝突**。[27] 大腦功能大致可分為兩個過程：**受控**過程和**本能**過程。受控過程傾向於使用線

性逐步邏輯，並且是刻意使用，也就是在使用時我們會意識得到。本能流程則是無意識、不刻意、平行地運行。**受控**過程往往發生在腦部的前端（眶骨和前額葉）部分，前額皮質被稱為執行區域，因為這裡會整合其他區域進行長期規劃。**本能**過程往往發生在腦部的後端（枕葉）、上端（頂葉）和側端（顳葉）部分，而腦部的杏仁核（amygdala）與本能情緒反應有關，尤其是恐懼。一旦遭遇極端或異常事件，這些受控和本能的大腦系統之間可能會發生衝突。就像戰或逃反應一樣──血液被收縮到身體中心，遠離末端，以免四肢傷口流血過多導致死亡──由於缺氧、睡眠剝奪、極端溫度、飢餓、疲憊等原因，受控理性的高等道路開始關閉，身體逐漸關閉高等功能，以保存基本生存不可或缺的低等功能。在正常的日常生活中，受控的理性迴路會壓制我們的本能情緒迴路，讓我們不會順從每一個突發奇想和衝動。但如果理性的調節器被壓抑住，情感機制就會開始失控。

舉例來說，研究指出，在低度刺激的情況下，情緒似乎是扮演諮詢角色，會將額外的訊息以及來自大腦高階皮質區域的輸入，傳遞到大腦的決策區域。在中度刺激時，高等理性中心和低等情感中心之間可能會發生衝突。在高度刺激下（如在極端的環境條件和身心俱疲的情況下），低等情緒會壓制高等認知過程，使人無法再透過理性做出決定；人們自述感覺「失控」或「行動違背自身利益」。[28] 也許這就是大腦召喚感知存在同伴前來的時候。

3. **身體基模（身體上的自我意識）發生內部衝突，你的大腦被欺騙，認為存在另一個你**。請記住，大腦的主要功能是運行身體，主要是發送和接收來自肌肉、肌腱、組織和器官的訊號。我們自認崇高的思想，能夠實現更高階的審美欣賞、數學計算或哲學思辨等功能，其實是大腦皮質運作的結果。大腦皮質只占腦部上端一小部分，而大腦這一巨大結構，主要關注的還是其他無數瑣事和潛意識過程，以維持身體的運作。因此，大腦會形成一幅關於身體的整體肖像，從腳趾手指、腿和手臂到軀幹，從背部到頭頂。這就是你的身體基模。當你的思維透過語言與其他人互動時、當你在紙上

寫下一些東西或將其輸入電腦中、或當你執行任何從頭腦中延伸至外界的動作時，你的身體基模就會超越身體延展到外界。這有時被稱為**具身認知**（embodied cognition）、**延展心智**（extended mind），或是哲學家克拉克（Andy Clark）精準描述的「心智巨大化」（supersizing the mind）。[29] 以身體碰觸他人也是一種心智的延展，如果他們也回過來觸碰你，就會形成一個反饋循環。語言是延展心智演變出的第一個形式，書面文字又更進一步擴展了語言，當然印刷機、印刷書籍和報紙也功不可沒。到了現代，廣播、電視，尤其是網路，使得大腦更加巨大化，並將心智延展到全球，甚至進入太空。

這個身體基模就是你，而且也只有一個你。[30] 如果出於某種原因，你的大腦被欺騙（或改動或損壞），認為還有另一個你——一個內在的分身——那就一定會與你的單一身體基模發生衝突。為了適應這種異常現象，大腦會為另一個你構建一個合理的解釋：它實際上是某人或某物——從你身體中脫離出的不具形體的存在或靈魂（如靈魂出竅體驗），或者附近有另一個人存在（感知存在）。

你的身體基模和人為誘導出的分身之間的感知不匹配，可能是在大腦的頂葉和顳葉之間發生。具體來說，這是**後上頂葉**（posterior superior parietal lobe）的工作，即在物理空間中定位身體（後上頂葉的後端和上端，位於耳朵上方顳葉的上方和後方）。大腦的這一部分，可以區分你和非你，也就是你身體以外的一切。當大腦的這一部分在深度冥想和祈禱期間，處於暫時靜止狀態時（經腦部掃描研究證明），區分的功能變弱了，因此受試者（佛教僧侶和天主教修女）報告說，自己感覺與世界融為一體或與超然事物有深入接觸。[31] 與其說融為一體，倒不如說是冥想和祈禱造成了身體基模和世界之間的感知不匹配，而在極端和不尋常的條件下，也很有可能發生同樣情形。

幻肢是另一種知覺不匹配現象。在加州大學聖地亞哥分校，神經科學家拉瑪錢德蘭（V.S. Ramachandran, "Rama"）使用身體基模的概念，來治療失去手臂患者的疼痛幻覺。簡單來說，這些患者是苦於肢體基模感知不匹配，他們的眼睛向大腦回報沒有看到肢體，但他們的身體基模仍然保有肢體圖

像。不過為什麼這會導致疼痛還有待釐清。拉瑪提出了幾種解釋，包括神經末梢受到刺激、中樞功能重組（central remapping，導致相關感覺），使得「一些低閾值觸摸輸入，可能交叉激活高閾值疼痛神經元」，以及「運動命令與『預期』之間的不匹配，但缺少視覺和本體感受輸入」，所以「可能被視為疼痛」。[32]

　　無論原因為何，患者的大腦向幻臂發送訊號要求移動，但送回大腦的訊號是無法移動（患者報告感覺他們的手臂「卡在水泥中」或「凍結在冰塊裡」），因此出現「習得性癱瘓」。為了糾正這種感知不匹配，拉瑪打造了一個鏡箱，讓一名患者將左幻臂插入鏡子後面箱子的一側，將完整的右臂插入另一側。鏡子將完整的右臂反射成左幻肢的鏡像，然後，拉瑪讓男子動一動右臂的手指，透過鏡像將幻臂正在移動的訊號傳回他的大腦，從而克服習得性癱瘓，使得疼痛幻覺顯著減少。[33]

　　幻肢、身體基模圖式、幻視和幻聽，都是出自二元立場的神經關聯物，即認為心智和身體都是獨立的主體，存在於我們自己和他人身上。因此，我們不僅認為真實的他人是有意圖的主體，也將幻影中的他人視為有意圖的主體。

　　4. **心智基模（心理上的自我意識）發生內部衝突，心智被欺騙，認為存在另一心智**。我們的大腦有許多獨立的神經網絡，隨時都在解決日常生活中的各種問題，但我們不會覺得自己是一堆網絡，而是覺得我們就只有一個大腦，一個心智。神經科學家葛詹尼加（Michael Gazzaniga）認為，有一組神經網絡可以協調所有其他神經網絡，編織成一個整體。他稱之為**左腦解讀器**（left-hemisphere interpreter），也就是大腦裡說故事的人，負責將無數的外界輸入組合成一個有意義的敘事故事。葛詹尼加是在研究裂腦（split-brain）患者時發現了這組網絡，這類患者接受手術斷開左右腦半球的連結，以阻止癲癇發作蔓延。在一項實驗中，葛詹尼加向一名裂腦患者的右腦展示「行走」這個詞，該患者立即站起來開始行走。當被問及原因時，患者的左腦解讀器編造了一個故事來解釋這項行為：「我想去拿可樂。」

　　我們經常是在大腦無法正常工作的時候，才知道它是如何運作的。例如，葛詹尼加指出，患有「二重性記憶錯誤」（reduplicative paramnesia）的患者，相信某人或某地有其副本存在。他們將這些副本混合成自認完全能自圓其說的經歷或故事，即使周圍的人聽起來都覺得非常荒謬。「一名患者相信她接受治療的紐約醫院就是她在緬因州的家，」葛詹尼加回憶道，「當她的醫生問，如果這裡是她的家，走廊裡怎麼會有電梯，她說，『醫生，你知道我花了多少錢裝這些電梯嗎？』解讀器會不遺餘力地將接收到的輸入編織成一套道理——即使必須做出巨大的飛躍也在所不惜。當然了，對患者來說，這些並不是『巨大的飛躍』，而是外界呈現出來的清楚證據。」[34]這有部分就是我所謂的**模式性**和**主體性**，只是這些都是認知過程的描述性名詞而已。我們真正想知道的是，這個過程的神經關聯是什麼，又是如何產生感知存在和其他形式的短暫主體性。而左腦解讀器很可能就是這一切發生的位置。

　　我的妹夫齊爾（Fred Ziel）曾攀登喜馬拉雅山許多最高、最危險的山峰，他告訴我，他曾兩次體驗到感知存在。第一次是在登上聖母峰東南山脊的最後一個障礙希拉里台階（Hillary Step）時，他被凍傷，氧氣瓶沒了，體力也到了極限。第二次是在聖母峰北脊，他在 7,925 公尺的高度因脫水和缺氧而倒下。這兩次他都是獨自一人，心中渴望有一個同伴，而他的大腦樂於從命。值得注意的是，當我詢問他，作為一名醫生，對可能是左右腦差異引起這種現象有何看法時，弗雷德指出，「兩次感知都在我的右側，可能跟我是左撇子有關。」神經科學家認為，我們的「自我意識」主要位於左腦顳葉，而我們的大腦分裂意味著左腦和右腦迴路是交錯的，例如，右方視野被記錄在左腦的視覺皮質中。也許是在 7,925 公尺的高度缺氧、或嚴寒、或凍傷的痛苦，或是被遺棄和孤獨的感覺——或以上這些的某種組合——觸發了齊爾腦部的左顳葉產生「另一個自我」。由於大腦只能認知到一個身體和一個心智基模（一個自我），所以第二個自我只能被解讀為身體之外的另一個存在，即附近的感知存在。

　　感知存在可能是左腦解讀器對右腦異常活動的解釋。或是身體或心智基模的神經網絡發生衝突。也可能是孤獨和恐懼，讓我們從真實他人的感知存在，延伸出想像中的短暫同伴。無論原因是什麼，感知存在在這麼多不同條件下都能發生的事實告訴我們，這樣的存在是在腦袋內部，而不是在身體之外。

　　這些迷信和魔力思維的例子和解釋，源自聯想學習、心智理論、感知存在、超感等──都屬於模式性和主體性──但其本身並非因果解釋。將一種認知方式貼上標籤只是一種捷思法，讓我們暫時繞過有待解決的問題或尚未解釋的謎團，但這些仍然只是標籤，就像將一組幻覺症狀稱為思覺失調症，並不能解釋這些症狀的起因一樣。我們需要更深入鑽研大腦本身，才能瞭解信念的終極本質，以及人們在有意義和無意義噪音中尋找模式，並賦予這些模式意義、意圖和主體等傾向背後的真正原因。大腦神經元的活動，將是我們能找到終極因果解釋之處。

相信的神經元

The Believing Neuron

所有的經驗都由大腦居中斡旋，心智就是大腦在做的事。除了大腦活動之外，並不存在「心智」這樣的東西。**心智**只是我們用來描述大腦神經活動的一個詞。沒有大腦，就沒有心智。現在我們很清楚這一點，因為如果腦部的一部分因中風、癌症、受傷或手術而遭到破壞，那麼腦部這一部分的功能就沒了。如果損傷發生在大腦可塑性特別強的童年早期，或發生在成年期但受傷部位還能重新連結，那麼那一部分的大腦功能——大腦的那一部分「心智」——可能會被重新連結到大腦的另一個神經網絡。而這一過程更進一步強化了這項事實：沒有大腦中的神經連接，就沒有心智。儘管如此，心理過程一些模糊的解釋至今仍被普遍運用。

精神力：對於心智什麼也沒解釋

當我還是佩珀代因大學的心理系學生時，有門叫做「生理心理學」的必修課程，現在已改名為「認知神經科學」。這門課大大打開了我對心智研究的眼界，因為我們的教授迪爾莫爾（Darrell C. Dearmore），是我所見過最清晰的科學闡述者——他深入探索大腦核心，揭開了所有思想和行動的基礎結構：神經元。在我理解神經元如何工作之前，我尚能對用來解釋頭腦中發生的事情的一些模糊字詞感到滿足，例如「思考」、「處理」、「學習」或「理解」，這些都被放在「心智」的標題下，好像這些就能解釋大腦運作過程的前因後果一樣。當然不是。這些只是描述一個過程的詞語，它們

本身就需要被更深入地解釋。

20世紀初，英國生物學家朱利安・赫胥黎（Julian Huxley）取笑法國哲學家亨柏格森（Henri Bergson）對生命的模糊解釋。柏格森認為生命源自**生命力**（élan vital），赫胥黎說這就像解釋鐵路蒸汽機是由**火車頭動力**（élan locomotif）驅動的。道金斯出色地運用了類似的比喻，來取笑智慧設計論對生命的解釋，說眼睛、細菌鞭毛或DNA是「設計出來的」，跟什麼也沒說一樣。科學家們想知道的是**如何**設計出來，是什麼**力量**在起作用，發展**過程**是如何展開的等等。道金斯想像了一段反事實的歷史，在這段假歷史中，安德魯・赫胥黎（Andrew Huxley）和霍奇金（Alan Hodgkin）（兩人因解釋神經衝動的分子生物物理學而獲得1963年的諾貝爾獎）依神創論世界觀，將一切歸因於「神經能量」。[1]

受到道金斯諷刺對話的啟發，想像一下，如果休伯爾（David Hubel）和威澤爾（Torsten Wiesel）（兩人因在大腦迴路和確定視覺神經化學方面的開創性研究而獲得1981年的諾貝爾獎），沒有花費數年時間，深入到細胞和分子層次來理解大腦如何將光子轉換成視神經衝動，而是簡單歸因於**精神力**（force mental）呢？

「唉呀，休布爾，光子如何引發神經活動這個問題實在太麻煩了，我實在搞不懂這是怎麼一回事，你呢？」

「我也不懂，老天，威澤爾，老實說我也不懂。還有要把電極植入猴子的大腦真的好噁心又骯髒，要把電極放在正確位置每次都要了我的老命了。要不然我們乾脆說，光線是透過**精神力**轉換成神經衝動的吧？」

精神力解釋了什麼？什麼也沒有。就像說汽車的引擎是透過**燃力**（force combustion）運作，這根本就沒說出內燃機氣缸內實際發生的情況：活塞壓縮汽油和空氣的氣態混合物，再由火星塞點燃，引起爆炸，驅動活塞向下運動，從而轉動與驅動軸相連的曲柄臂，帶動與驅動軸連接的差速器，差速器再帶動車輪轉動。

我說心智就是大腦在做的事，就是這個意思。神經元及其活動之於心

理學，就像原子和引力之於物理學。要瞭解信念，我們就必須瞭解神經元如何運作。

突觸狀態和相信的神經元

大腦由數百種類型的近千億個神經元（neuron）組成，每個神經元都包含一個細胞體（cell body）、一條軸突（axon）以及無數的樹突（dendrite）和軸突末端（axon terminal）分枝，並與其他神經元相接，在這千億個神經元之間會形成約一千萬億個突觸連接（synaptic connection）。這些數字十分驚人。一千億個神經元等於 10^{11}，也就是 1 後面有十一個零：100,000,000,000。一千萬億個連接等於 10^{15}，也就是 1 後面有十五個零：1,000,000,000,000,000。人腦中神經元的數量，大約相當於銀河系中恆星的數量——這是真正的天文數字！大腦中突觸連接的數量，相當於三千萬年的秒數。想一想，如果你用「一個一千、二個一千、三個一千……」來數秒，等你數到 86,400 秒的時候，這就是一天的秒數；等你數到 31,536,000 秒的時候，就是一年的秒數；當你終於數到一萬億秒的時候，你已經數了大約三萬年了；現在，將這三萬年的計數再重複一千次，你就可以算出大腦中突觸連接的數量了。

大量的神經元數目，確實會產生更大的計算能力（就像在電腦裡加裝更多的處理器晶片或記憶卡），但作用還是發生在單一神經元之中。神經元是一種簡單得很優雅而又複雜得很美妙的電化學訊息處理器。靜止的神經元細胞內鉀含量多於鈉含量，同時陰離子（帶負電的離子）數量較多，使細胞內部帶負電荷。依神經元的類型而定，如果在靜止狀態下的神經元細胞體內放置一個微電極，讀數可能是 -70 mv（一毫伏等於千分之一伏特）。在這種靜止狀態下，神經元的細胞壁不能滲透鈉，但可以滲透鉀。當神經元受到其他神經元活動的刺激時（或好奇的神經科學家用電極使出了電擊），細胞壁的滲透性就會發生變化，允許鈉進入，從而使得電平衡從 -70 mv 轉向 0。這稱為

興奮性突觸後電位（excitatory postsynaptic potential）或簡稱 EPSP。**突觸**（synapse）是神經元之間的微小間隙，**突觸後**（postsynaptic）指的是訊號穿過突觸間隙後，接收端的神經元被激發至電位後放電。相反地，如果刺激來自抑制性神經元，則會導致電壓從 -70 mv 下降到 -100 mv，進而降低神經元放電的可能性，這稱為**抑制性突觸後電位**（inhibitory postsynaptic potential）或 IPSP。儘管有數百種不同類型的神經元，但大多數的神經元活動都可分類為興奮性或抑制性。

　　如果累積了足夠的 EPSP（來自神經元依序多次放電，或來自許多其他神經元的多個連接）使神經元細胞壁的滲透性達到**臨界點**（critical point），鈉就會湧入，導致電壓瞬間飆升至 +50 mv，遍布整個細胞體並沿著軸突傳播到末端。接著神經元的電壓會同樣快速掉到 -80 mv，再回到 -70 mv 的靜止狀態。從細胞壁變得能讓鈉滲透，電壓相應地從負向正轉變，沿著軸突傳播到樹突及其與其他神經元的突觸連接，這一過程稱為**動作電位**（action potential），也就是一般所說的細胞「放電」。EPSP 的累積稱為**加成**（summation），又分為兩種類型：（1）**時間加成**，來自單一神經元的兩個 EPSP，足以使接收神經元達到其臨界點並放電；（2）**空間加成**，來自兩個不同神經元的兩個 EPSP 同時到達，足以使接收神經元達到其臨界點並放電。電壓飆升和鈉滲透性的這種電化學變化，沿著軸突依序從細胞體傳播到軸突末端，這一過程被適當地稱為**傳播**（propagation）。傳播速度取決於兩個條件：（1）軸突的直徑（越大越快），以及（2）軸突的髓鞘形成（myelination），覆蓋和絕緣軸突的髓鞘越多，傳播的速度越快。[2]

　　請注意，如果未達到放電的臨界點，神經元就不會放電；一旦達到臨界點，神經元就會放電。這是一個開或關、全有或全無的系統。神經元不會因弱刺激而「軟」放電，也不會因強刺激而「硬」放電。要麼放電，要麼不放電。因此，神經元有三種方式傳遞訊息：（1）**放電頻率**（每秒動作電位的數量），（2）**放電位置**（哪些神經元放電），以及（3）**放電數量**（有多少神經元放電）。透過這種方式，我們可以說神經元的作用是二進制的，類似於

計算機的二進制數字 1 和 0，對應於是否沿著神經通路傳遞「開」或「關」訊號。如果把神經元的開或關狀態視為一種精神狀態，那麼一個神經元就有兩種精神狀態（開或關），所以大腦在處理有關世界以及它所運行的身體的相關訊息時，就有 2×10^{15} 種可能的選擇。由於我們只能理解這個數字的一小部分，因此大腦──在任一方面來說──都是一具無限的訊息處理機。

　　個別的神經元及其動作電位，如何產生複雜的思想和信念？這始於所謂的神經**結合**（binding）。「紅色圓圈」就是一個例子，兩個神經網絡輸入（「紅色」和「圓圈」），結合成一個紅色圓圈的認知。下游神經輸入，例如那些靠近肌肉和感覺器官的神經輸入，在通過**匯聚區**（convergence zones）向上游移動時會匯聚，匯聚區是整合來自不同神經輸入（眼睛、耳朵、觸覺等）訊息的腦部區域，使你最終體驗到的是一個完整的物體，而不是無數的圖像片段。在第四章呈現的歐巴馬總統的顛倒圖片中，我們最初看到的是整合過的臉部整體，之後我們才開始注意到眼睛和嘴巴有問題；正如之前所解釋的，這是由於兩個不同的神經網絡以不同的速度運行──首先感知整個臉部，然後才是臉部的各個部分。

　　然而，神經結合涉及的遠比這複雜許多。同一時間可能有數百種感知從各種感官流入大腦，這些感知必須結合在一起，才能使大腦的高等區域理解這一切。大腦皮質等大塊區域，協調來自顳葉等較小區域的輸入，顳葉本身又要整理來自更小的大腦模組（例如用於臉部識別的梭狀回）的神經事件。這樣的層層縮減一直持續到單一神經元層次。高度選擇性的神經元（有時被稱為「祖母」神經元）只有在受試者看到他們認識的人時才會放電。有些神經元只有當物體在你的視野中從左向右移動時才會放電；而有些則是從右向左移動時才會放電。還有一些神經元只在接收到來自其他神經元的 EPSP 輸入時才會有動作電位；而對它們發出訊號的神經元，只會對在視線中呈對角線移動的物體有放電反應。依此類推，神經網絡繼續進行結合過程。甚至有一些神經元只有在你看到你認識或認得的人時才會放電。例如，

加州理工學院的神經科學家科赫（Christof Koch）和克萊曼（Gabriel Kreiman），
與加州大學洛杉磯分校的神經外科醫生弗里德（Itzhak Fried）合作，他們甚至
發現有一個神經元，只有在受試者看到柯林頓（Bill Clinton）的照片時才會放
電，對其他人的照片都沒反應。還有另一個神經元只在看到珍妮佛・安妮
斯頓（Jennifer Aniston）時才會放電，但在看到她和布萊德・彼特（Brad Pitt）
的合照時不會有反應。[3]

　　當然，我們無法察覺到這些電化學系統的運作。我們能體驗到的是哲
學家所謂的**感質**（qualia），也就是由神經事件串聯而產生的主觀思想和感受
狀態。但就連感質本身也是一種神經結合效應，整合了來自下游無數其他
神經網絡的輸入。實際上，一切都要歸結到神經元動作電位的電化學過程，
也就是神經元放電和彼此通訊，沿途傳播訊息。神經元如何做到這一點？
答案是更多化學反應。

　　神經元之間的通訊發生在神經元之間小得不可思議的突觸間隙中。當
神經元的動作電位沿著軸突下衝並到達末端時，會觸發小團**化學傳遞物質**
（chemical transmitter substances，CTS）釋放到突觸中。被相連的神經元吸收後，
化學傳遞物質就充當 EPSP 來改變突觸後神經元的電壓和滲透性，導致其放
電並將動作電位沿著軸突傳播到末端，再釋放化學傳遞物質到下一個突觸
間隙，如此依序在神經網絡中傳遞。當你踢到腳趾時，疼痛訊號會沿著腳
趾組織中疼痛感受器的電路，一路傳播到大腦，大腦記錄疼痛並處理訊號
發送到大腦的其他區域，這些區域會發送其餘訊號以收縮肌肉，將腳從害
你踢痛的物體上拉開，而這一切幾乎都在瞬間完成。

　　化學傳遞物質有多種類型。最常見的是**兒茶酚胺**（catecholamines），包
括**多巴胺**（dopamine）、**去甲腎上腺素**（norepinephrine, noradrenaline）、和**腎上腺
素**（epinephrine, adrenaline）。化學傳遞物質的作用就像突觸後神經元的鑰匙，
如果鑰匙能插入並轉動，神經元就會放電；如果鑰匙不合，門就會保持關
閉狀態，突觸後的神經元就會保持安靜。放電過程發生後，大多數未使用
的化學傳遞物質會收回突觸前神經元，在突觸前神經元中，它會被再利用

或被單胺氧化酶（monamine oxidase，MAO）破壞，這一過程稱為**吸收 I**（Uptake I）。如果突觸間隙中漂浮著太多化學傳遞物質，多餘的會被吸收到突觸後神經元中，這個過程稱為**吸收 II**（Uptake II）。

藥物會作用於突觸，以及化學傳遞物質的釋放和隨後的吸收過程。例如，安非他命（Amphetamines）可以加速化學傳遞物質向突觸的釋放，從而加速神經通訊過程——這就是它又被稱為 speed（速度）的原因。利血平（reserpine）曾經常用於治療精神病，它會破壞突觸前神經元中的化學傳遞物質囊泡，讓它們還來不及被使用就被單胺氧化酶破壞，使神經網絡放慢，以此控制狂躁、高血壓和神經系統過度活躍的其他症狀。古柯鹼（Cocaine）會阻斷吸收 I，使化學傳遞物質停留在突觸中，神經元因此加速放電，攪動神經網絡進入瘋狂狀態——想像一下羅賓威廉斯（Robin Williams）拿著麥克風對上一群觀眾的情形；事實上，威廉斯曾說他在 1980 年代的瘋狂喜劇，大多源自他的古柯鹼成癮。多巴胺是最常見的化學傳遞物質，也是神經元和肌肉之間的順利溝通的關鍵，多巴胺不足時，患者會失去運動控制並無法控制地顫抖，即所謂的帕金森氏症（Parkinson's disease）。其治療方法之一是給予左旋多巴（L-dopa），這是一種多巴胺促效劑，可刺激多巴胺產生。

我們如何從下往上構建一個系統，從多巴胺等化學傳遞物質開始，並將所有輸入連結到一個整合的信念系統中？答案是透過行為。請記住，大腦的主要功能是運行身體並幫助其生存，而實現這一點的方法是透過聯想學習，也就是模式性。神經元動作電位就是這樣與人類行為連結起來。

多巴胺：信念之藥

在大腦裡四處晃盪的所有化學遞質物質中，多巴胺似乎是與信念的神經相關物最直接相關的。事實上，多巴胺對於聯想學習和大腦的獎勵系統至關重要，史金納透過操作性條件反射過程發現這些系統，並發現受到增強的行為通常會重複出現。根據定義，增強是指對有機體來說是獎勵的東

西。也就是說,增強會讓大腦指揮身體重複該行為,以獲得另一個正向獎勵。以下就是它的運作原理。

在分裂的腦幹中——演化上最古老的腦部結構,所有脊椎動物都有——每側約有一萬五千到二萬五千個產生多巴胺的神經元群,它們射出長長的軸突,連接到大腦的其他部分。每當判定收到的獎勵超出預期時,這些神經元就會刺激多巴胺的釋放,從而導致個體重複該行為。多巴胺的釋放是一種訊息,是告訴有機體「再做一次」的訊息。每完成一項任務或完成一個目標後,多巴胺就會帶來愉悅感,使有機體想要重複這種行為,無論是拉下橫桿、啄鍵還是拉老虎機把手。命中一次(增強),大腦就釋放一次多巴胺。**行為—增強—行為。重複此順序。**

然而,多巴胺系統有好處也有壞處。從好的一面來看,多巴胺與大腦中央稱為**依核**(nucleus accumbens,NAcc)花生大小的神經束有關,目前已知依核與獎勵和快樂有關。事實上,多巴胺似乎可以為這個所謂的腦部愉悅中心提供能量,而這個中心與古柯鹼和性高潮帶來的「快感」有關。「愉悅中心」是由麥基爾大學(McGill University)的奧爾茲(James Olds)和米爾納(Peter Milner)於 1954 年發現,當時他們無意間將電極植入老鼠的依核中,結果發現老鼠精力異常充沛。然後他們安裝了一個裝置,每當老鼠拉下橫桿時,就會對該區域產生輕微的電刺激。結果老鼠不斷拉下橫桿,直到倒下,甚至放棄食物和水。[4] 之後,他們在所有受試的哺乳動物身上都發現了這種效應,包括接受腦部手術並刺激依核的人。他們用來描述這種效果的詞是**高潮**。[5] 這就是正增強的典型範例!

不幸的是,多巴胺系統有一個缺點,那就是上癮。上癮藥物能取代饋送到多巴胺神經元的獎勵訊號。令人上癮的事物,如賭博、色情內容和古柯鹼等毒品,會導致大腦產生大量多巴胺。令人上癮的想法也是如此,尤其是令人上癮的**壞**想法,例如受邪教洗腦導致大規模自殺的想法(想想瓊斯鎮和天堂之門),或受宗教洗腦導致自殺式爆炸的想法(想想 911 和倫敦 77 爆炸案)。

　　這裡有一則關於多巴胺的重要警告：神經科學家區分了「喜歡」（愉悅）和「想要」（動機），而且關於多巴胺的作用究竟是刺激愉悅或是激勵行為，科學家至今仍在激烈爭論。正增強可能是因為感覺良好而導致行為重複（喜歡，或獲得獎勵的純粹快樂），也可能是因為如果行為不重複會感覺不好（想要，或有動機去避免因得不到獎勵而焦慮）。第一次的獎勵與純粹的愉悅感有關（比如性高潮），而第二次的獎勵則與上癮者在不確定下一次何時會出現時感受到的焦慮有關。我上面引述的研究支持愉悅論點，但新的研究讓科學家傾向於動機立場。[6] 加州大學洛杉磯分校的神經科學家波德瑞克（Russell Poldrack）告訴我，根據這些新資料，他推測「多巴胺的作用是在動機，而不是在愉悅本身，而類阿片系統似乎才是愉悅的核心」。例如，他指出，「你可以阻斷老鼠的多巴胺系統，牠們仍會享受獎勵，但不會努力去獲得獎勵。」[7] 這是一個微妙但重要的區別，但我們的主要目的是想瞭解信念的神經關聯，重要的是多巴胺能增強行為、信念和模式性，因此它是主要的信念藥物。

　　多巴胺和信念之間的聯繫，是由英國布里斯托大學的布魯格（Peter Brugger）和他的同事莫爾（Christine Mohr）進行的實驗建立的。布魯格和莫爾在探索迷信、魔力思維和超自然現象信念的神經化學過程中發現，多巴胺濃度高的人更有可能在巧合中發現意義，並在其他地方無中生有地找出意義和模式。例如，在一項研究中，他們將二十名自稱相信鬼魂、神靈和陰謀論的人，與二十名自稱對此類主張持懷疑態度的人進行了比較。研究人員首先向所有受試者展示了一系列的人臉幻燈片，其中一些是正常的人臉，其他的則是五官被打亂了，例如調換不同人臉的眼睛、耳朵或鼻子。而在另一個實驗中，他們讓正確的單詞和拼錯的單詞在受試者面前交替閃現。整體而言，科學家們發現，信徒比懷疑者更有可能錯誤地將打亂的臉孔視為真實的，並將拼錯的單詞視為正常的。

　　在實驗的第二部分中，布魯格和莫爾給了全體受試者左旋多巴，也就是用於治療帕金森氏症的藥物，可以增加大腦中多巴胺的濃度。接著，再

次播放打亂過的或真實的人臉和字詞的幻燈片。體內多巴胺濃度增加，使得信徒和懷疑者都將打亂的臉孔視為真實，將拼錯的單詞視為正確。這意味著模式性可能與大腦中高濃度的多巴胺有關。有趣的是，左旋多巴對懷疑者的影響比信徒更強，也就是說，提高多巴胺濃度似乎更能有效地讓懷疑者減少懷疑，勝過讓信徒加深信念。[8] 為什麼？我想到了兩種可能性：（1）也許信徒的多巴胺濃度原本就高於懷疑者，因此懷疑者會更容易感受到藥物的作用；或者，（2）也許信徒的模式傾向本來就已經很高了，所以多巴胺能發揮的效果低於懷疑論者。其他研究指出，與懷疑論者相比，自稱相信超自然現象的人更容易認出「雜訊中的模式」，[9] 也更傾向於為他們認為存在的隨機關聯賦予意義。[10]

找出模式中的訊號

多巴胺到底做了什麼才導致信念增強呢？莫爾、布魯格和他們的同事提出的一項理論是，多巴胺能提高訊號雜訊比（signal-to-noise ratio, SNR）；也就是大腦在背景雜訊中能偵測到的訊號量。[11] 這是和模式性有關的偵錯問題。訊號雜訊比基本上是模式性的一個問題——在有意義訊息和無意義的雜訊中都找到有意義的模式。SNR是大腦在背景雜訊中偵測到的模式占比，不論這些模式是否為真。那麼多巴胺究竟如何影響這一過程？

答案是多巴胺能提升神經元之間傳導訊號的能力。怎麼做到的？作為促效劑（與拮抗劑相反），也就是能提升神經活動的物質，多巴胺會與神經元突觸間隙上的特定受體分子位置結合，好像它就是平常會在那裡結合的化學傳遞物質。[12] 這會提升與模式辨識相關的神經放電率，也就是在認出某種模式後，神經元之間的突觸連接會增加，如此一來，透過新神經連接的實際增生，以及舊突觸連結的強化，就使這些辨識出的模式被固定到長期記憶中了。

提高多巴胺濃度，就會提高模式偵測率。科學家發現，多巴胺促效劑

不僅能促進學習效果，更高劑量的多巴胺甚至會觸發幻覺等精神病症，這也許與創造力（差別模式性）和瘋狂（無差別模式性）之間的微妙界限有關。關鍵就在於劑量。劑量太多的話你就會犯大量的第一型錯誤（誤報），也就是發現並不存在的關聯。劑量太少的話你就會犯第二型錯誤（漏報），也就是漏掉真實存在的關聯。重點就在於訊號雜訊比。

大腦中的模式性

　　薩根（Carl Sagan）在其獲得普利茲獎的著作《伊甸之龍》（*The Dragons of Eden*）中推測過，迷信和魔力思維可能存在於大腦的哪個位置：「毫無疑問，右半球的直覺思維，也許能感知到對左半球來說難以理解的模式和關聯，但也可能偵測到不存在的模式，而懷疑性和批判性思維不是右半球的特長。」[13] 我們在第四章討論過布萊克莫爾的實驗，她發現信徒和懷疑論者在從無意義雜訊中尋找有意義模式的傾向具有差異。而布魯格做了延伸實驗，在分割視野範式中呈現隨機點圖案，好讓大腦的左半球（通過右視野）或右半球（通過左視野）見到圖像（回想一下，我們的大腦從中間分裂，分為左右半球，透過中間的**胼胝體**〔corpus callosum〕相連；來自身體左側的刺激輸入進入右半球，來自身體右側的刺激輸入進入左半球）布魯格發現，受試者在右半球辨識出的有意義模式，明顯多於在左半球辨識出的，信徒和懷疑者都是如此。[14]

　　後續的研究發現了信徒和懷疑者之間的大腦半球差異。在一項研究中，布魯格的團隊矇住受試者的眼睛，讓他們手裡拿著一根棒子，並實際去估計棒子的中點。受試者還做了魔力意念量表問卷，用於衡量超自然現象的信念和經歷。實驗的結果很奇怪：相信超自然現象的人估計的中點更偏中心點的左側，這意味著他們的右半球影響了他們對空間和距離的感知。布魯格的實驗室之後又進行了另一項實驗，將拼法正確單詞或無意義的字母串分別呈現在受試者的左右視野中，並指示受試者在認出正確單詞時做出反應。受試者還按照六分制量表評分他們對超自然現象的信念。結果顯示：

與信徒相比，懷疑論者的左半球優勢更大；而與懷疑論者相比，信徒的右半球優勢更強。在實驗中加入腦電圖測量後，結果指出，相信超自然現象的人比不相信的人有更多的右半球活動。[15]

這些又代表什麼？裂腦研究指出，左右腦之間有許多明顯差異，但這些差異遠比我們原本以為的更加隱微（所以那些源源不絕的自助書籍，教人多用左手以提升右腦，或做右手運動以提升左腦的說法，要大打折扣）。不過，左右腦之間的確存在不同的傾向，左腦皮質在寫作和說話等語言任務中占優勢，而右腦皮質在非語言和空間任務中占優勢。說左半球是文字、邏輯、理性大腦，而右半球是隱喻、整體、直覺大腦，實在太過簡化，但對大腦的分工來說，大致還算是比較接近的初步分法。

這並不是說一個半球相對於另一個半球具有更多優勢（無論多麼微小）或者說它們是好還是壞。這取決於任務。例如，所有領域（藝術、音樂、文學，甚至科學）的創造力似乎都與右腦優勢有關，這也很合理，畢竟所謂的創造力，就是在有意義訊息和無意義的雜訊中找到有趣新模式的能力。如果我們只是邏輯機器，只會吐出經嚴格定義的認知演算法得出的結果，我們就不可能創造或發現任何新東西。有時候我們必須跳出框架思考，並將點連成新的模式。當然，問題在於，從背景雜訊中找到有趣的新模式，與只找到模式而不留半點雜訊，我們得在兩者之間取得適當的平衡。也許這就是創造力和瘋狂的區別。

模式性、創造力和瘋狂

從某種意義上說，創造力涉及模式化的過程，即發現新穎模式並從中產生原創產品或想法的過程。當然，這些產品或想法必須對特定的背景或環境是有用的或者是合適的，我們才能將其貼上創意的標籤，否則每個業餘科學家和《美國偶像》（*American Idol*）的參賽者，都將與愛因斯坦或莫扎特沒兩樣了。模式性、創造力和瘋狂之間的相似處，來自一種包羅

萬象的思維模式以及一種不加區分地在四處都能看見模式的思維方式。
「我在研究創造力的神經科學時，」臨床心理學家庫謝夫斯基（Andrea Marie
Kuszewski）解釋說：「我發現的一個特質是『缺乏潛在抑制』，或者如艾森
克（Hans Eysenck）所描述的『包羅萬象的思維方式』。思覺失調症患者往往
具有包羅萬象的思維方式，這意味著他們在不存在有意義模式的地方也能
找出模式，而且無法區分什麼是有意義或無意義的模式。」[16]

　　事實上，這正是馬克斯・普朗克研究所（Max Planck）的認知神經科學家
亞伯拉罕（Anna Abraham）和她的同事在 2005 年的一項研究中所發現到的，
該研究旨在探索創造力與稱為**心理病態傾向**（psychoticism）的人格特質之間
的關聯；而心理病態傾向是心理學家艾森克提出的 P-E-N 人格模型中的三
個特質之一（另外兩個是外向性〔extraversion〕和神經質傾向〔neuroticism〕）。艾
森克是第一個提出心理病態傾向與創造力可能存在關聯的人，心理病態傾
向過高可能會導致精神病和思覺失調症，因為其標誌性的「包羅萬象的認
知方式」，可能導致看到不存在的模式。我們可以把這想成是打了類固醇
的模式性。亞伯拉罕在八十名健康受試者中探索了人格的兩個面向：原創
性／新穎性面向，以及實用性／有用性面向。她和同事預測，「較高程度
的心理病態傾向，將伴隨著更大程度的概念擴展，以及在創造性意象中有
更高的原創性，而這些想法與實用性／有用性無關。」實驗結果也證實了
這一預測。心理病態傾向較高的受試者更具創造性，但比較不切實際，亞
伯拉罕和她的同事得出的結論是，這是因為他們比較擅長「聯想思維」（發
現隨機事物之間的關聯），而不是「與目標相關的思維」。[17]也就是說，發現
有用的新模式是好的，但到處都能看到新模式又無法區分好壞則是不好的。

　　按照因果鏈，要瞭解模式性和錯誤模式偵測的下一步，是確認這種情
況會發生在大腦的哪個位置。「這類人的前額葉皮質往往無法適當地處理
多巴胺（前額葉皮質是認知控制區域），」庫謝夫斯基推測說，「而且**前扣帶
迴皮質**（anterior cingulate cortex）的功能也不太理想，」她回答道，「當你面
對多個選項，必須決定哪個選項是正確的時候，這個區域就會被啟動。我

喜歡把它想成是大腦中可以幫你注意到兩張幾乎一模一樣、但只有細微差異的圖片之間的不同之處的那個區域。你依靠前扣帶迴皮質來注意到圖片A中有哪裡不同（或「錯誤」），使它有別於圖片B。或更簡單地說，就是大腦中的這個區域，幫你在《威利在哪裡？》（*Where's Waldo?*）遊戲書中找到威利。」[18]

　　所以我們可以將前扣帶迴皮質視為「威利在哪裡偵測裝置」。但這與創造力和瘋狂有什麼關係呢？「以注意到模式來說，思覺失調症患者會發現一些荒謬的模式，並依據這些模式得出結論，」庫謝夫斯基繼續說道。「例如，房間對面的一個陌生人看了你一眼，然後打了電話，然後又看了你一眼，於是你就得出錯誤的結論：這人正在跟蹤你，並打給同夥要來追捕你。」

　　沒錯，這就是所謂的陰謀論思維，但就算你是有點神經質，也不代表他們真的不是來抓你的，我們要怎麼分辨呢？

　　「有妄想症的思覺失調症患者會一直看到這類模式，並認為它們是相關的。他們的前額葉皮質和前扣帶迴皮質並沒有發揮剔除不太可能模式的作用，而是看到所有模式，並給予它們同等的相關權重。」[19] 在某種程度上來說，尋找改變世界的新穎模式的創造性天才，與隨處可見模式卻無法挑出重點的瘋子或偏執狂之間，存在著微妙的界限。「一個具有成功創造力的人也會看到很多模式（因為有創意的人有一種過度包容的思維方式），但功能良好的前額葉皮質和前扣帶迴皮質會告訴他哪些模式沒有意義，哪些模式有用、相關且又是原創的想法。」庫澤夫斯基解釋道。

　　一個發人深省的例子是比較兩位天才人物，一個是獲得諾貝爾獎的物理學家費曼（Richard Feynman），他在曼哈頓計畫中從事最高機密的政府工作，製造原子彈（他的古怪之處無非是打打邦哥鼓、畫裸體素描和破解保險箱）；另一位則是獲得諾貝爾獎的數學家納許（John Nash），他被診斷出患有思覺失調症，在電影《美麗境界》（*A Beautiful Mind*）中被描繪成深陷偏執妄想之苦的人，他以為自己在從事最高機密的政府工作，要破解密碼以偵測敵人的訊

息傳遞模式。費曼和納許都是創意天才，他們對獨特模式的新穎發現值得獲得諾貝爾獎——費曼的量子物理學，納許的賽局理論——但納許的認知方式包羅萬象，他隨處都能見到模式，包括與不存在的政府特務之間的複雜陰謀，而且沒有現實依據。

在模式性尺度上，介於費曼和納許之間的人是獲得諾貝爾獎的遺傳學家穆利斯（Kary Mullis），他是開發聚合酶鏈鎖反應（polymerase chain reaction，PCR）這項技術的科學家。他在某天深夜開車穿過加州北部群山時，一個想法進入他心中：「天然 DNA 是不成束的線圈，就像黑暗中汽車腳踏板上散亂纏結的錄音帶。我必須安排一系列化學反應，其結果將呈現顯示一段 DNA 的序列。這種可能性很小，就像要在夜間從月球上看清 5 號州際公路上的特定一面車牌一樣。」[20] 穆利斯獨到的見解是，他可以使用一對化學引子（primer）將所需的 DNA 序列括起來，並使用 DNA 聚合酶加以複製，使一小段 DNA 幾乎可以被無限次複製。在大多數人眼中，穆利斯是熱愛衝浪的創意天才。他對加州反主流文化抱有一種古怪的熱情，因為這種文化傾向人為地改動一個人的意識狀態。他的研究成果徹底改變了生物化學、分子生物學、遺傳學、醫學，甚至法醫學——例如，你在各種犯罪電視節目中看到用拭子擦拭口腔取得 DNA 的測試，就是運用了 PCR 法。

我第一次見到穆利斯，是在幾年前一次會議後的社交聚會中。幾杯啤酒下肚後，我們兩個都打開了話匣了，他興高采烈地向我說起他與外星人（他說是一隻「發光的浣熊」）的親密接觸，還有他對占星術、ESP 和超自然現象的信念（他說他不「相信」，但他「知道」這些是真實的），他談起對全球暖化、人類免疫缺乏病毒和愛滋病的懷疑（他不相信人類導致全球暖化，也不相信人類免疫缺乏病毒導致愛滋病），以及他徹底支持經常被《懷疑》雜誌揭穿的各式主張——這些主張是 99% 的科學家都不接受的。我記得我坐在那裡，心想：「真不敢相信這個人得了諾貝爾獎！他們現在獎項是隨便亂發的嗎？」

嗯，我想現在我知道為什麼穆利斯既是一個創意天才，又同時能相信奇怪的事了：因為他將模式偵測過濾器調到**全開**，因此得以看見各式各樣

的模式，其中大多數都是胡說八道，但偶爾可能也會⋯⋯。可能有99％的科學家都對穆利斯相信的事持懷疑態度，然而這99％的科學家也從未獲得過諾貝爾獎。[21]

　　我在寫華萊士（Alfred Russel Wallace）的傳記中，記錄了類似的效應。華萊士是天擇論的共同發現者（與達爾文一起），[22] 也是一位出色的整合者，他將大量生物資料轉化為幾個核心原理，徹底改變了生態學、生物地理學和演化論。華萊士除了是一位開創性的科學家之外，還是顱相學、招魂術和通靈現象的堅定信徒。他經常參加降神會，並撰寫嚴肅的科學論文為超自然現象辯護，駁斥其他科學家的懷疑，投入的程度不亞於與神創論支持者爭辯天擇的觀點。事後看來，華萊士在捍衛婦女權利和野生動物保護方面都走在了時代的前面，但在他協助領導的19世紀末反疫苗接種運動中，他站在了錯誤的一邊。他還曾經與一名地平說捍衛者陷入法律糾葛——在向瘋子證明地球確實是圓的之後，華萊士花了數年時間上法院，試圖收取辯論獲勝應得的獎金。後來華萊士陷入在和愛倫坡（Edgar Allan Poe）「遺失的詩」有關的騙局中（據稱是為了支付加州一家酒店帳單而寫的），甚至最後也在人類大腦演化問題上與達爾文決裂。華萊士認為人類大腦不可能是天擇的產物。華萊士具有我所謂的**異端人格**（heretic personality），或者又可以說是「一種相對穩定且獨特的個性特徵，擁有這種個性的人通常更願意對與傳統權威相左的觀點持開放態度」。華萊士的模式性過濾器孔隙大到可以同時讓革命性的想法和荒謬的想法通過。我們也許可以推測，穆利斯和華萊士的前扣帶迴皮質的效用被壓制了，這才使他們的創造性天才得以顯現，同時也輕信毫無道理的超自然現象。[23]

　　事實上，有充分證據能支持前扣帶迴皮質是我們的錯誤偵測網絡的這一假設。例如，有研究指出，在著名的斯特魯普任務（Stroop task）中，前扣帶迴皮質會變得非常活躍，在這項任務中，某一顏色的名稱會以與該名稱所指的相同顏色或不同顏色呈現給受試者，受試者的任務是只要識別字母的顏色，而非識別單字是什麼。當顏色的名稱和字母的顏色相同時，要識

別字母的顏色很容易，但是當顏色的名稱和字母的顏色不符時，任務中固有的認知衝突就大幅減緩了識別速度。這在本質上就是一個錯誤偵測任務。[24] 另一個例子是動／不動任務（go/no-go task），當 A 與 X 一起出現在螢幕上時，受試者要按下按鈕，但 A 與其他字母一起出現時就不要按。當使用類似於 AX 的字母組合（例如 AK）時，錯誤檢測難度會增加，前扣帶迴皮質的活動也會隨之增加。[25] 有趣的是，比較思覺失調症患者和健康受試者在此類任務中表現的研究指出，思覺失調症患者的偵測錯誤較多，前扣帶迴皮質的活動也經常（儘管並非總是）較少。[26]

　　對於模式性、創造力和瘋狂之間的聯繫，這裡出現了一個看似合理的解釋。人人都會尋找模式，但有些人能比其他人發現更多的模式，這取決於他們不加區分地將隨機事件之間的點聯繫起來的程度，以及他們賦予這些模式多少意義。對大多數人來說，大多數時候，我們的錯誤偵測網絡（前扣帶迴皮質和前額葉皮質）會清除一些（但不是全部）我們透過聯想學習學到的錯誤模式，讓我們能過著有適度創造力（但不致改變世界）的生活，處理我們的各種迷信，而這些迷信來自於我們的模式偵測過濾器漏掉的錯誤模式。有些人的模式性極其保守，能看到的模式很少，也不怎麼有創意，而有些人的模式性則不加區別，到處都能找到模式；這其中的差別的可能是創意天才，也可能是陰謀偏執。

主體性的神經科學

　　這個透過大腦的神經活動來解釋思想的過程，使我成為一個一元論者。一元論者相信我們的腦袋中只有一個實體──大腦。相較之下，二元論者認為腦袋中有兩個實體──大腦和心智。這是哲學中一個非常古老的問題，可以追溯到 17 世紀，由法國哲學家笛卡爾將這個問題置於知識領域，當時偏好的術語是靈魂（如「身體和靈魂」，而不是「大腦和心智」）。廣義來說，一元論者主張身體和靈魂是一樣的，身體的死亡──特別是儲存我們身體、

記憶和個性訊息模式的 DNA 及神經元的解體——就意味著靈魂的終結。二元論者則認為，身體和靈魂是不同的實體，身體消亡後靈魂仍繼續存在。一元論是反直覺的，二元論是直覺的。我們總覺得體內有點別的什麼，也感覺思想總是在腦海中浮動，與我們大腦的運作分開。為什麼會這樣？

耶魯大學心理學家布魯姆（Paul Bloom），在他的著作《笛卡爾的嬰兒》（*Descartes' Baby*）中指出，我們是天生的二元論者。例如，兒童和成人都會談到「我的身體」，就好像「我的」和「身體」是兩個不同的實體。我們陶醉於以這種二元論為主題的電影和書籍。在卡夫卡的《變形記》（*Metamorphosis*）中，一個人睡著了，醒來時變成一隻蟑螂，但他的人格在昆蟲體內完好無損。在電影《衰鬼上錯身》（*All of Me*）中，莉莉・湯姆林的靈魂與史蒂夫・馬丁的靈魂爭奪對他身體的控制權。在《辣媽辣妹》（*Freaky Friday*）中，一對母女（由潔美・李・寇蒂斯〔Jamie Lee Curtis〕及琳賽・蘿涵〔Lindsay Lohan〕飾）交換了身體，但她們的本質不變。在《飛進未來》（*Big*）和《三十姑娘一朵花》（*13 Going on 30*）中，角色的本質跨越了年齡，湯姆・漢克斯（Tom Hanks）瞬間變小，珍妮佛・嘉納（Jennifer Garner）立刻長大。

「事實上，世界上大多數人都相信真的有更徹底的轉變，」布魯姆解釋說，「大多數人相信，當肉體毀滅時靈魂仍然存在，也許是上天堂，也許是下地獄，或進入某種平行世界，或占據其他人類或動物的身體。即使是我們這些不抱持這種觀點的人，也可以毫不費力地理解這些概念。但只有把人看做是與身體分開的，這種說法才能前後一致。」[27]

例如，布魯姆指出，在他所做的許多實驗中，有一個是告訴幼兒關於一隻老鼠被鱷魚吃掉的故事。孩子們都同意老鼠的身體已經死了——不需要上廁所，聽不見聲音，大腦也不再工作了。然而，他們堅持認為老鼠仍然很餓，會擔心鱷魚，想回家。「這是基礎版，年齡較大的兒童和成人就會更清晰地表達死後的世界觀點，」布魯姆解釋道，「等孩童知道了大腦涉及思考的時候，他們不會照單全收地認為大腦是精神生活的源泉；他們不會成為唯物主義者。相反地，他們會從狹義上解釋『思考』，並得出結

論認為大腦是一個認知輔助裝置，是幫助靈魂增強其計算能力的東西。」[28]

　　二元論之所以是直覺的，而一元論是反直覺的，原因在於大腦無法感知到將所有神經網絡結合成一個完整自我的過程，因此會將心理活動歸因於一個單獨的來源。鬼魂、神、天使、外星人等超自然生物的幻覺被視為真實存在；靈魂出竅和瀕死體驗被視為外部事件；我們的記憶、個性和自我等訊息模式被當成靈魂來感知。著名的神經學家兼作家薩克斯（Oliver Sacks）因其在「喚醒」腦炎患者僵直型大腦方面的出色工作而聞名，如1990年由羅賓·威廉斯主演的電影《睡人》（Awakenings）中所描繪的。薩克斯寫了許多本書描述患者體驗到的幻覺——例如有一名男子把妻子誤認為一頂帽子——這不可避免地被體驗者解讀為他們大腦之外的東西。[29]

　　還有一名出現黃斑部病變並完全喪失視力的老年患者，經薩克斯診斷出患有邦納症候群（Charles Bonnett syndrome，以第一個描述該病的18世紀瑞士博物學家的名字命名），因為她出現了一系列複雜的幻視，包括（且尤其是）有著扭曲牙齒和眼睛的臉孔。另一位患者的視覺皮質長了腫瘤，不久後就開始產生卡通人物的幻覺，眼前甚至出現透明的科米特蛙，占據她一半的視野。薩克斯說，事實上，大約有10％的視障人士會出現幻視；臉孔（尤其是扭曲的臉孔）是最常見的，卡通其次，幾何形狀第三。這是怎麼一回事？

　　近幾年，科學家終於可以在功能性磁振造影（functional magnetic resonance imaging，fMRI）機器內，對正出現幻覺的患者掃描他們的大腦。不令人意外的是，視覺皮質會在幻覺期間被啟動。在幾何幻覺期間，初級視覺皮質是最活躍的——也就是大腦中感知模式但不感知圖像的部分。也在意料之中的，包括臉孔等圖像的幻覺，與顳葉梭狀回的高度活動有關。如前所述，顳葉梭狀回與臉孔識別有關。事實上，梭狀回受損的人無法識別面孔，而刺激梭狀回會導致人們自發地看到面孔。梭狀回甚至有一小部分專門負責辨識眼睛和牙齒，邦納症候群患者在經歷幻覺期間，大腦的這一部分很活躍。在大腦的**顳下皮質**（inferotemporal cortex）中，圖像片段（數千甚至數百萬個片段圖像）全部存儲在單一神經元或神經元簇中。

「正常情況下，這是視覺感知或想像的整合過程的一部分，人們不會去意識到，」薩克斯解釋說，「但是如果你出現視力受損或失明，這個過程就會被打斷，你的視覺感知不再是平穩而有組織的，而是來自顳下皮質中的許多細胞或細胞簇無序的釋放活動。突然間，你開始看到一些碎片。大腦會盡最大努力組織這些碎片並使其具有一定的連貫性。」[30]

為什麼大腦要費力去做這些事情呢？正如薩克斯對他的一位患者所說的，她堅稱自己既沒有瘋也沒有精神錯亂，「當你失去視力時，大腦的視覺部分不再從外界獲得輸入，就會變得過度活躍和興奮，並開始自發地放電，你就會開始看到東西了。」

邦納症候群正是主體性神經相關性基礎的一個例子。「正如邦納在二百五十年前所思考的，」薩克斯總結道，「大腦這個系統是如何產生心智劇場的？」[31] 我們現在對這個系統有了相當充分的瞭解，也因此知道所謂的心智劇場只是錯覺。沒有劇場，也沒有一個主體坐在劇場裡看著螢幕上的世界，只是我們的直覺告訴我們有。這就是主體性在大腦中的基礎。

心智理論與主體性

還有另一種大腦活動我強烈懷疑與主體性有關，那就是稱為**心智理論**（theory of mind）的過程，或者說是我們能意識到自己的信念、欲望和意圖，也能意識他人有信仰、願望和意圖的這項事實。高階心智理論可以讓你意識到別人的意圖可能與你自己的意圖相同或不同，這有時被稱為**讀心術**（mind reading），或者說是將自己投射到他人的思想中，想像自己會有的感受，以推斷他人意圖的過程。更高層次的心智理論意味著你瞭解其他人也有一個心智理論，並且你知道他們知道你知道他們有一個心智理論。正如葛里森（Jackie Gleason）在 1950 年代的經典電視連續劇《蜜月期》（*The Honeymooners*）中常對卡尼（Art Carney）咆哮的，「諾頓，你知道我知道你知道我知道……」。那麼，心智理論或讀心術在大腦中實際上是如何運作的？

格拉斯哥大學（Glasgow University）神經科學家加拉格爾（Helen Gallagher）和弗里斯（Christopher Frith），在回顧腦部掃描揭示出讀心術位置的研究時得出結論，每當需要心智理論時，有三個區域一定會活化：第一個區域位於皮質，另外兩個區域位於顳葉：**前副扣帶迴皮質**（anterior paracingulate cortex）、**顳上溝**（superior temporal sulci）和雙側**顳葉端**（temporal poles）。前兩個大腦結構涉及處理明確的行為訊息，例如感知其他生物體的意圖行為：「那個掠食者想要吃掉我。」顳葉端對於從記憶中檢索個人經歷至關重要，例如：「上次我看到掠食者的時候，牠想吃掉我。」這三個結構對於心智理論都是必要的，加拉格爾和弗里斯甚至認為，前副扣帶回皮質（位於前額後面）就是心智理論機制的所在地。[32]

心智理論是一種高等自動系統，在涉及其他人的特定活動時就會啟動，特別是在社交場合。它很可能是從一些用於相關活動的預先存在的神經網絡演變而來的，例如分辨有生命和無生命物體的能力、透過跟隨另一生物或主體的目光來吸引他們的注意力、區分自我和他人動作的能力，以及呈現目標導向行動的能力。所有這些功能都是任何社會性哺乳動物生存的基礎，因此心智理論很可能是一種**擴展適應**（exaptation），一種外適應（有時稱為預適應），或是出於與最初演化不同的目的而納入的特徵。對心智理論來說這些可能是什麼呢？很可能是模仿、期待和同理。鏡像神經元登場──「鏡像」他人行為的特殊神經元。

在 1980 年代末和 1990 年代初，義大利神經科學家里佐拉蒂（Giacomo Rizzolatti）和他在帕爾馬大學（University of Parma）的同事，在記錄獼猴**腹側前運動皮質**（ventral premotor cortex）單一神經元的活動時，偶然發現了鏡像神經元。神經科學家將頭髮絲般細小的電極插入單一神經元中，接著就可以監測神經細胞活動的速率和模式。而他們發現，每當猴子伸手去拿放在面前的花生時，猴子的 F5 神經元的活動就會激增。一次偶然情況下，一名實驗人員伸手抓起一顆花生，竟也導致猴子大腦中的同一神經元放電。猴子做出動作或猴子看到別人做出動作，都使得猴子的運動神經元放電。運動神

經元會鏡像其他人的動作，因此被稱為鏡像神經元。正如里佐拉蒂所回憶
的，「我們很幸運，因為根本不可能事先知道有這樣的神經元存在。但我
們剛好在正確的區域，所以發現了。」[33]

　　在整個 1990 年代，神經科學家爭先恐後地想瞭解更多關於鏡像神經元
的訊息，同時也在大腦的其他部分發現了鏡像神經元，例如大腦的**額下葉**
（inferior frontal）和**頂下葉**（inferior parietal）區域，不僅是在猴子身上，在人類
身上也透過 fMRI 腦部掃描發現了。[34] 例如，加州大學洛杉磯分校的神經科
學家雅科博尼（Marco Iacoboni）和他的同事，讓受試者看著其他人的手指動
作，然後請受試者模仿這些相同的手指動作，同時對受試者的大腦進行造
影，結果發現在兩種情況下額葉皮質和頂葉的同一區域都處於活躍狀態。[35]

　　里佐拉蒂認為，鏡像神經元只是對「看和做」有反應的運動神經元。
當你看到一個動作時，它會被記錄在你的視覺皮質上，但為了更深入地理
解該動作的後果代表什麼意義，這個觀察就必須與大腦的運動系統聯繫起
來，好讓我們在內部檢視外部世界。有了這個基本的神經網絡後，就可以
在其上疊加高階功能，例如模仿。為了模仿某人的動作，你需要對動作看
起來的樣子有視覺記憶，也需要對動作執行時的感覺有運動記憶。現在已
經有大量研究將鏡像神經網絡與模仿學習聯繫起來。

　　例如，在 1998 年一項 fMRI 實驗中，受試者會看到兩種不同的手部動
作，一種沒有前後脈絡，另一種則有，透露出這個動作的意圖。後一種情
況會活化受試者的鏡像神經元網絡，揭示了大腦感知另一意圖主體的具體
位置。[36] 2005 年有另一項非常巧妙的實驗，讓猴子觀察一個人抓起一個物
體放入杯中，或是抓起一顆蘋果送進嘴裡——相似的動作，不同的意圖。
透過記錄猴子大腦**頂下小葉**（inferior parietal lobe）的四十一個個鏡像神經元，
發現「抓起來吃」的動作會觸發十五個鏡像神經元放電，但在觀察「抓起
來放置」的動作時，這些鏡像神經元卻毫無動靜。有趣的是，神經科學家
得出的結論是，大腦這一部分的鏡像神經元「根據包含該動作的最終目標，
以不同的方式編碼相同的動作（抓取）」。[37] 換句話說，有神經元特化為可

以區分不同意圖：為了放置而抓取與為了進食而抓取。更籠統地說，這意味著鏡像神經元既可以預測他人的行為，也可以推斷他們的意圖，而這正是主體性的基礎。

大腦內的信念

人們怎麼會相信一些看似不合理的事情呢？答案就在本書所主張的論點中：先有信念；肯定信念的理由就會隨之而來。大多數信念主張都落在無庸置疑的真實和不容錯認的錯誤兩者之間的模糊地帶。我們的大腦如何處理這麼大範圍的信念？為了找到答案，2007 年，神經科學家哈里斯（Sam Harris）、謝思（Sameer A. Sheth）和科恩（Mark S. Cohen），在加州大學洛杉磯分校的腦部測繪中心（Brain Mapping Center），使用 fMRI 掃描了十四名成年人的大腦。他們向受試者呈現了一系列明顯正確、明顯錯誤或目前無法確定的陳述。作為回應，志願者要按下一個按鈕，表示相信、不相信或不確定。例如：

數學運算
正確：（2 + 6）+ 8 = 16。
錯誤：62 能被 9 整除。
不確定：1.257 = 32608.5153。

事實陳述
正確：大多數人有十個手指和十個腳趾。
錯誤：老鷹是常見的寵物。
不確定：道瓊工業平均指數上週二上漲 1.2%。

道德常規

正確：幸災樂禍是不好的。

錯誤：兒童在能夠投票之前不應該擁有任何權利。

不確定：對孩子撒謊比對成人撒謊好一點。

他們有四個重要發現：

1. 評估陳述時存在顯著的反應時間差異。對真實（相信）陳述的反應時間，明顯短於對錯誤（不相信）陳述和不確定陳述的反應，但對錯誤（不相信）陳述和不確定陳述檢測到的反應時間沒有差異。

2. 比較對真實（相信）陳述和錯誤（不相信）陳述的反應，可得知**腹內側前額葉皮質**（ventromedial prefrontal cortex）中與信念相關的神經活動激增，腹內側前額葉皮質是大腦中與自我表達、決策和獎勵情境中的學習相關的區域。

3. 比較對錯誤（不相信）陳述和真實（相信）陳述的反應，發現**前島葉**（anterior insula）的腦部活動增加。這個區域與對負面刺激、疼痛感知和厭惡的反應相關。

4. 將對不確定性陳述的反應，與對真實（相信）陳述和錯誤（不相信）陳述的反應同時比較，發現前扣帶迴皮質的神經活動增強——是的，前扣帶迴皮質參與錯誤偵測和衝突解決。

這些結果透露了哪些關於信念和大腦的訊息？「一些心理學研究似乎支持（17世紀荷蘭哲學家）斯賓諾莎的猜想，即要理解一個陳述就需要默認其為真實，而不相信則需要隨後的拒絕過程。」哈里斯和他的研究合作者表示，「理解一個命題可能類似於感知物理空間中的一個物體：我們似乎接受表象為現實，直到證明並非如此。」因此，受試者將真實陳述評估為可信的速度，比將錯誤陳述判斷為不可信，或將不確定的陳述判斷為難以

判定的速度要快。此外，由於大腦似乎是以與疼痛和厭惡相關的區域（尤其是判斷味道和氣味）處理錯誤或不確定的陳述，可以說這項研究為「一項說法已通過『味覺測試』或『嗅覺測試』」這一短語賦予了新的含義。[38] 當你聽到「屁話」時，你可能是通過氣味來辨別。

至於信念和懷疑的神經關聯，腹內側前額葉皮質有助於將高等的認知事實評估，與低等的情緒反應關聯連結起來，而且在評估所有類型的主張時都這麼做。因此，對道德陳述的評估，顯示出與對數學和事實陳述的評估類似的神經活化模式。該區域受損的人，很難感受到好決定和壞決定之間的情感差異，這就是為什麼他們容易胡思亂想——混淆真實和虛假的記憶，將現實與幻想混為一談。

這項研究支持我所謂的**斯賓諾莎猜想**（*Spinoza's conjecture*）：*信念來得迅速而自然，懷疑則緩慢且不自然，而大多數人對模稜兩可的容忍度很低。*科學原理是，一主張是不真實的，除非證明其為真——這與我們默認為真以便快速理解的自然傾向背道而馳。因此，我們應該獎勵懷疑和不相信，並大肆頌揚那些願意在新證據出現後改變主意的人。很可惜，大多數社會制度——尤其是宗教、政治和經濟領域的制度——卻是獎勵擁護信仰、政黨或意識形態教義的信念，懲罰那些挑戰領導人權威的人，並打壓不確定性，尤其是懷疑主義。

信徒和非信徒的大腦

在第二項尋找宗教和非宗教信念神經關聯的 fMRI 研究中，哈里斯和加州大學洛杉磯分校的同事，請三十名受試者（十五名自稱基督徒和十五名自稱非信徒）評估宗教和非宗教主張的真假，並同時掃瞄他們的腦部。評估內容包括宗教陳述，例如「耶穌基督確實施行了聖經中歸於他的奇蹟」，和非宗教陳述「亞歷山大大帝是很出名的軍事領袖」。受試者要按下一個按鈕，表示他們認為某個陳述是正確的（相信）或錯誤的（不相信）。與將相同

陳述解釋為真實的人相比，那些認為陳述錯誤的人，反應時間同樣明顯更長。很顯然，儘管基督徒和非信徒在宗教（「天使確實存在」）和非宗教（「老鷹確實存在」）刺激下，都同樣對「真」的反應快於對「假」的反應（因為對所有人來說，同意都比不同意來得容易），但非信徒對宗教陳述的反應特別迅速。

　　腦部掃描顯示，不管是信徒或非信徒，也無論是宗教還是非宗教言論，腹內側前額葉皮質（如前所述與自我認知、決策制定和獎勵脈絡中的學習相關）都呈現活動增加的訊號——即有更多的血流輸送氧氣。這是一個「多巴胺系統」——記住，多巴胺是一種與快樂相關的神經傳導物質，與學習的增強有關。無論受試者相信的是關於上帝的陳述，還是關於普通事實的陳述，都是如此。事實上，直接比較信徒和非信徒的相信和不相信，結果並沒有顯示出差異，這使得哈里斯和他的同事得出結論：「相信和不相信之間的差異似乎與內容無關」。也就是說，信徒和非信徒似乎都在大腦的同一區域評估宗教和非宗教陳述的真實性。換句話說，大腦中沒有「相信」模組或「不相信」模組，沒有「輕信」網絡或「懷疑」網絡。

　　從對宗教刺激的反應中，減去對非宗教刺激的反應，就會發現**前島葉**（anterior insula，與疼痛感知和厭惡相關）**和腹側紋狀體**（ventral striatum，與獎賞相關），對宗教刺激有更大的血氧濃度依賴（blood oxygen level dependent，BOLD）訊號，我們的老朋友前扣帶迴皮質（錯誤檢測和衝突解決網絡）也是如此。所以，宗教陳述會引發更多的積極和消極影響。從對非宗教刺激的反應中，減去對宗教刺激的反應，就會發現海馬體的大腦活動增加，而我們很清楚海馬體直接參與記憶檢索。值得注意的是，信徒和非信徒的情況都是如此，這導致哈里斯和他的同事「推測這兩組人在評估宗教陳述時，都經歷了更大的認知衝突和不確定性」，並且「對我們研究中呈現的非宗教刺激的判斷，似乎更加依賴與獲取存儲知識有關的大腦系統」。[39]

　　為什麼這是一個令人驚訝的發現？這又告訴了我們什麼？我向哈里斯提出了這個問題，他回答說：「我認為，因為關於這個主題，兩組人都不太確定他們的答案。當然，令人驚訝的是，這兩組人同樣如此。你可能會

預料到基督徒不太確定『聖經中的上帝確實存在』，而更確定『麥可‧喬丹是一名籃球運動員』。但無神論者在評估『聖經中的上帝是神話』這樣的陳述時，似乎也表現出同樣的效應。」

　　我還問了哈里斯，他的研究發現信念似乎「不受內容影響」，那麼他認為這對信念和信念系統如何作用，有什麼更深層次的含義？也就是，只有一個作用於相信和不相信的神經網絡，而不是有一個相信的神經網絡和一個懷疑的神經網絡，這為什麼很重要？「這代表相信就是信念就是信仰，」哈里斯認真地指出，「在我看來，這至少有兩個後果：（1）它進一步削弱了事實與價值觀之間的謬誤區別。如果相信『酷刑是錯誤的』和相信『2+2=4』的重要性相似，那麼道德學和科學在大腦層面上的重要性也相似。（2）這代表信念的有效性取決於它是如何形成的——基於將其與世界聯繫起來的證據鏈和推理——而不僅僅是取決於確信的感覺。」那又怎樣？可多了，哈里斯在回答我的問題時繼續說，因為「身為信念的消費者，我們依賴的就是確信的感覺——但很顯然，這種感覺可以與任何領域（數學、道德等）的充分理由和充分證據脫節」。[40]

　　希望那種可以與充分理由和充分證據脫節的感覺，可以透過以更好的理由和更好的證據反駁後，重新連結起來。說到底，這就是所有科學知識生產者所希望的，畢竟，這樣的希望確實永不止息。[41]

第三部

相信不可見的事物

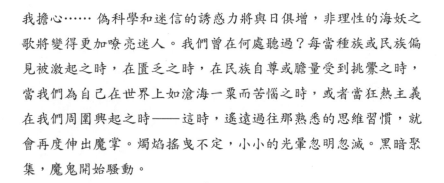

我擔心……偽科學和迷信的誘惑力將與日俱增，非理性的海妖之歌將變得更加嘹亮迷人。我們曾在何處聽過？每當種族或民族偏見被激起之時，在匱乏之時，在民族自尊或膽量受到挑釁之時，當我們為自己在世界上如滄海一粟而苦惱之時，或者當狂熱主義在我們周圍興起之時──這時，遙遠過往那熟悉的思維習慣，就會再度伸出魔掌。燭焰搖曳不定，小小的光暈忽明忽滅。黑暗聚集，魔鬼開始騷動。

──薩根（Carl Sagan），《魔鬼出沒的世界》（*The Demon-Haunted World*）

7 第七章　對死後生命的信念

Chapter

Belief in the Afterlife

2002 年 6 月，傳奇棒球選手泰德·威廉斯（Ted Williams）去世，讓媒體大加關注的是，他兒子將泰德的遺體迅速送往亞利桑那州斯科次代爾（Scottsdale），將遺體冷凍在攝氏零下三百二十度的低溫下，希望有一天「泰德賽王」能再度復活出賽。 如果有一天威廉斯的身體復甦，他還會是那個脾氣暴躁的完美主義者，棒球界最後一位打擊率達到 0.400 的人嗎？換句話說，如果未來的人體冷凍科學家能夠讓他復活，那還是「他」嗎？泰德·威廉斯的「靈魂」是否也會與他的大腦和身體一起處於深度凍結狀態？這個答案取決於**靈魂**的定義。如果我們所說的**靈魂**是指泰德·威廉斯的記憶、個性和人格性，而且如果冷凍過程沒有破壞大腦中存儲這些存有的神經網絡，那麼是的，泰德·威廉斯的靈魂將與他的身體一同復活。

從這個意義上來說，靈魂是代表一個人的獨特訊息模式，除非有某種媒介在我們死後保留我們個人的訊息模式，否則靈魂就會隨著我們一起死亡。我們的身體由蛋白質組成，由 DNA 編碼，因此隨著 DNA 的解體，我們的蛋白質模式將永遠遺失。我們的記憶和個性，儲存在大腦神經元放電的模式以及神經元之間的突觸連結中，因此當這些神經元死亡、突觸連結遭到破壞時，就意味著我們的記憶和個性也將隨之死去。這種影響類似於中風、失智症和阿茲海默症的破壞，只是更絕對，也是最終的。沒有大腦，就沒有心智；沒有身體，就沒有靈魂。科學證據告訴我們，在開發出一種技術將我們的模式下載到比碳基蛋白質的導電肉體更耐用的介質之前，當我們死去，我們的訊息模式（靈魂）也會隨之消失。

　　至少這就是一元論者的立場——世界上只有一種實體。二元論者相信存在一種有意識的空靈實體，是生物體的獨特本質，在其肉身毀滅後仍然存在。古希伯來文中表示靈魂的字是 *nephesh*，意思是「生命」或「生命氣息」。希臘文的靈魂是 *psyche*，意思是「心靈」；拉丁文中表示靈魂的詞是 *anima*，即「精神」或「呼吸」。靈魂是賦予肉體生命、賦予我們活力、賦予我們生命力的本質。有鑑於這些概念最初形成時，人們對自然世界所知有限，古代人使用思想、呼吸和精神等暫時的隱喻也就不足為奇了。前一刻一隻小狗還在又叫又跳地搖尾巴，但下一瞬間就變成了一團死肉。那一瞬間發生了什麼事？

　　1907 年，麻州一位名叫麥克杜格爾（Duncan MacDougall）的醫生，在六名瀕死患者死亡前後為他們秤重，試圖從中找到答案。他在醫學雜誌《美國醫學》（*American Medicine*）上聲稱，人體在死亡前後存在二十一公克的差異。儘管他的測量很粗糙，重量也有差異，而且實驗結果無法複製，但「二十一公克」仍然成為都市傳奇，被稱為靈魂的重量，還催生了許多文章、書籍和書籍，甚至是同名電影。

　　死亡，以及死後生命繼續存在的可能性，催生了無數嚴肅的論文，以及不在少數的喜劇評點。總是在焦慮的伍迪艾倫就有一句妙語：「我不是怕死，我只是不想在事情發生時在場。」[1]賴特也自認找到瞭解決方案：「我打算永遠活下去——目前為止還不錯。」[2]拋開幽默不談，因為我是一名科學家，而有些主張說死後還有生命這個論點有科學證據，那就讓我們來分析一下，首先是「為什麼人們會相信死後有生命」的科學解釋。其次，我們將分析那個可疑的未來之日的證據是什麼，並考慮它的可能性對我們目前的狀態意味著什麼。

天生的不朽論者：死後生命作為主體性

　　2009 年關於美國人宗教信仰的哈利斯調查，詢問受訪者是否相信以下

項目。[3]

信念	總計	天主教	新教	猶太教	重生
上帝	82%	94%	92%	79%	97%
靈魂存活	71%	82%	85%	37%	91%
天堂	75%	86%	90%	48%	97%
地獄	61%	70%	73%	21%	89%
輪迴	20%	19%	13%	18%	14%

　　為什麼有那麼多人相信死後還有生命？這個問題可以當做其他信念問題一樣處理，而科學可以照亮黑暗。我認為，至少有六個紮實的理由導致人們相信死後還有生命，這些是基於我對感知存在體驗、主體性、二元論，特別是靈魂出竅體驗提出的因果解釋，這些因素都和死後生命的論述有關。

　　1. **死後生命信念是一種主體性形式**。我們傾向於為在生活中找到的模式賦予意義、主體性和意圖，而死後還有生命這種概念，就是將我們自己擴展為意圖主體，延伸至無限的未來。

　　2. **死後生命信念是一種二元論類型**。因為我們是天生的二元論者，直覺地相信心智與大腦身體是分開的，所以死後生命就是一種合乎邏輯的推論，將我們自己的心智主體擺脫身體投射到未來。這種信念甚至可能是一種感知存在效應或第三人因素，我們自己作為這種存在，繼續進入想像中的空靈至高點。

　　3. **死後生命信念是我們心智理論的衍生物**。透過將自己投射到他人的處境中並想像可能會有的感受，我們有能力瞭解他人的信念、欲望和意圖（我們能「讀懂他人的想法」）。這種心智理論投射是主體性和二元論的另一種形式，使我們可以將自己和他人的意圖心智，想像為無限地延續到未來。由於有充分的證據指出心智理論發生在前額後面的前副扣帶迴皮質，我們甚至可以推測這個神經網絡對於來世信念是不可或缺的。[4]

4. **死後生命信念是我們身體基模的延展**。我們的大腦根據來自全身各處的無數輸入，構建了一個身體基模圖像。當這個單一的個體**自我**與我們的主體性、二元論和心智理論的能力相結合時，即使沒有身體，我們也可以將本質投射到未來。

5. **死後生命信念可能是以左腦解讀器為中介**。來世信仰不可或缺的第二個神經網絡可能是左腦解讀器，它將所有感官的輸入整合成一個有意義的故事情節，使有意義和無意義的資料都自成道理。將這個過程與我們的身體基模、心智理論和二元主體性聯繫起來，就能清楚看出，我們可以輕鬆發展出一套情節，讓我們自己是主角，我們的意義和重要性是故事的核心，而我們的未來是永恆的。

6. **死後生命信念是我們想像自己身在不同時空**（包括遠古時期）**的正常能力的擴展**。閉上眼睛，想像自己在陽光明媚的日子裡，躺在熱帶海灘溫暖的沙灘上。在這幅景色中你在哪裡？你是在自己體內，用眼睛看著遠處洶湧的海浪，和在沙灘上玩耍的孩子？或你是在高處，俯視著你的全身，就好像有第二個你浮在半空中？對於大多數人來說，這個思想實驗出現的是第二種的觀察角度。這稱為**去中心化**（decentering），也就是想像我們自己在身體之外的其他地方以上帝視角俯瞰。我們以同樣去中心化的方式想像死後的自己，從這個時空，轉移到天上領域，也就是字面意義上（和文學意義上）上帝的居所，那最終的不朽與永恆的主體。

總而言之，因為我們很容易將主體和意圖賦予給無生命的物體，如岩石、樹木和雲彩，以及有生命的物體，如掠食者、獵物和我們的人類同胞；因為我們是天生的二元論者，相信心智超越身體；因為我們瞭解自己的心智和他人的心智；因為我們意識到自己的身體與他人身體是分開的；因為我們的大腦自然地傾向於將所有感官輸入和認知思想，編織成一個以我們

自己為中心人物的有意義的故事；最後，因為我們能夠將自己從當下時空，去中心化地轉移到另一個時空，所以我們很自然地相信，我們擁有不朽而永恆的本質。**我們是天生的不朽主義者。**

無形的心智與永恆的靈魂

當然，相信來世的人要麼拒絕以上這些關於死後生命信念是大腦產物的證據，要麼辯稱他們的宗教只是反映了宇宙的本體論真實（ontological reality）。他們會說，他們相信死後還有生命，是因為確實有來世，而且他們還會提供證據來支持這種說法。但正如我在本書中始終主張的，這種信念的合理化恰恰是反向的。先有對來世的信念，才有支持信念的理性理由出現。儘管如此，來世存在的證據通常可歸類為四種，總結如下（證據強度從最弱到最強）。[5]

1. **訊息場**（information fields）**和宇宙生命力**（universal life force）。根據型態共振（morphic resonance）理論，大自然以訊息場的形式保存資料數據，與個別有機體分開存在，證據就是有些人可以感覺到有人在背後盯著他們，狗知道主人何時回家，以及周日填字遊戲到傍晚時會更容易完成，因為其他人已經解出來了。這些以及許多其他神祕的心理現象，都可以透過將所有生物體彼此連接的「型態共振場」來解釋。訊息無法被創造或破壞，只會重新組合成新的模式，因此我們的個人模式（依我的定義就是我們的「靈魂」）就是一套訊息，在出生之前就存在，死後仍繼續存在。

2. **ESP 和心智證據**。關於 psi（心靈力量）和心靈感應的實驗研究，在受控條件下，受試者顯然可以在不使用五感的情況下，接收來自發送者的圖像，如果這些實驗屬實，將成為無形心智獨立於大腦運作，又可與一般物質相互作用的證據。

3. **量子意識**（Quantum consciousness）。透過量子力學對亞原子粒子行為的研究，產生了愛因斯坦所謂的「鬼魅似的遠距作用」（spooky action at a

distance），即對一個位置的粒子的觀察，會立即影響在另一個位置的相關粒子（理論上可能在另一個星系中），這顯然違反了愛因斯坦提出的光速上限。一些科學家認為，這意味著宇宙是一個巨大的量子場，其中的一切（以及每個人）都是相互關聯的，並且可以直接、即時地相互影響。對於相信來世的人來說，量子力學解釋了意識如何從生化訊號中產生，以及我們的心智如何延伸到大腦之外的量子領域。

4. **瀕死經驗**。有成千上萬的人在遭受創傷性事故、幾乎溺斃、生命跡象停止，尤其是心臟病發作，而被救回後，這些人說經歷了某種死後的生命──他們飄離身體，穿過隧道或白光，看到親人或見證上帝、耶穌，或另一世界的某種神聖顯靈。如果這些人真的是死過了，顯然他們的意識「自我」──他們的靈魂或本質──能在身體死亡後繼續存在。

讓我們一一仔細檢視。

訊息場和宇宙生命力

你有注意到過，在傍晚時做報紙上的填字遊戲，會比早上做要容易得多嗎？我也沒有。但根據英國生物學家謝爾德雷克（Rupert Sheldrake）的說法，這是因為早晨成功者的集體智慧，在整個文化「型態場」中產生了共振。在謝爾德雷克的型態共振理論中，相似的形式（型態或「訊息場」）以宇宙生命力內的擴展心智型態彼此共振和交換訊息。「隨著時間的推移，每種有機體都會形成一種特殊的累積集體記憶。」謝爾德雷克在他 1981 年出版的《生命新科學》（*A New Science of Life*）中寫道，「因此，自然規律是習慣性的。事物之所以如此，是因為它們本來就是如此。」在這本書以及他最受歡迎的著作《過去的存在》（*The Presence of the Past*）中，這位劍橋大學出身的生物學家、曾擔任皇家學會研究員的謝爾德雷克解釋說，型態共振指的是「生物體之間神祕的心靈感應型互相連結以及物種內的集體記憶。」[6]

謝爾德雷克認為，這些訊息場形成了連接所有生物體的宇宙生命力，

而且型態共振解釋了幻肢、信鴿、狗如何知道主人何時回家，以及人們如何知道有人在盯著他們看。謝爾德雷克寫道：「視覺可能涉及雙向過程，光線的向內運動和心理圖像的向外投射。」[7]任何人都能從謝爾德雷克網頁下載實驗方案，其中進行的數千次試驗「都得到了正向、可重複和非常顯著的結果，這意味著人們確實對有人從後面盯著看有普遍的敏感性」。[8]當有人盯著你看時，顯然會在你感覺到的型態場中產生類似漣漪的東西，讓你轉過身去看。

　　讓我們更仔細地檢視一下這個說法。首先，科學通常不是由偶然在網頁上看到實驗方案的陌生人進行的，因此我們無法知道這些業餘愛好者是否控制了干預變量和實驗者偏誤。其次，心理學家認為這種感覺的軼事描述，只是一種反向的自我實現效應：一個人懷疑自己被盯著看，於是轉身查看；這種頭部動作吸引了假定凝視者的目光，於是他們果然去看動作者，從而使這個人確認了被凝視的感覺。第三，2000 年倫敦米德爾塞克斯大學（Middlesex University）的科韋爾（John Colwell）使用謝爾德雷克建議的實驗方案，進行了一項正式測試，有十二名志願者參加了每個序列有二十次凝視或不凝視試驗的十二個序列的測試，最後九次測試提供準確性反饋。結果：只有在提供準確性反饋時，受試者才能察覺到在被盯著看。科韋爾將此歸因於受試者得知，這實際上就是實驗試驗的非隨機呈現。[9]赫特福德郡大學（University of Hertfordshire）的心理學家懷斯曼（Richard Wiseman）也試圖複製謝爾德雷克的研究，他發現受試者察覺到被凝視的機率並不比偶然高。第四，實驗者偏誤問題。意念科學研究所（Institute of Noetic Sciences）研究員施利茨（Marilyn Schlitz，psi 的信徒）與懷斯曼（psi 的懷疑論者）合作複製謝爾德雷克的研究，並發現當**他們**做凝視實驗時，施利茨發現了統計上顯著的結果，而懷斯曼發現了偶然的結果。[10]

　　第五，這裡可能涉及**確認偏誤**（confirmation bias）的作用。 在《意識研究期刊》（*Journal of Consciousness Studies*）的 2005 年特刊中，我以一到五的等級（批評、略為批評、中立、略為支持、支持）對謝爾德雷克的目標文章（關於被盯著的

感覺）的十四條開放同儕評論進行了評分。無一例外，一級、二級和三級都是來自主流機構的傳統科學家，而四級和五級則都隸屬於邊緣和超自然機構。[11] 謝爾德雷克回應說，懷疑論者削弱了型態場的微妙力量，而信徒則增強了它。至於懷斯曼，謝爾德雷克評論道：「也許他的負面期望，有意或無意地影響了他看待受試者的方式。」[12] 也許吧，但我們如何區分負面 psi 和非 psi 呢？看不見的和不存在的，看起來是一樣的。

ESP 和心智證據

　　一個多世紀以來，有許多嚴肅的科學家相信，這種偶發現象並不是我們傾向賦予模式意圖主體和超自然力量之下的產物。他們強烈懷疑大腦碰觸到的是傳統科學工具尚且無法測量的真正力量。19 世紀末，心靈研究學會之類的組織成立後，採用嚴格的科學方法來研究 psi，也有許多世界一流的科學家支持他們的努力。到了 20 世紀，psi 更堂而皇之地走入嚴肅的學術研究計畫，從 1920 年代約萊茵（Joseph Rhine）的杜克大學實驗，到 1990 年代貝姆（Daryl Bem）的康乃爾大學研究。現在讓我們進一步檢視這個出自最新實驗證明的主張，因為它是迄今為止超感官知覺的最佳論據。

　　1994 年 1 月，貝姆和他在愛丁堡大學的超心理學家同事霍諾頓（Charles Honorton），在著名的審論期刊《心理通報》（*Psychological Bulletin*）上發表了一篇論文，標題為〈Psi 存在嗎？訊息傳輸異常過程的可複製證據〉。兩位作者對四十個已發表的實驗進行了統合分析（meta-analysis），得出以下結論：「甘茲菲爾德程序（ganzfeld procedure）此一實驗方法所達成的複製率和效應規模，現在足以確保這一套資料能引起心理界更廣泛的關注。」統合分析是一種統計技術，是將眾多研究的結果結合起來尋找總體效應，即使個別研究的結果並不顯著（亦即無法以95%的信度否定虛無假設）。甘茲菲爾德程序是讓「接收者」待在感官隔離室中，眼睛用剖半的乒乓球遮住，耳朵用播放白噪音的耳機罩住，而「發送者」則待在另一個房間，通過心靈力量傳輸照片或

影片畫面。

　　儘管找到了 psi 的證據——受試者的命中率為 35％，全憑運氣的命中率應該是 25％——貝姆和霍諾頓依然感嘆說：「大多數學術心理學家仍不接受 psi、訊息或能量轉移的異常過程（例如心靈感應或其他形式的超感官知覺）的存在，因為這些目前仍無法用已知的物理或生物機制來解釋。」[13]

　　為什麼科學家不接受 psi？貝姆以身為嚴謹的實驗者而享有盛譽，他向我們展示了統計上顯著的結果。科學家在面對新的資料和證據時，難道不應該願意改變他們的想法嗎？科學家存疑的原因是，我們需要可複製的**資料**和可行的**理論**，而這兩者在 psi 研究中都付之闕如。

　　資料。統合分析和甘茲菲爾德技術都受到了科學家的挑戰。奧勒岡大學的海曼（Ray Hyman）發現，不同甘茲菲爾德實驗中使用的實驗程序不一致，但仍然在貝姆的統合分析中被集中在一起，就好像它們都使用相同的程序一樣。海曼認為貝姆所採用的統計測試（Stouffer's Z）不適合如此多樣化的資料集，而且他還發現目標隨機化過程（視覺目標發送給接收者的順序）存在著缺陷，導致目標選擇偏差。「所有顯著命中都是在目標第二次或更晚出現時達成的。如果僅檢視第一次出現的目標命中率，結果與全憑運氣是一致的。」[14] 赫特福德郡大學的米爾頓（Julie Milton）和懷斯曼，對另外三十個甘茲菲爾德實驗進行了統合分析，結果沒有發現 psi 的證據，他們得出的結論是 psi 資料是不可複製的。[15] 貝姆舉出另外十項他主張是顯著的甘茲菲爾德實驗作為反駁，並表示他還計畫發表更多研究。[16] 就這樣……資料爭論還有待更多內容補充。總的來說，在一個世紀以來的 psi 研究過程中，對實驗條件的控制越嚴格，psi 效應似乎就變得越弱，直到完全消失。

　　理論。科學家仍對 psi 持懷疑態度更深層的原因——即使將來有更多顯著資料發表，依然如此——是因為沒有關於 psi 運作原理的解釋性理論。在 psi 支持者能夠解釋發送者大腦中的神經元產生的思想，如何穿透頭骨並進入接收者的大腦之前，懷疑是適當的反應。即使資料指出，確實有一個像 psi 這樣需要解釋的現象（而我不相信它有解釋），我們仍需找出它的因果機制。

量子意識

　　美國內科醫生哈默洛夫（Stuart Hameroff）和英國物理學家彭羅斯（Roger Penrose），提出了關於這種因果機制的一個看似合理的理論，除了發表成技術寫作，[17] 還拍攝成一部題名很特別的流行電影《我們懂個 X》（*What the #$*! Do We Know?!*）。[18] 電影版本經過精心剪輯，女演員瑪莉・麥特林（Marlee Matlin）飾演一位滿眼夢幻的攝影師，試圖理解一個顯然難以理解的宇宙。這部電影的中心主旨是：我們透過意識和量子力學創造了自己的現實。我在電影上映的那個週末見到製片人，當時我們正好一起上奧勒岡州波特蘭市的一個電視節目，得以一睹為快。我從未想過一部以深奧的物理學分支——量子力學——為基礎的電影，會在百花齊放的流行電影市場上取得成功，但它確實收割了數百萬美元的票房，並吸引了一批狂熱的追隨者。

　　影片裡的人物是具有強烈新時代傾向的科學家，一句句滿是專業術語的金句，其實不過是加州理工學院物理學家兼諾貝爾獎得主蓋爾曼（Murray Gell-Mann）曾經描述過的「量子胡言亂語」。[19] 例如，奧勒岡大學量子物理學家戈斯瓦米（Amit Goswami）言帶深奧地宣稱：「我們周圍的物質世界只不過是可能的意識運動。我每時每刻都在選擇我的經歷。海森堡說原子不是物，只是*趨勢*。」也許叫戈斯瓦米從二十層樓跳下來，並有意識地選擇安全通過地面*趨勢*的體驗，會是能證明這項理論的一個有趣實驗。

　　日本研究員江本勝（Masaru Emoto），《水的隱藏訊息》（*The Hidden Messages of Water*）一書的作者，在著作中展示了思想如何改變冰晶的結構——在杯子上貼著「愛」字，杯裡的水會形成美麗的晶體。如果播放貓王的〈傷心旅館〉（Heartbreak Hotel）結晶就會裂成兩半。這讓人忍不住想知道，貓王的〈燃燒的愛〉（Burnin' Love）是否能讓水沸騰。

　　影片中最糟糕的一刻，是和「拉姆薩」的對談。拉姆薩是三萬五千年前的靈體，由一位名叫奈特（J. Z. Knight）的五十八歲女性擔任靈媒。事實上，原來該片電影的多位製片人、編劇和演員，都是拉姆薩「啟蒙學院」的成

員，該學院在收費昂貴的周末靜修中分享新時代的精神食糧。

這種試圖將量子世界的怪異（例如海森堡的測不準原理，該原理指出，你對粒子的位置瞭解得越精確，對其速度的瞭解就越不精確，反之亦然）與宏觀世界的奧祕（例如意識）聯繫起來，是基於彭羅斯和哈默洛夫的量子意識理論，該理論在科學界引發了不少熱議，但沒產生多少光芒。

我們的神經元內部有微小的中空微管，充做結構鷹架。推測（僅是推測）是，微管內部的某些東西可能會引發波函數（wave-function）崩潰，從而導致原子的量子相干性（quantum coherence），使神經傳導物質被釋放到神經元之間的突觸中，觸發神經元以均一的模式放電，從而創造出思想和意識。由於波函數崩潰只有在原子「被觀察」（即受到其他事物的某種影響）時才會發生，神經科學家埃克爾斯爵士（Sir John Eccles），該想法的另一位支持者，甚至提出「心智」可能是一個遞迴循環中的觀察者，從原子開始到分子、到神經元、到思想、到意識、到心智、再回到原子、到分子、到神經元、到……[20] 不斷循環下去。

事實上，亞原子量子效應和大規模宏觀系統之間的差距太大，根本無法橋接。科羅拉多大學粒子物理學家斯坦格（Victor Stenger）在其著作《無意識量子》（*The Unconscious Quantum*）中證明，[21] 一個系統要能以量子力學描述，則該系統的典型質量 m、速度 v 和距離 d，必須在普朗克常數 h 的階數。「如果 mvd 遠大於 h，那麼這個系統大概就能以古典方式處理。」斯坦格計算出，神經傳導物質分子的質量及其穿過突觸距離的速度，大約大了三個階數，以至於量子效應無法產生影響。也就是不存在微觀與宏觀的聯繫。亞原子粒子在被觀察時可能會發生變化，但即使沒有人看月亮，月亮也始終在原地。所以這他 X 的是怎麼回事？

物理學的妒羨。* 科學史上充滿了失敗的白日夢，企圖以始終誘人的還

---

* 譯注：被用以批判軟性科學、博雅教育、企業管理、人文學科和社會科學等領域進行的現代寫作和研究之術語。此術語主張，為了更接近於物理學等以數學為基礎的自然科學學科，這些學科中的寫作和運作方式過分使用了艱澀的術語和複雜的數理模型，以使其看起來更加「嚴謹」。

原論方案來解釋心智的內部運作——大約四個世紀前，自從笛卡爾提出他的著名學說，將所有心理功能簡化為原子渦流的行為，據說是它們跳著舞跳進入意識，在那之後這類方案就風起雲湧。這種笛卡爾式的夢想提供了一種確定感，但在生物學的複雜性面前它們很快就消失了。我們應該在神經層面及更高層面探索意識，其中因果分析的箭頭指向諸如浮現（emergence）和自我組織（self-organization）等原則。

瀕死經驗

　　自從強大的噴射機問世後，飛行員在空中作戰時可能因其強大的重力加速度失去意識，美國空軍和海軍就針對如何對抗所謂的 G-LOC（或重力引發的失去意識）進行了多項研究，包括特殊飛行服和離心機訓練。惠納里（James Whinnery）博士受軍方聘用，在賓州沃明斯特（Warminster）的海軍空戰中心對飛行員進行離心機的培訓和研究。他發現了一個奇特的現象：大多數飛行員都經歷過惠納里所謂的「夢片」（dreamlets），即短暫的隧道視野，有時隧道盡頭有明亮的光線，而飛行員會有一種飄浮感，有時是麻痺感，通常會感到亢奮。當他們恢復意識時，會有一種平靜安詳的感受。[22]

　　聽起來很耳熟嗎？這些恰巧也是瀕死經驗（NDE）的特徵。在 1975 年穆迪（Raymond Moody）出版了《生生世世》（*Life After Life*）一書後，這一詞開始流行起來，現在每個人都很熟悉瀕死經驗的一套特徵，包括：（1）一種漂浮或飛翔的感覺，你可以低頭看到自己的身體，通常稱為靈魂出竅體驗（OBE）；（2）穿過隧道、走廊或螺旋房間，有時盡頭有明亮的光線；（3）也許會看到已經去世的親人，和／或上帝一般的形像或神聖人物。[23] 在十六年的研究中，惠納里在離心機的受控條件下，誘發出前兩種現象就超過一千次，甚至在飛行員昏厥時拍攝影片，並指出這正是他們經歷瀕死狀態的時刻，如此一來，這類現象的原因就無庸置疑了：缺氧或皮質缺氧。[24]

　　在高重力之下，血液離開頭部流向軀幹中心，使這些飛行員進入昏沉

階段，然後是昏迷狀態，所有這些都在十五到三十秒內發生。當透過系統地加速離心機逐漸誘發 G-LOC 時，受試者首先會經歷隧道視野，然後是黑暗，再來是昏厥。這可能是先是視網膜，然後是視覺皮質缺氧造成的（當神經元從外向內關閉時，會產生隧道視野），當大部分皮質功能都下降時，就導致完全昏厥。[25] 科明斯（David Comings）博士是專門研究意識狀態改變的醫生兼神經科學家，他指出，「安詳平靜的感覺，很可能是由腦內啡、血清素和多巴胺等各種神經遞質的釋放增加所引發，」而且「瀕死經驗證明了，當腦部長時間缺氧時，在腦損傷之前，會發生一系列具有瀕死經驗特徵的生理事件」。[26]

2002 年在《自然》（*Nature*）期刊發表的一項研究，更直接地支持我的論點，即所有這些脫離身體的現象都是大腦活動的結果。在這篇研究報告中，瑞士神經科學家奧布蘭克（Olaf Blanke）和他的同事報告，透過對一名患有嚴重癲癇的四十三歲婦女的顳葉**右角腦回**（right angular gyrus）進行電刺激，他們可以刻意引發靈魂出竅的體驗。

最初對大腦的這個區域進行輕微的電刺激時，患者自述「沉入床裡」或「從高處跌落」，當有更強烈的刺激時則導致她「從上方看到自己躺在床上，但只看到腿和軀幹下半部」。另一種刺激引發了「立即的『輕盈』感，『漂浮』在床的上方大概兩公尺的地方，靠近天花板處」。這些科學家發現，他們甚至可以透過傳遞到顳葉的電流大小，來控制這名婦女感受到飄在床上方的高度。之後他們要求患者盯著自己伸直的雙腿，並同時刺激她的大腦。患者自述，她看到自己的腿「變短了」。當他們請她彎曲雙腿再進行電刺激時，「她自述雙腿似乎快速向她的臉移動，並採取了躲避動作。」當重複實驗時，她的手臂也發生了同樣的情況。

布蘭克的團隊結論道：「這些觀察結果指出，靈魂出竅體驗和複雜的體感錯覺，可以透過電刺激皮質來人為誘發。這些現象與其解剖選擇性的關聯，意味著它們源自同一與身體相關的處理過程，這些視覺體驗都受限於患者自身身體的事實，支持了此一觀點。」請記住，大腦的主要功能是

運行身體，因此錯置的身體基模也許不僅能解釋感知存在效應，還可能產生身體基模處於自身之外的感覺。布蘭克和他的同事推測：「自我脫離身體的體驗，可能是因為未能整合複雜的體感（somatosensory）和前庭（vestibular）訊息所導致。」[27]

2001 年出版的《為什麼上帝不會走開》（*Why God Won't Go Away*）一書中，提及一項相關研究，神經科學家紐伯格（Andrew Newberg）和他的同事達奎利（Eugene D'Aquili）發現，在對冥想中的佛教僧侶和祈禱中的方濟會修女進行腦部的掃描顯示，他們的後上頂葉的活動明顯較低，兩位作者將這個部位稱為**方向關聯區**（orientation association area，OAA）。[28] 方向關聯區的工作是在物理空間中定位身體，該區域受損的人在房內走動時會遇到困難，有時甚至會撞到東西。儘管他們可以看到東西就在眼前，但他們的大腦不會將其視為與身體分離的東西。當方向關聯區啟動並順利運行時，自我和非自我之間涇渭分明。當方向關聯區處於睡眠模式時（如深度靜坐和祈禱時），這種界限就會被打破，導致現實與幻想之間、體內感覺與體外感覺之間的界限變得模糊。也許這就是那些體驗到萬物歸一的僧侶，或者感受到上帝存在的修女，或者被外星人綁架、從床上飄到母船的人身上所發生的事情。

2010 年的一項發現進一步支持了這一假設，即腫瘤對後上頂葉的損害，會導致患者突然體驗到靈性超越的感覺。義大利烏迪內大學（University of Udine）的神經科學家科烏爾蓋西（Cosimo Urgesi）和他的同事，測量了八十八名患者在腦部手術切除左右頂葉皮質腫瘤前後的性格。他們特別注意到一種相對穩定的人格特質出現了變化，這種人格特質稱為「自我超越」（self-transcendence），通常代表一種傾向（或者不是傾向），擁有這個傾向的人會完全投入某一活動，以致忘了時間和地點。他們也會與自然有強烈精神連結的感覺。「後頂葉區域的損傷，導致與超越性的自我意識相關的穩定人格產生異常的快速變化。」烏爾蓋西解釋道，「因此，功能失調的頂神經活動，可能會導致靈性及宗教態度和行為的改變。」[29]

有時創傷也會引發這樣的經歷。2001 年英國醫學期刊《刺胳針》

（*Lancet*）刊載了一項研究，荷蘭科學家洛梅爾（Pim van Lommel）和他的同事報告說，在三百四十四名從臨床死亡中救回的心臟病患者中，12％的人回報出現瀕死經驗。其中包括完整的靈魂出竅體驗、隧道盡頭的光芒等等。其中一些瀕臨死亡的心臟病患者甚至描述了與死去的親屬說話。[30]

　　奧勒岡州波特蘭市的急診室醫生克里斯普林（Mark Crisplin）審視了作者所謂腦電圖讀數平緩或「死亡」患者的原始腦電圖讀數，發現事實並不盡然。「真正顯示的是減慢、衰減和其他變化，只有少數患者的線條是完全平直，而且『死亡』持續的時間超過十秒。奇怪的是，有些患者即使只有一點血流，也足以保持腦電圖正常。」事實上，大多數心臟病患者都接受了心肺復甦術，根據定義，這會向大腦輸送一些氧氣（這就是急救的意義）。克里斯普林總結道：「根據這篇《刺胳針》論文中提出的定義，沒有人經歷過臨床死亡。沒有醫生會宣布一名處於代碼 99 狀態（情況危急）的病人死亡，更不用說腦死亡了。心臟停止跳動二到十分鐘後立即被搶救回來，並不會讓你『臨床死亡』。這只是意味著你的心臟停止跳動並且你可能失去知覺。」[31] 同樣地，因為我們的正常經驗是刺激從外部進入大腦，當大腦的一部分異常地產生這些幻覺時，大腦的另一部分——很可能是神經科學家葛詹尼加所描述的左腦解讀器——就將它們解釋為外部事件。因此，這些異常被腦部解釋為神祕現象或超自然現象。

　　除了局部神經網絡之外，致幻藥物也被證明可以引發這種超自然體驗，例如受阿托品（atropine）和其他顛茄鹼（belladonna alkaloids）刺激，可能產生漂浮和飛行的感覺。毒茄蔘（mandrake）和曼陀羅（jimsonweed）都含有這些物質，這些植物受到歐洲女巫和美洲印第安薩滿巫師使用，可能正是為了這個目的。[32]K 他命（ketamines）等解離麻醉劑也能引起靈魂出竅體驗。攝入亞甲基二氧基苯丙胺（methylene-dioxyamphetamine，MDA）可能會喚起久已遺忘的記憶，並產生年齡倒退的感覺。而二甲基色胺（dimethyltryptamine，DMT）——也被稱為「靈性分子」——會導致精神與身體的分離，也就是南美薩滿巫師服用的死藤水（ayahuasca）藥物中的致幻物質。服用 DMT 的人回報

說「我不再擁有身體」以及「我正在墜落」、「飛翔」或「上升」。[33]神經科學家科明斯指出，這種幻覺對我們理性大腦和靈性大腦之間的關係，或許影響更大：

> 像 DMT 這樣的迷幻藥物，常常會產生一種「接觸」的感覺，一種與非人類存在並互動的感覺。高智商且見多識廣的受試者，知道這些感覺是由藥物引起的，但仍堅稱這種接觸確實發生過。顳葉邊緣系統的情感錄音機，有時無法區分外部生成的真實事件和內部生成的非真實體驗，從而提供了一個理性大腦和靈性大腦不一定衝突的系統。[34]

這些研究以及無數其他研究，接連不斷地猛烈抨擊大腦和心智是分離的二元論觀點。根本不是，大腦和心智是同一件事。[35]意識和潛意識的神經關聯是我們個人無法捉摸的，只有透過腦部掃描和大腦區域電刺激等複雜工具，進行仔細的科學研究才能窺見一斑。隨著科學的進步，神祕現象和超自然現象將不可避免地被納入正常和自然現象內，或者直接消失，成為有待解決的問題。

《賴瑞金現場》的來世插曲

2009 年 12 月 17 日星期四，我參與錄製了一集《賴瑞金現場》（*Larry King Live*），不過那天賴瑞金沒有出現，也不是現場直播。不管怎樣，齊聚一堂的來賓還是很開心，賴瑞的節目向來如此。[36]這一天的特別來賓包括 CNN 的醫學記者古普塔博士（Sanjay Gupta）（著有《欺騙死亡：挽救生命的醫生和醫學奇蹟》〔*Cheating Death: The Doctors and Medical Miracles That Are Saving Lives Against All Odds*〕）、新時代另類醫學量子大師喬普拉博士（Deepak Chopra）（著有《死後的生命：證明的負擔》〔*Life After Death: The Burden of Proof*〕）、社會評論家兼基

督教護教者德索薩（Dinesh D'Souza）（當時正在為他的新書《死後的生命：證據》〔 *Life After Death: The Evidence* 〕四處巡迴），另一位名叫施里弗（Bob Schriever）的足球裁判「死」在賽場上並看到了光，還有一位輪迴研究員聲稱胎記和奇異的夢境代表死者轉世，最後是一個名叫雷寧格（James Leininger）的小男孩，他相信自己是一名二戰戰鬥機飛行員的轉世（他的父母陪同前來宣傳他們的書《靈魂倖存者》〔 *Soul Survivor* 〕）。巧妙地照顧到所有來賓的客座主持人是普羅布斯特（Jeff Probst），他是電視劇《倖存者》（ *Survivor* ）的主持人（我認為這個標題很適合這次節目的主題）。除了我之外，所有來賓都在紐約的 CNN 攝影棚。我獨自坐在好萊塢的 CNN 攝影棚裡對著攝影機，從另一邊輸送過來的即時影像，比輸送到我耳機中的音頻快了大約三秒，這讓我感覺自己好像被傳送到了另一個存在平面。其實這也挺應景的，因為這次節目的主題是死後的生命。[37]

　　古普塔首先發言，而他說的正是瀕死經驗的解釋的第一句：有過 NDE 的人其實沒有死！事實上，這就是為什麼它們被稱為**瀕死**體驗。古普塔回憶說，當他在醫學院就讀時，住院醫師被教導將死亡時間的記錄精確到分鐘，就好像這一瞬間人還活著，下一瞬間就⋯⋯死了。「我的意思是，即使在當時，這也顯得很武斷。我認為，從很多方面來說，我一直在探究這一點，這就是我一直在尋找的東西。」古普塔發現，死亡通常需要幾分鐘到幾個小時才能發生，視情況而定。正如他在書中（以及根據該書改編的 CNN 特別節目）中所說明的，那些掉進幾近冰凍的湖泊河流而「死亡」的人，實際上並沒有完全死亡。他們的核心體溫下降得過於迅速而激烈，使得最重要的大腦和身體組織得以暫時保存，所以能及時搶救回來。讓死人復活這樣看似奇蹟的事情，在醫學上其實有一個並不神奇的解釋。

　　關於死後生命的爭論，大部分都集中在**死亡**的定義上。例如，相信來世並透過瀕死經驗尋找實證證據的人會使用「他死了又活過來了」或「她死了並且看到另一邊的世界」這樣的句子。例如，當普羅布斯特介紹那位足球裁判時，他說：「七年前，有一個人死在足球場上，然後又活過來了。」

古普塔解釋說施里弗「死亡了二分四十秒」（從倒下到復甦之間），來強調這一點。施里弗描述了接下來發生的事情：「很平靜，很安詳，而且非常非常明亮。我的意思是，四周是亮的。而我──我看到了一個我應該去的地方。我看到一團光暈，有東西在說，走向那團光暈。」

當我被問到能不能對這個顯然的奇蹟做出科學解釋時，我說的是古普塔一早就提供的明顯答案：「他沒有死。節目一開始古普塔就解釋過，我們不能依照時鐘說某人在某時某刻死亡。事情不是這樣的。死亡過程需要兩分鐘、三分鐘、五分鐘、十分鐘。這位裁判沒有死，而是處於瀕臨死亡的狀態。」事實上，正如完整故事所透露的，因為場邊就有可攜式自動體外除顫器，這名男子的心臟當場恢復跳動，整個事件從倒下到復甦不到兩分鐘。在這種情況下，就像在其他許多情況下一樣，沒有什麼奇蹟需要解釋。這個人不是活了過來，因為他根本就還沒有死。

每次我上這種節目，都會盡量傳達出一個單一的訊息給觀眾，因為在談話電視的一團混亂中，嘈雜的言論常常會導致困惑和混亂。在這個節目中，我在回應其他來賓的說法時試圖傳達的一個訊息，其實我們每次遇到任何謎團時都應該像唸籤言般拿來喃喃重複：*即使我們無法用自然手段完全解釋某一謎團，也不代表這一謎團就需要超自然的解釋。*

喬普拉在節目中就犯了這個錯誤，當時他要回應我的論點，即沒有大腦就沒有心智，因為由於受傷、中風或手術而失去腦組織的人，也會失去與該腦組織相關的心智功能──沒有大腦，就沒有心智。喬普拉明顯有意諷刺地向我提出挑戰：「好吧，我不得不說麥可非常迷信，他沉迷於唯物主義的迷信。他關於大腦所說的第一句話，你知道，就是破壞了大腦的某個部分，那麼該功能就不會恢復──他沒有跟上文獻的發展。有一種現象叫做神經可塑性。」確有其事，我立刻回應道，這甚至讓我的觀點更加有力：是大腦的神經重新連結拯救了心智功能。再說一次──沒有大腦，就沒有心智。

喬普拉回擊說，我顛倒了因果箭頭：是空靈的非物質心智，導致物質

大腦重新連結——沒有心智，就沒有大腦。喬普拉在他的書中將**神經可塑性**定義為「腦細胞願意改變、靈活地響應意志和意圖的概念」以及「心靈是大腦的控制器」。喬普拉特別鍾愛量子物理學，在這樣的節目中，他喜歡用量子偽科學讓觀眾眼花繚亂，也就是將量子物理學的一堆術語和詞彙串在一起，並假設這可以解釋我們所居住的普通宏觀世界。「心智就像包圍原子核的電子雲，」喬普拉在《死後的生命》中寫道，「在觀察者出現之前，電子在世界上沒有物理身分；只有無定形的雲。同樣地，想像一下，每時每刻都有成團的可能性向大腦開放（包括文字、記憶、想法和圖像，我可以從中選擇）。當心靈發出訊號時，其中一種可能性就會從雲中凝聚起來，成為大腦中的一個想法，就像能量波塌縮成電子一樣。」[38]

　　胡說八道。量子力學的數學所描述的亞原子粒子微觀世界，與牛頓力學的數學所描述的我們生活的宏觀世界，根本不能一概而論。這是以兩種不同類型的數學所描述的兩種不同尺度的兩種不同的物理系統。太陽中的氫原子並沒有等在一團可能性雲中，等待宇宙心智發出訊號，叫它們融合成氦原子，從而釋放出核融合產生的熱量。根據這個宇宙的物理定律，一團依引力塌縮的氫氣雲，如果足夠大的話，將會達到壓力的臨界點，導致這些氫原子融合成氦原子，並在此過程中釋放出熱量和光，即使整個宇宙中根本沒有一個心智在觀察它，它也會這樣做。

　　在談像來世這類的話題時，在使用如**心智、意志、意圖和目的**等字眼時，還存在語言模糊的問題。例如，喬普拉寫道：「神經學家已經證實，光是意欲行動的意圖就能改變大腦。例如，如果身體只有右側癱瘓，中風患者可以在治療師的幫助下強迫自己只使用右手。日復一日地以意志力去用癱瘓的部位，就能逐漸使大腦中受損的部位痊癒。」喬普拉還引用了加州大學洛杉磯分校神經科學家施瓦茨（Jeffrey Schwartz）的研究，施瓦茨是強迫症（obsessive-compulsive disorder，OCD）專家，他使用談話療法治療患者的偏執思維和強迫行為，顯然成果與其他人使用百憂解（Prozac）一樣的成功。據稱，腦部掃描顯示，「服用百憂解變得較為正常的受損區域，經過談話

療法後也同樣變得較為正常。」[39]

可是，所謂的以「意志」去做、「意圖」去做或有「目的」，到底是什麼意思？就像**心智**，這些只是用來描述思想和行為的字眼，而思想和行為全部源自神經活動──每一個都是。沒有一個你做出來的動作或是你想到的想法，是和神經毫無關聯的。沒有神經元或神經活動，就沒有思想或行為。就是這樣。將神經元網絡的一系列神經放電稱為「意志」、「意圖」或「目的」，並不能解釋這個過程。你大可以說「他以吉辣抬起腿」或「她以西空移動手」。將神經活動描述「以吉辣」或「以西空」，就跟說是「以意志」或「以意圖」一樣毫無意義。說患者「談論」他們的偏執強迫症，並在這個過程中得到改善，並不能解釋他們如何或為何得到改善。我們需要知道的是，這個談話中涉及哪些神經活動，與偏執思想或強迫行為相關的神經活動相互作用。這些用語只是表示我們無知的語言代用品，僅是用來將因果解釋推遲到以後。

我們在神經可塑性中觀察到的，很可能是一個神經網絡反饋循環，其中一簇或一系列神經元，以我們描述為「意願」或「意圖」或「目的」的特定模式放電，而這些神經元，又與因該區域腦損傷而喪失的活動相關的另一簇或一系列神經元相互作用。這使得樹突接收到訊號，進而形成新的突觸連接，大腦因此「重新連結」。我們從生物反饋研究中得知，談論或思考特定問題會建立一個反饋循環（無論是積極的還是消極的），從而改變大腦的神經生理學。這一切並不神祕、超自然或值得發出「哇嗚」的讚嘆聲，當我們想要理解信念的潛在因果機制時，使用這種模糊的語言是沒有幫助的。

沒有人比喬普拉更善於使用模糊語言了。他有一種不可思議的本領，能夠將各種字眼串在一起，還讓人聽起來好像他真的說了什麼道理。例如，你如何看待這種對瀕死經驗的解釋？「有些傳統認為體內經驗是社會引起的集體幻覺。我們並不存在於身體中，身體存在於我們之內。我們並不存在於世界上，世界存在於我們之內。」或是這則關於生命與死亡的金句：

「生與死是生命連續體中的時空事件。所以生命的反面不是死亡，死亡的反面是出生，而出生的反面就是死亡。生命是生與死的連續體，一直持續下去。」蛤？再讀一遍……再一遍……還是沒有變得更好懂。當我問到，如果萊寧格（James Leininger）小小的身體，現在被二戰戰鬥機飛行員的靈魂占據，那他自己的靈魂怎麼了，喬普拉提供了這則迪帕克斯式名言：「想像一下，你正在看著一片海洋，今天你看到很多波浪。明天你看到的波浪少了一些，並沒有那麼動盪。你所謂的人，其實是宇宙意識的一種行為模式。」他做個了手勢比向主持人。「沒有一個叫傑夫這樣的東西，因為我們所說的傑夫是一個不斷變化的意識，表現為某一人格、某一心靈、某一自我、某一身體。但是，你知道，你十幾歲的時候，那個傑夫是不同的。你還是嬰兒的時候，那個傑夫是不同的。你們誰才是真正的傑夫？」傑夫・普羅布斯特看起來和我一樣困惑。

在節目中的某個時刻，當被問到作為一名醫生和科學家，如何處理似乎接近宗教和精神領域的醫學奇蹟時，古普塔首先提供了自然解釋，例如以下這個對瀕死經驗的解釋：「舉例來說，隧道可能可以透過眼睛後方缺乏血流來解釋。你開始失去周邊視野，看到了一條隧道，明亮的光線，之類的事情。也許甚至是見到死去的親人，這是很文化性的東西，例如，西方文化。在東非，有瀕死經驗的人往往會看到生前想做而沒能做到的事，這往往和他們所擁有的文化有關。」但後來古普塔陷入了無知論證的陷阱（「如果沒有解釋，那就不可能有解釋」），他說：「在我研究這個問題很長一段時間後，我以為我能從生理上解釋這一切。但我聽到、證實並隨後相信的事情，讓我相信有些事情我無法解釋。在那一刻，在瀕臨死經驗的那一刻，發生了一些事情，根本無法用現有的科學知識來解釋。」

那又怎樣？無知或懷疑只代表我們無法解釋所遇到的每一個謎團。這很正常，科學無法對宇宙中的每一個謎團都提供全面的解釋。我們「只能」解釋大約 90％ 的幽浮目擊事件和麥田怪圈，這一事實並不意味著另外 10％ 代表了真的有外星智慧生物來訪。缺失的 10％——有時在科學中被稱為

「殘留問題」，因為對於任何既定的理論來說，總會殘留一些無法解釋的異常——這只是意味著我們無法解釋一**切**。我們無法解釋每一個消退的癌性腫瘤，這一事實並不意味著有奇蹟的超自然力量偶然地消除了癌症。這只是意味著現代醫學還沒能完全明白人體的奇妙和奧秘。

就來世而言，即使我們不是對所有瀕死經驗都有百分之百完全自然的解釋，但不代表我們永遠無法理解死亡，也不代表一定有其他神祕的力量在起作用。當然更不代表死後還有生命。這只是意味著我們不是什麼都知道。這種不確定性正是科學的核心，也是科學事業如此具有挑戰性的原因。

希望與知道

就性格而言，我是一個樂天派，所以我真的不願意用懷疑的冷水來澆滅希望的火焰。但我更在意事情的**真相**，而不是我**希望**它是什麼樣子，這些就是我所理解的事實。

偶爾會有人指責我懷疑錯了事情，或者為了自己的利益而過於懷疑。有時甚至有人指控我是否認論者——我不希望 X 為真，因此我不正當地發現了拒絕 X 的理由。毫無疑問，有時確實是這樣。事實上，信念形成後如何被確認的過程正是本書的前提，因此它必然和適用於其他人一樣，也適用於本書的作者。

然而，在主體性及其顯現為二元論、心靈、超自然和來世這一議題上，我並不抱有這種否認主義傾向。事實上，我被動地希望這些在現實中能具體展現。有來世？好事啊！但我希望如此，並無法讓事實就是如此。這裡存在理解心智以瞭解人性的問題：我們信念體系的結構，使得我們幾乎總能找到方法，來支持我們想要相信的東西。因此，想要相信超凡脫俗的事物——無論是心智、靈體還是上帝——的強烈渴望，意味著我們應該對自己對這些信念領域所抱持的懷疑格外警惕。

科學一元論與宗教二元論是否衝突？是的，衝突。靈魂要麼會在死後

留下，要麼不會，而沒有科學證據能證明它會或有可能。科學和懷疑主義是否會抹消生命的所有意義？我想不會。事實上，恰恰相反。如果這一生就是全部，當每一天、每一刻、每一段關係、每一個人都無比重要時，我們的生活、我們的家庭、我們的朋友、我們的社區——以及我們對待他人的方式——將變得多麼有意義；不是短暫舞台上的道具，只能等待著最終目的向我們揭示的永恆明日到來，而是此時此地的寶貴本質，我們就在這裡創造當下的目的。

　　意識到這一現實，會讓我們更加謙遜也更富人性，畢竟我們只是共同走過一段人生，在這有限的時空——宇宙劇場中轉瞬即逝的舞台上。

8 對上帝的信念

Belief in God

在眾多描述我們這個物種的二名法之中——智人、遊戲人、經濟人——宗教人實在應該也有一席之地。

根據牛津大學出版社出版的《世界基督教百科全書》（*World Christian Encyclopedia*），世界上有 84％的人口屬於某種形式的組織性宗教，截至 2009年底，這一數字相當於五十七億人。好多的靈魂。其中基督徒占多數，約有二十億信徒（天主教徒占一半），穆斯林人數略高於十億，印度教徒約八‧五億，佛教徒近四億，剩下的幾億信徒大多屬於民族宗教（泛靈論和其他，主要在亞洲和非洲）。全世界大約有一萬種不同的宗教，而且每一種宗教還可以進一步細分派別。例如，基督教可以分為約三萬四千個不同的教派。[1]

有點令人驚訝的是——畢竟我們是有史以來技術最進步、科學最先進的國家——美國是人類物種中最虔誠的部落之一。2007 年皮尤論壇（Pew Forum）的一項調查發現信念的百分比如下：

上帝或宇宙靈	92％
天堂	74％
地獄	59％
經文是上帝的話	63％
每天祈禱一次	58％
奇蹟	79％

上帝代表誰或代表什麼，取決於宗教信仰。上帝是一個可以與信徒建立關係的人，還是一種非人格的力量？根據皮尤研究中心的調查，91％的摩門教徒相信有一位人格化的上帝，但只有82％的耶和華見證人、79％的福音派教徒、62％的新教徒和60％的天主教徒相信這點。相比之下，53％的印度教徒、50％的猶太人、45％的佛教徒和35％的無宗教信徒，相信上帝是一種非人格的力量。最令我驚訝的是，同時也佐證本書的核心主題——主體性，即一定有其他某種東西存在的二元論信念，這種信念如此普遍，甚至有21％自認是無神論者的人，以及55％自認是不可知論者的人，表示相信有某種神或宇宙靈。[2]

為什麼我們的大腦就是認為有上帝

這樣的統計數字實在令人難以想像，在一個物種中如此普遍的特徵，必定要有個解釋。為什麼會有這麼多人相信上帝？

就某一程度而言，我在討論模式性和主體性的章節中，已經回答過這個問題了。上帝就是能解釋一切的終極**模式**，從宇宙的誕生到時間的終結，以及在兩者之間的一切，包括，而且尤其是人類生命的命運。上帝是終極的意圖**主體**，賦予宇宙意義和我們生活的目的。作為終極的混合體，模式性和主體性構成了一切宗教的認知基礎，包括薩滿教、異教、泛靈論、多神論、一神論，以及人類創造的所有其他形式的有神論和心靈主義。

儘管不同宗教信仰之間存在大量文化差異，但所有宗教信仰都有一個共同點，即相信有一超自然主體，以具神性或靈體的形式出現，帶有意圖，且在這個世界上與我們互動。有三條證據都指向以下結論：這些信念深植在我們的大腦中，並歷史和文化中以一致的模式表達出來。這些證據線索來自演化論、行為遺傳學和比較世界宗教，這些證據都支持本書的核心論點，即先有信念，然後才有信念的理由出現。在回顧這些證據之後，我將證明為什麼不可能確切地知道上帝是否存在，以及為什麼想以科學或理性

的方式來證明上帝存在，只能導致我們理解到有高於我們的智慧，但這又
遠遠低於在傳統上被認為與上帝相關的全知全能。最後，我會考慮我可能
錯了的可能性。

演化論與上帝

達爾文在其 1871 年出版的《人類的由來》（*The Descent of Man*）中指出，
人類學家得出的結論是：「對無所不在的精神力量的信仰似乎是普遍存在
的；顯然，這是由於人類推理能力的顯著進步，以及想像力、好奇心和驚
奇能力的更大進步。」[3] 令達爾文對宗教信仰的普世性感到困惑的是，天擇
如何解釋這一點。一方面，他指出，「非常值得懷疑的是，較富有同情心
且仁慈的父母，或者是對戰友最忠誠的父母所養育的後代，是否會比同一
部落中自私奸詐的父母養育的後代更多？就像許多野蠻人一樣，寧願犧牲
自己的生命，也不願背叛戰友的人，往往無法留下任何後代來繼承他的高
貴本性。」[4] 另一方面，儘管達爾文強烈支持將天擇的範圍和力量，限制為
僅在個體有機體層次上發揮作用，但他承認，當涉及到宗教和群體間的競
爭時，天擇也可能在群體層次上發揮作用：「如果一個部落中有許多成員
都具有高度的愛國心、忠誠、服從、勇氣和同情心，隨時準備互相幫助，
願意犧牲小我完成大我，那麼這樣的部落毫無疑問將戰勝大多數其他部落；
這就會是『群體的』天擇。」[5]

接續達爾文未說完的話，我在《我們如何相信》（*How We Believe*）一書中，
發展出一個信奉上帝的演化模型，一套宗教所使用機制。我將宗教定義為
*創造和宣揚神話、鼓勵從眾和利他的社會制度，並標明社群成員之間合作
和回報的承諾程度*。大約五千到七千年前，隨著族群和部落開始合併成酋
長領地和國家，政府和宗教共同演化為社會制度，將道德行為編纂成倫理
規範和法律規則，上帝則成為規則的終極執行者。[6] 在狩獵採集的小群體和
擁有幾十到幾百名成員的部落中，可以使用非正式的行為控制和社會凝聚

力手段，也就是利用道德情感，例如透過羞辱，讓人因違反群體規範而感到內疚，甚至將違反者逐出群體。但當人口增長到數萬、數十萬，最終達到數百萬人時，這種執行社會規則的非正式手段就失效了，因為偷奸耍滑的人在大群體中很容易逃脫；所以需要更正式的規範。這就是宗教所扮演的一個重要角色，即使犯錯的人以為能僥倖逃脫，但「相信」有一個不可見的、有意圖的主體可以看到一切、知道一切並審判一切，就可以成為對罪惡的強大威懾。

　　這一宗教理論的證據之一，在於人類的共性（universals），或者說所有民族共有的特徵。有一般的共性，例如工具使用、神話、性別角色、社會群體、攻擊性、手勢、情感、語法和音素；也有特定的共性，例如親屬關係分類和特定的臉部表情，像是微笑、皺眉、或眉毛挑動。還有一些特定共性與宗教和神靈信仰直接相關，包括*擬人化的動物和物體、相信超自然力量、關於死亡的特定超自然信念和儀式、關於幸運和不幸的超自然信念，特別是占卜、民間傳說、魔法、神話和儀式*。[7]儘管這些共性並不完全由基因單獨控制（幾乎沒有什麼是如此），但我們可以假設有一種遺傳傾向讓這些特徵出現在各自的文化中，儘管這些文化彼此之間差異很大，仍都以一致的方式蘊養這些遺傳傾向的本質。

　　宗教和對上帝信仰的演化起源的第二條證據，是來自仍存在於世界各地的現代狩獵採集社會中所實行的肉類共享的人類學研究。事實證明，這些小群體——可以謹慎地當作我們舊石器時代祖先的模型——是非常平等的。研究人員使用可攜式磅秤，精確測量成功狩獵後群體中每個家庭獲得的肉量。結果發現，成功狩獵者的直系親屬獲得的肉並不比群體中的其他家庭多，即使將幾週定期外出狩獵的結果加以平均仍是如此。狩獵採集者是平等主義者，因為個人的自私行為會被群體其他成員的聯合意志有效地抵消，他們會透過流言蜚語來嘲笑、迴避甚至排擠那些因自私自利而干擾群體整體需求的個體。[8]如此一來，一個人類群體也是一個道德群體，其中的「對」與「錯」，分別對應群體福祉和自私行為。

其他狩獵採集群體則利用超自然存在和迷信儀式來維護公平，例如馬來西亞雨林的徹翁人（Chewong）和 punen（食物共享）儀式，就與行為過於自私時產生的災難和不幸有關。在徹翁人的世界裡，尹魯格布德（Yinlugen Bud）的神話中確保了食物的共享。尹魯格布德這位神祇堅持認為獨自吃飯是不正確的人類行為，因而使徹翁人擺脫了較原始的狀態。當獵物從村子外被捕獲時，會立即帶回、公開展示並公平分配給所有家庭，甚至是每個家庭中的每個人。獵人家中的某個人會觸摸獵物，然後逐一觸摸在場的每個人，口中不斷重複唸著 punen。迷信儀式和對超自然主體的信念就這樣看顧交換過程，加強群體凝聚力。

行為基因學與上帝

行為遺傳學家試圖梳理出在任何特定性狀中，遺傳和環境的相對作用。由於所有性狀的表達都存在著差異，而我們想知道這些差異受基因或環境影響的百分比。可用於研究的最佳自然實驗，是在出生時分離並在不同環境中撫養的同卵雙胞胎。在一個明尼蘇達州的雙胞胎研究計畫中，沃勒（Niels Waller）、布查德（Thomas Bouchard）及其團隊，針對五十三對分開撫養的同卵雙胞胎和三十一對分開撫養的異卵雙胞胎，研究了五種不同的宗教信仰指標。他們發現，同卵雙胞胎之間的相關性通常是異卵雙胞胎的兩倍，隨後的分析使他們得出結論：在宗教信仰測量中觀察到的差異中，遺傳因素占 41％至 47％。[9]

另兩項規模大上許多的雙胞胎研究，來自澳洲（3,810 對雙胞胎）和英國（825 對雙胞胎），比較同卵雙胞胎和異卵雙胞胎的多種信仰和社會態度指標後，發現遺傳對宗教信仰的影響比例與前述的研究近似。他們最初得出的結論是，大約 40％的宗教態度差異是由遺傳造成的。[10] 研究人員還發現這些與配偶之間的社會態度具有顯著相關性。因為父母會選擇社會態度與自己類似的人結合（「物以類聚」的婚姻），後代往往會接受到表現為這種態度

的雙倍劑量遺傳傾向。當研究人員在行為遺傳學模型中納入物以類聚的結合變量時，他們發現宗教態度差異約有 55% 是遺傳性的，約 39% 可以歸因於非共享的環境，約 5% 是未分配的，只有大約 3% 可歸因於共同的家庭環境（因此是透過父母進行的文化傳播）。[11] 根據這些結果，在宗教家庭中長大的小孩後來也會有宗教信仰，似乎主要是因為他們從父母一方或雙方，遺傳了會與宗教情感產生積極共鳴的性格傾向。如果沒有這樣的遺傳傾向，父母的宗教教誨似乎不會產生持久的影響。

當然，基因並未決定一個人會選擇的是猶太教、天主教、伊斯蘭教或任何其他宗教。不過，對超自然力量（上帝、天使和惡魔）的信念，和對某些宗教行為（去教堂、祈禱、儀式）的承諾，似乎反映了一些基於遺傳的認知過程（推論不可見的主體存在）和人格特徵（尊重權威、傳統主義）。為什麼我們會遺傳這種傾向？

一項與多巴胺相關的研究可能有助於回答這個問題，正如我們在第六章中看到的，多巴胺與學習、動機和獎勵直接相關，我們的大腦能產生多少多巴胺，可能是受到遺傳決定的。負責產生多巴胺的基因稱為 *DRD4*（dopamine receptor D4），位於第十一條染色體的短臂上。大腦中的某些神經元釋放多巴胺後，會被能接受多巴胺化學結構的其他神經元吸收，從而建立多巴胺通路，刺激生物體變得更加活躍並獎勵某些隨後重複的行為。舉例來說，如果你抽光老鼠或人類的多巴胺，老鼠和人就會出現緊張症。如果過度刺激多巴胺的產生，老鼠就會出現瘋狂行為，人類則會出現思覺失調症。

第一個將 *DRD4* 基因與靈性聯繫起來的人，是醫學研究人員科明斯和他的同事，當時他們正在尋找與尋求新奇事物相關的基因。[12] 他們的研究隨後被美國國家癌症研究所（National Cancer Institute）的遺傳學家哈默（Dean Hamer）採納，並與冒險行為聯繫起來。大多數人的第十一號染色體上都有四到七個 *DRD4* 基因拷貝，不過也有些人是二到三個，有些人則多達八到十一個。*DRD4* 基因的拷貝數越多，就會導致較低的多巴胺濃度，這會刺

激人們尋求更大的風險，以人為地刺激多巴胺分泌。從高樓、天線塔、橋樑或懸崖跳下（所謂的定點跳傘）就是其中一種方法，不過在賭城或華爾街進行高風險賭博也可能達到同樣目的。為了驗證這一假設，哈默首先讓受試者填寫問卷，衡量他們尋求新奇和刺激的欲望（定點跳傘運動員在這項測試中得分非常高）。接著，他從第十一號染色體上提取 DNA 樣本，結果發現在冒險調查中得分較高的人，*DRD4* 基因拷貝數比正常人多。[13]

從冒險行為推及宗教信仰，哈默認為多巴胺可能與信仰有關，並將研究結果發表在備受爭議的《上帝基因》（*The God Gene*）一書中。必須說的是，哈默表示書名不是他取的（幾乎總是由出版公司的銷售和營銷部門決定），況且想當然爾，沒有任何一個基因可以代表像對上帝的信念那樣複雜而多樣化的東西，更不用說宗教信仰那麼豐富的織錦畫了。但他確實在書中主張，我們當中的一些人，生來就帶有使我們或多或少「靈性化」的基因，這是對上帝的信念和宗教信仰的組成部分。[14] 這次哈默標記了另一個與多巴胺相關的基因，稱為 *VMAT2*（vesicular monoamine transporter 2），它負責調節血清素、腎上腺素、去甲腎上腺素和我們的老朋友多巴胺的流動。哈默從手足吸菸成癮的資料庫著手，想知道成癮性格是否與家族遺傳有關，因此他讓受試者做了一系列心理問卷，包括自我超越的人格特質。

最先是由華盛頓大學精神病學家克隆寧格（Robert Cloninger）發現，自我超越得分高的人傾向於「忘我」（完全專注於一項活動）、「超越個人認同」（感覺與更大的世界有聯繫）和「神祕主義」（願意相信無法證明的事情，例如 ESP）。克羅寧格認為，這幾點加在一起就構成了我們所謂的靈性。在伊夫斯（Lindon Eaves）和馬丁（Nicholas Martin）進行的雙胞胎研究中，自我超越被發現是可遺傳的（所有人格特徵都可以），因此哈默分析了一千多人的 DNA 和人格測量結果，發現在問卷中自我超越得分高的人，擁有增強多巴胺版的 *VMAT2* 基因。這個基因如何導致自我超越和靈性？

VMAT2 是一種整合膜蛋白，負責將單胺（含有一個氨基的胺，例如神經遞質多巴胺、去甲腎上腺素和血清素）從神經元細胞液中轉運到神經元樹突末端的

突觸囊泡，這些樹突幾乎（但不完全）相互接觸。哈默認為，與自我超越增強相關的 *VMAT2* 基因的一種變體，會導致產生更多的小轉運蛋白，從而將更多的神經遞質物質（例如多巴胺）傳遞到狹窄的突觸中，因此增強自我超越這類積極情緒。

　　哈默的研究受到其他科學家的強烈批評——這是這個圈子的常態——而且無可否認的是，要識別是哪個基因在影響哪種行為或信念，確實困難重重。無論如何，多巴胺與這種信念（以及其他許多信念）有關，這一事實支持了本書的論點，即大腦中存在一個信念引擎，與特定腦部區域相關，能在各種脈絡背景下產生和評估信念。這個引擎的作用，是獎勵人們相信所有假定存在的主張，包括且特別是對上帝的信仰。換句話說，相信上帝讓人感覺良好而且受到獎勵。

比較世界宗教與上帝

　　在過去的一個世紀中，對人們為何相信上帝並信仰宗教的比較研究，產生了各種各樣的理論。[15] 儘管這些理論在宗教起源和目的的細節上差異很大，但所有理論都有一個共同點，即相信以上帝、眾神或靈魂的形式存在的超自然主體，是宗教不可或缺的部分，我們在這裡要探討的正是信仰的這一層面。也就是說，我對人們為什麼相信這個或那個神，或加入這個或那個宗教不太感興趣，我更感興趣的是為什麼人們會相信任何神或加入任何宗教。為此，我想退後一步，從歷史的宏觀角度來看。以精確度在一個指數單位內的粗略計算，我們可以有把握地說，在過去一萬年的歷史中，人類創造了大約一萬個不同的宗教和大約一千位神。耶和華是唯一真神，而阿蒙拉、阿佛洛狄忒、阿波羅、巴力、梵天、伽內甚、伊希斯、密特拉、奧西里斯、濕婆、托爾、毘濕奴、沃坦、宙斯和其他九百八十六位神是假神的機率是多少？正如懷疑論者常說的，每個人都是對其他神的無神論者；我們這些人只是又多刪去一位神。

　　我相信有令人信服的證據指出是人類創造了上帝，而不是上帝創造了人類。 這麼說吧，如果你碰巧出生在 20 世紀的美國，那麼你很有可能是一名基督徒，而且相信耶和華是宇宙全知全能的創造者，他透過拿撒勒人耶穌以肉身顯現。如果你碰巧出生在 20 世紀的印度，那麼你很有可能是一名印度教徒，相信梵天（Brahma）是所有物質、能量、時間和空間的不變、無限、超越的創造者，並且透過甘尼薩（Ganesha，藍象神，印度最多人崇拜的神）以肉身顯現。對於來自火星的人類學家來說，在這種分析層面上，地球上的所有宗教都沒什麼區別。

　　就以亞伯拉罕三大宗教來說，誰能說哪個才是對的呢？基督徒相信耶穌是救世主，你必須接受他才能在天堂獲得永生。猶太人不接受耶穌為救世主，穆斯林也不接受。事實上，全世界五十七億信徒中，只有大約二十億人接受耶穌作為他們個人的救主。基督徒相信《聖經》是上帝所傳授絕對正確的福音，而穆斯林則相信《可蘭經》是上帝完美的話語。基督徒相信基督是最新的先知，穆斯林相信穆罕默德是最新的先知。摩門教徒相信史密斯（Joseph Smith）是最新的先知。而且，稍微延伸一下這個思路，山達基教徒相信哈伯德（L. Ron Hubbard）是最新的先知。先知那麼多，時間卻那麼少，要怎麼聽完他們的話再來比較呢？

　　洪水神話也表現出類似的文化影響。〈吉爾伽美什史詩〉（Epic of Gilgamesh）寫於西元前 1800 年左右，比聖經中的挪亞洪水故事早幾個世紀。經巴比倫大地之神埃亞（Ea）警告，其他神將用洪水毀滅所有生命，烏特納比西丁（Utnapishtim）依指示建造一艘長、寬、深各一百二十肘（五十五公尺）的立方體方舟，共有七層，每層分為九個隔間，每種生物各可容納一對。

　　處女生子的神話一樣在不同時間地點都曾出現。據稱在沒有男性幫助的情況下孕育的人物，包括狄俄尼索斯、珀爾修斯、佛陀、阿蒂斯、克里希納、荷魯斯、墨丘利、羅慕路斯，當然還有耶穌。想想古希臘酒神狄俄尼索斯和拿撒勒人耶穌之間的相似之處。據說兩人都是由處女所生，生母不過是凡人，但父親卻是天神。兩人據說都死而復生，將水變成了酒，並

提出了吃喝造物主血肉的想法，兩人都被稱為人類的解放者。

　　復活神話同樣是由文化構建的。歐西里斯（Osiris）是埃及生命、死亡和生育之神，也是有紀錄的最古老的神之一。歐西里斯在公元前 2400 年左右首次出現在金字塔文本中，此時對他的信仰已經很成熟。在基督教早期對異教進行強制鎮壓之前，歐西里斯一直受到廣泛的崇拜，不僅是死者來世的救贖者和仁慈的審判者，還與生育力有關，以及值得注意的（就地理而言也很恰當）能控制尼羅河氾濫和農作物生長。埃及王與歐西里斯在死亡上密不可分，當歐西里斯從死裡復活時，埃及王也會與他一同復活。到了新王國時期（New Kingdom），不僅是法老，就連凡人都相信，如果遵循正確的宗教儀式，他們死後可以與歐西里斯一起復活。聽起來耳熟嗎？歐西里斯的故事比耶穌彌賽亞的故事早了至少兩千年。

　　耶穌被釘十字架後不久，出現了另一位彌賽亞，小亞細亞的阿波羅尼烏斯（Apollonius of Asia Minor）。他的追隨者聲稱他是上帝之子，他能穿透緊閉的門、醫治病人、趕走魔鬼，還讓死去的女孩起死回生。他被指控行使巫術，被送往羅馬審判，遭監禁後逃脫。他死後追隨者聲稱他向他們顯現，然後升入天堂。甚至到了 1890 年代，美洲原住民的「鬼舞」以一位名叫沃沃卡（Wovoka）的派尤特印第安人（Paiute Indian）為中心，他在日食和發燒引起的幻覺中收到來自神祇的異象，「所有從前死去的人，都從事著他們古老的運動和職業，他們都很快樂，永遠年輕。那是一片宜人的土地，到處都是獵物。」沃沃卡的追隨者相信，為了讓他們的祖先復活，帶回水牛，並將白人趕出印第安領土，他們需要進行持續數小時甚至數天的儀式舞蹈。鬼舞團結了受壓迫的印第安人，但也驚動了政府，這種緊張局勢導致傷膝河大屠殺（massacre at Wounded Knee）。這就是我所謂的「壓迫—救贖」神話，一個欺騙死亡、克服逆境、掙脫束縛的經典故事。你就是無法壓制一則好故事的流傳。為什麼？因為講述這類故事的傾向，早已在我們大腦中根深蒂固。

上帝真的存在嗎？

　　儘管有壓倒性的證據指出，上帝根植於我們的大腦中，信徒們仍然可以合理地爭辯：（1）「為什麼人們相信上帝？」這個問題與「上帝存在嗎？」是不同的問題。（2）上帝將自己植入我們的大腦中，以便我們可以認識祂。換句話說，信念的生物學與信念的目標是不同的事。無論對上帝的信念是否根植於我們的大腦中，問題依然存在：上帝真的存在嗎？

上帝是什麼？

　　宗教學者的研究揭示，在工業西方世界，絕大多數相信上帝的人，都將自己與某種形式的一神教聯繫在一起，其中上帝被理解為一個存在，*祂：無所不能（全能）、無所不知（全知）且無所不善（全善）；祂從無到有創造了宇宙和其中的一切；祂是非受造的、永恆的，是一種無形的精神，祂創造了人類，愛著人類，並且能夠賦予人類永恆的生命。*同義詞包括全能者、至高無上者、至善、至高、神聖存在、神聖、神性、天父、聖父、萬王之王、萬主之主、創造者、萬物的創造者、天地的創造者、第一原因、原動力、世界之光和宇宙的主宰。

　　你相信這位上帝存在嗎？你否認這位上帝的存在嗎？還是你對這位上帝的存在不予置評？這是洛杉磯聖經學院塔爾伯特神學院（Talbot School of Theology at the Bible Institute of Los Angeles）教授、神學家吉維特（Doug Geivett）在我們關於上帝存在的公開辯論中提出的三個問題，他要求我和聽眾從中選擇一個。我的回答分為兩方面：

　　1. 證明上帝存在的責任在於信徒，而不是該由非信徒反駁上帝的存在。雖然我們不能證明答案是否定的，但我同樣可以爭辯說，我也不能證明伊希斯、宙斯、阿波羅、梵天、甘尼薩、密特拉、

安拉、耶和華，甚至飛天麵條怪不存在。但無法反駁這些神祇
的存在，不代表就該相信它們（更不用說崇拜了）。

2. 基於心理學、人類學、歷史學、比較神話學和社會學的研究，
　　證據指出上帝和宗教是人類和社會的產物。

讓我們進一步檢視這兩方面。

有神論者、無神論者、不可知論者及證明上帝存在與否的責任歸屬

我曾經看過一個保險桿貼紙，上面寫著「好戰的不可知論者：我不知
道，你也不知道」。這就是我對上帝存在的立場：我不知道，你也不知道。
但身為不可知論者意味著什麼？不就是在收集到更多證據之前不做出判斷
的人嗎？我在前面說過我不相信上帝，那我不該是無神論者嗎？這完全取
決於這些術語的定義，為此我們應該查閱《牛津英語詞典》，這是關於詞
語使用歷史的最佳來源：**有神論**是「對一位或多位神靈的信仰」以及「相
信有一位上帝是宇宙的創造者和最高統治者」。**無神論**是「不相信或否認
神的存在」。**不可知論**是「不知道、未知、不可知」。

不可知論這一詞是由赫胥黎（Thomas Henry Huxley）──達爾文的朋友和
演化論最熱心的公開解釋者──於1869年創造的，用來描述他自己的信念：
「當我達到智力成熟，並開始自問自己是無神論者、有神論者還是泛神論
者時……我發現當我瞭解和反思得越多，就越是難以回答。他們（信徒）非
常確信自己已經獲得了某種『靈知』（gnosis）──或多或少成功解決了存在
問題；而我很確定我沒有，並且非常堅信這個問題無法解決。」[16] 我也堅
信上帝的問題是無法解決的。

當然，沒有人在行為上是不可知論的。當我們在世界上行動時，我們
的行為就好像有上帝一樣，或者好像沒有上帝一樣，所以從預設上我們就
必須做出選擇，如果不是理智上的，至少是行為上的。從這個意義上說，

我認為沒有上帝，我據此過著我的生活，這使我成為一個無神論者。換句話說，不可知論是一種思考立場，是關於上帝存在或不存在，以及我們是否能確定地知道這一點的聲明；而無神論是一種行為立場，是關於我們對所在的世界做出什麼假設並據之行動的聲明。

儘管幾乎所有人都將我貼上無神論者的標籤，但我比較喜歡稱自己為懷疑論者。為什麼？因為文字很重要，而標籤帶有包袱。當大多數人使用**無神論者**這個詞時，他們想到的是**強無神論**，即斷言上帝不存在，這不是一個站得住腳的立場（你無法證明否定立場）。**弱無神論**只是因為缺乏證據而不願相信上帝，而我們對歷史上曾受人信奉的神幾乎都是這麼做。同樣地，人們傾向於將無神論與某些政治、經濟和社會意識型態劃上等號，例如共產主義、社會主義、極端自由主義、道德相對主義等。由於我是一個財政上保守的公民自由主義者，而且絕不是一個道德相對主義者，所以這種關聯並不適用。是的，我們可以嘗試往更正面的方向重新定義無神論——我經常這樣做——但由於我出版了一本名為《懷疑》的雜誌，並為《科學美國人》（*Scientific American*）撰寫了名為〈懷疑論者〉的每月專欄，所以我更喜歡用它作為我的標籤。懷疑論者不相信一項知識主張，除非有足夠的證據能拒絕虛無假設（即一項知識主張不是真實的，除非另有證明）。我不知道沒有上帝這件事是否為真，但我不相信上帝，並且有充分的理由認為上帝的概念是由社會和心理建構的。

我們在上帝問題上面臨的難題是，當遇到如「時間開始之前有什麼？」或「如果大爆炸標誌著所有時間、空間和物質的開始，那麼是什麼引發了這最初的創造行為？」這類的終極問題時，是不可能有確定性的。科學在這些問題上打上問號這一事實，並沒有讓科學家驚慌失措，因為神學家也撞上了同樣的認識論壁障。你只需要逼他們再往前一步。在我與神學家、有神論者和信徒的辯論和對話中，關於是什麼引發了大爆炸或最初的創造行為的問題，交流通常是這樣的：

是上帝。

是誰創造了上帝？

上帝不需要被創造。

為什麼宇宙不能是「不需要被創造的東西」？

宇宙是一個東西或一個事件，而上帝是一個主體（agent）或存在（being），東西和事件必須被創造，但主體或存在則不然。

如果上帝是宇宙的一部分，那麼他不是一個東西嗎？

上帝不是一個東西。上帝是一個主體或存在。

主體和存在不是也必須被創造嗎？我們是主體，也是存在——事實上我們是人類（human being）。我們同意人類的起源需要一個解釋，那麼為什麼這個因果推理不適用於身為主體和存在的上帝？

上帝存在於時間、空間和物質之外，因此不需要解釋。

如果是這樣的話，那麼任何人都不可能知道上帝是否存在，因為根據定義，作為僅在世界內運行的有限存在，我們只能認識其他自然和有限的存在和物體。自然的有限存在，不可能認識超自然的無限存在。

每次辯論到了這種時候，我那些神學對手通常會轉而援引上帝存在的輔助論據，例如個人啟示，然而根據定義，這是個人的，因此不能作為證據說服其他沒有同樣啟示經驗的人。或者，有神論者會引用他們的信仰所特有的事實和奇蹟，例如穆斯林是發展最快的宗教，猶太教是最古老的宗教，在數千年來的鏟除打壓中倖存下來；或者基督徒相信，如果復活這樣的奇蹟不是真的話，門徒們不會以死捍衛自己的信仰。這三種情況下的假設都是，數以百萬計的追隨者不可能全都錯了。

好吧，我對此反駁說，數百萬的摩門教徒，相信他們的神聖文本出自天使莫羅尼，用一種古老的語言刻在金板上後被埋起，後來才由史密斯在紐約州帕爾米拉（Palmyra）附近挖掘出來，他透過將臉埋在裝有魔法石的帽子中將文本翻譯成英語。數百萬的山達基教徒相信，億萬年前，一位名叫澤努（Xenu）的銀河軍閥，將外星人從另一個太陽系帶到了地球，將他們安置在世界各地選出的火山中，然後用氫彈將他們蒸發，使他們的 thetan（靈

魂）散落在風中，現今仍依附於人們身上。因為有他們的存在，所以吸毒和酗酒、成癮、抑鬱以及其他心理和社會疾病，只有山達基教才能治癒。顯然，一個命題的真實性與相信它的人數無關。

　　證明上帝存在的責任在於信徒——而不是由非信徒來證明——而迄今為止，有神論者未能證明上帝的存在，至少依科學和理性的高證據標準是如此。於是我們又回到了信念的本質和相信上帝的起源，而我已經建立了一個強有力的論據，即相信有意圖的超自然主體，是我們大腦的本能反應，而被稱為上帝的主體是由人類創造的，而不是上帝創造了人。

謝爾默的最後定律與科學對上帝的追尋

　　對於大多數有神論者來說，上帝的存在不是盲目信仰、地理環境或文化建構的問題。他們知道上帝是真實的，並且對這種知識充滿信心，如同對許多其他知識的主張一樣——而且往往更有信心。無神論者也肯定上帝的存在是可認識的這一信念。透過提出沒有足夠證據證明上帝存在的論點，他們將上帝納入了實證科學的認識論領域。如果確實有足夠的證據證明上帝是真實的，無神論者應該——至少在原則上——同意祂的存在。他們會嗎？什麼證據才叫足夠充分，足以讓有神論者和無神論者都能同意徹底地解決這個問題？我認為沒有（這是我更喜歡稱自己為不可知論者或懷疑論者的另一個原因）。原因如下。

　　大多數有神論者相信上帝創造了宇宙和其中的一切，包括恆星、行星和生命。 我的問題是：我們如何區分全能、全知的上帝或智慧設計師（Intelligent Designer，ID），與極其強大且真正聰明的外星智慧（extraterrestrial intelligence，ETI）？也就是說，如果我們去尋找這樣的存在——如同有神論者和無神論者聲稱自己在做的事——我們就會遇到一個我稱之為（抱歉了，克拉克〔Arthur C. Clarke〕[17]）謝爾默最後定律的問題：*任何足夠先進的外星智慧生物都與上帝無所分別*。[18]

　　我這套理論（ET = ID = God）整合了演化論、智慧設計神創論和 SETI（搜尋外星智慧）計畫，並且可以從以下觀察和推論中得出。

　　觀察 1：與技術演變相比，生物演化極其緩慢。原因在於生物演化是達爾文式的，需要幾個世代的差異繁殖成功，而技術演變是拉馬克式的，可在一代內實現。

　　觀察 2：宇宙很大，太空又很空曠，所以與外星智慧接觸的可能性很小。舉例來說，曾航行最遠的太空船航海家一號（Voyager I），相對於太陽的速度為每秒 17.246 公里。如果航海家一號正前往距離我們最近的恆星系（其實沒有）——距離我們四‧三光年的半人馬座阿爾法星系——至少需要 74,912 年才能到達。

　　推論 1：與只比我們先進一點的外星智慧接觸的可能性幾乎為零。我們遇到的任何外星生物要麼是遠遠落後於我們（在這種情況下，我們只能通過登陸他們的星球才會遇到他們），要麼是遠遠領先於我們（在這種情況下，我們將透過電子通訊或他們登陸我們的星球才會遇到他們）。外星智慧可能領先我們多遠？

　　觀察 3：科學技術在過去的一個世紀中對世界的改變，比前一百個世紀還要大——從馬車到飛機花了一萬年的時間，但從動力飛行到登月只用了六十六年。摩爾定律說計算性能每十八個月就翻倍一次，這一定律依舊勢頭強勁，現在翻倍時間已縮短至一年左右。電腦科學家計算出，自二戰以來已經翻倍了三十二次，而最快可能是 2030 年，我們將遇到奇點——到那時，總計算能力將上升到遠遠超出我們想像的程度，幾近無限，這麼一來，相對而言，也與無所不知沒有什麼區別了。當這種情況發生時，世界在十年內發生的變化將遠超過之前的一萬年。[19]

　　推論 2：按照這些趨勢線推斷數萬年、數十萬年甚至數百萬年後——在演化時間尺度上不過是眨眼之間——我們就能對外星智慧的先進程度做出現實的估計。就拿 DNA 這樣相對簡單的東西來說，基因科學僅經過五十年的發展，就已經可以設計基因了。一個比我們領先五萬年的外星智慧肯

定能夠構建整個基因組、細胞、多細胞生命和複雜的生態系統（我寫到這裡時，遺傳學家凡特〔J. Craig Venter〕已製作出第一個人工基因組，並構建了一種受此人工基因組化學控制的合成細菌）。[20] 畢竟，生命的設計只是分子操縱的技術問題。對於我們不遠的後代，或者對於我們可能遇到的外星智慧來說，創造生命的能力將只是一個科技技術上的問題。

推論 3：如果今天我們可以用過去半個世紀內發展出來的科學技術，來改造基因、複製哺乳動物和操縱幹細胞，那麼想像一下，外星智慧如果擁有五萬年同等的科學技術進步力量，他們能做到什麼呢？對於比我們先進一百萬年的 ETI 來說，設計創造行星和恆星也許完全是可能的。[21] 如果宇宙是從塌縮的黑洞裡創造出來的──有些宇宙學家認為這是可能的──那麼不難想像，足夠先進的外星智慧甚至可以透過引發恆星塌縮成黑洞來創造宇宙。[22]

我們如何稱呼能夠設計生命、行星、恆星甚至宇宙的智慧存在？如果我們知道這些設計的基礎科學和技術，我們會稱之為外星智慧；如果我們不知道那些基礎的科學技術，我們就會稱之為上帝。

愛因斯坦的上帝

在關於科學和上帝的討論中，總是不可避免地會提到愛因斯坦的宗教信仰問題，各種有神論者和新時代靈性論者，都搶著要承認這位偉大的物理學家是他們的一員。仔細挖掘他曾說過的話，總能找到愛因斯坦多少是位信徒的證據。隨便舉幾句：「上帝很狡猾，但他沒有惡意」、「上帝不玩骰子」、「我想知道上帝是如何創造世界的。我對這個現象、那個現象不感興趣，也對這個那個元素的光譜不感興趣。我想知道祂的想法，剩下的都是細節。」在生命的最後幾週，愛因斯坦得知他的物理學家老友貝索（Michele Besso）去世的消息時，他寫信給貝索一家：「他比我早一步離開了這個奇怪的世界。這不代表什麼。對我們這些虔誠的物理學家來說，過去、

現在和未來之間的區別只是一種頑固的幻想。」

愛因斯坦所說的「上帝」擲骰子或「我們這些虔誠的物理學家」是什麼意思？他是在字面上還是隱喻上談論神靈？他的意思是相信有不區分過去、現在和未來的理論物理模型嗎？他的意思是相信有某種超越時間限制的非人力量嗎？他只是出於禮貌安慰貝索的家人嗎？這些就是這位歷史上最著名的科學家令人費解之處，他的名氣太大，所以他所寫或所說的每一句話，都被反覆查驗是否有什麼意義和重要性。人們很容易將他的話斷章取義，並按照自己想要的方向闡釋。關於愛因斯坦的著作已經有許多，但因為他的遺作管理人非常小心地保護他複雜且具爭議的個人生活，以至於我們現在仍對愛因斯坦在科學思想和社交圈之外的事情所知甚少。不過，多虧了在加州帕沙第納（Pasadena）加州理工學院的科莫斯－布赫瓦爾德（Diana Kormos-Buchwald）主導下的愛因斯坦論文計畫（Einstein Papers Project），檔案材料終於可以公開取得，讓人得以講述完整的故事，而艾薩克森（Walter Isaacson）也在其權威性的愛因斯坦傳記中做到了這一點。[23]

不可否認，愛因斯坦的猶太身分對他生活的各個方面都很重要，尤其是政治。在婉拒擔任以色列總統後，愛因斯坦寫道：「我與猶太人民的關係已成為我最牢固的人際羈絆。」[24] 他童年時的虔誠信仰，在中年依舊驅使著他：「嘗試用我們有限的手段去刺探自然的祕密，你會發現，在一切看得見的規律和聯繫背後，總是有些什麼，微妙無形又無法解釋。崇敬超越我們理解的力量，就是我的宗教。事實上，從這個角度來說，我是有宗教信仰的。」[25]

將對宇宙感到敬畏驚奇，說成有宗教信仰是一回事，但對於上帝，特別是耶和華，亞伯拉罕的上帝，愛因斯坦自己的祖先的上帝，他的想法呢？五十歲時，愛因斯坦接受了一次採訪，他被直截了當地問到你相信上帝嗎？「我不是無神論者，」他開口說道。

對於我們有限的心智來說，這涉及的問題太廣大了。我們就像進

了一座巨大圖書館的小孩，而圖書館裡裝滿了以多種語言寫成的書籍。小孩知道這些書一定是有人寫的，但不知道是怎麼寫的，他不懂書裡的語言。小孩隱約懷疑書本的排列有某種神祕的順序，但又不知道是什麼。在我看來，這就是即使是最聰明的人對上帝的態度。我們看到宇宙奇妙地排列並遵守某些定律，但對這些定律只有隱約的瞭解。[26]

這聽起來幾乎就像愛因斯坦將宇宙法則歸因於上帝。但是，是什麼類型的神，人格神還是某種無形的力量？科羅拉多州的一位銀行家寫信問他關於上帝的問題，愛因斯坦回應道：

我無法想像有一位人格神會直接影響個人的行為，或者會審判他自己創造的生物。我的宗教信仰是對無限至高精神的謙卑欽佩，這種精神流露在我們對可知世界少得可憐的理解中。宇宙的奧妙難解，透露了一種至高推理能力的存在，讓我深深感動且相信，這就是我對上帝的看法。[27]

愛因斯坦關於上帝最著名的聲明是以電報的形式寫下的，因為電報限制，他必須在五十個字以內回答這個問題。結果他只用了三十二個字（英文原文）：「我相信史賓諾莎的上帝，祂在一切存在的依律和諧中顯現自己，但我不相信一個掛心人類命運和行為的上帝。」[28]

最後，如果對愛因斯坦的信仰還有任何疑問，在 1997 年期的《懷疑》雜誌上，刊載了一篇由我們的編輯吉拉默（Michael Gilmore）撰寫的文章，他不久前遇到了一位名叫拉納（Guy H. Raner）的二戰美國海軍老兵，拉納曾就這個問題與愛因斯坦進行了通信。我們首次全文轉載了這些信件。[29] 第一封信的日期標示為 1945 年 6 月 14 日，從太平洋上的布干維爾號航空母艦（USS *Bougainville*）寄出，拉納重述了他在船上與一位受過耶穌會教育的天主

教軍官的談話，這位軍官聲稱一位耶穌會神父用無可辯駁的三段論法，讓愛因斯坦從無神論轉變為有神論。「這個三段論是：設計需要設計師；宇宙是一個設計；因此一定有一位設計師。」拉納反駁這位天主教徒，他指出宇宙學和演化論恰當地解釋了世界上最明顯的設計，「但即使真有一個『設計者』，那也只能說是一個重新安排者，而不是一個創造者；再說，如果假設有一個設計者，那又回到了原點，你不得不承認還有設計師的設計師，沒完沒了。就像大地是馱在大象背上的描述一樣──大象站在一隻巨龜身上；巨龜下又有巨龜……」

這個時候的愛因斯坦已經聞名世界，經常收到數百封這樣的信件，其中有許多還來自著名的學者和科學家。他回信給這位在太平洋一艘船上名不見經傳的少尉──拉納，透露了這個故事讓他有多惱火。1945 年 7 月 2 日，愛因斯坦回擊了：

> 我收到你 6 月 10 日的來信。我這輩子從沒和耶穌會神父交談過，我很震驚居然有人敢編造這樣的謊言。從耶穌會神父的角度來看，我當然是並且一直是無神論者。在我看來，你的反駁非常正確，而且很難有更好的闡述了。用擬人化的概念來處理人類領域之外的事物總是會產生誤導──幼稚的類比。我們必須以謙卑的態度，來欣賞這個世界結構的美麗和諧──在我們能理解的範圍內。僅此而已。

四年後，即 1949 年，拉納再次寫信給愛因斯坦，請他進一步澄清：「有些人可能會認為您信中所指的意思是，對耶穌會神父而言，任何不是羅馬天主教徒的人都是無神論者，而你實際上是正統教徒猶太人，或自然神論者，或其他的什麼。您是否刻意為這樣的解釋留下空間，或者您是依字典定義的無神論者？即『不相信有上帝或至高存在的人』？」愛因斯坦於 1949 年 9 月 28 日回應道：

　　我說過很多次，在我看來，人格神的觀念是一種幼稚的觀念。你
可以稱我為不可知論者，但我不認同專業無神論者的十字軍精神，
他們的狂熱大多是源自從年少起就接受宗教灌輸的束縛中解放出
來的痛苦行為。我更喜歡一種謙卑的態度，對應我們對自然和自
身存在的知識理解的薄弱。

　　有哪一位傑出人物像愛因斯坦這樣，對自己的信念表達得如此清晰，
卻又被如此嚴重地誤解？這是信仰盲目性的又一例子。

自然與超自然

　　科學在自然中運作，而不是在超自然之中。事實上，根本不存在超自
然現象或異常現象。只有自然、正常的謎題，只是我們還沒辦法用自然原
因來解釋。**超自然**和**異常現象**之類的語詞，只是作為一個暫代詞，直到我
們找到自然和正常的原因，或始終找不到但因為不再有興趣而停止尋找。
這是科學中的常態。曾經被認為是超自然或異常現象的奧祕——例如天文
或氣象事件——一旦找到了原理，就會被納入科學之中。例如，當宇宙學
家以「暗能量」和「暗物質」來代指所謂的「缺失質量」，以方便解釋星
系和星系團的結構和運動時，他們並沒有把這些描述性語詞當成因果解釋
的意思。暗能量和暗物質只是認知上的便利替代品，直到科學家發現真正
的能量和物質來源。當有神論者、神創論者和智慧設計理論者，說出奇蹟
和從無到有的創造行為時，對他們而言探尋就已經結束了；但對科學家來
說，認出這些奧祕不過是開始。科學接續了神學留下的空白。當有神論者
說「然後奇蹟發生了」時，正如我最喜歡的一則哈里斯（Sydney Harris）漫畫
的詼諧描繪：兩位數學家站在黑板前，而剛才那句話卡在一串方程式的中
間。漫畫的標題是這麼寫的：「我認為你的第二步驟應該更加明確。」

　　對於我們創造了偉大一神宗教的青銅時代祖先來說，創造世界和生命的能力是屬於神的。然而，一旦我們瞭解了創造的科技，超自然就變成了自然。因此，我的論點是：科學唯一能夠發現的上帝，將是一個自然存在，一個存在於空間和時間中並受到自然法則約束的實體。科學無法認識存在於時空之外的超自然上帝，因為祂不屬於自然世界，因此科學無法認識上帝。

　　這是我在坦普爾頓基金會贊助的紙上辯論中，與有神論者哈佛大學醫學教授古普曼（Jerome Groopman）對話時提出的論點，他主張上帝「沒有形式，不可測量」，存在於「一個科學無法量化或描繪的維度」，而且「我們無法完全理解上帝的本質和維度」，還有「上帝存在於時間之外，不受空間的束縛」。那麼，我問，你怎麼知道這位上帝存在呢？作為基於感知（來自我們的感官）和概念（來自我們的思想），形成關於世界信念的有形存在，我們怎麼可能知道一個定義於我們的感知和概念之外的存在？上帝不是總有一刻需要進入我們的時空，以某種方式向人們顯現——比如透過祈禱、旨意或奇蹟？如果是這樣，為什麼科學不能測量這種神聖行為呢？如果還有其他方式可以認識上帝，比如說神祕主義者或信徒透過深度冥想或祈禱，為什麼神經科學不能對這種認知過程說一些有意義的東西呢？如果我們瞭解到——正如對靜坐僧侶和祈禱牧師的研究所顯示的——在冥想狀態下，與身體在空間中定向相關的大腦頂葉，有一部分是靜止的（打破了自我與非自我之間的正常區分，使人感到與環境「融為一體」），這難道不是暗示著，這其實不是與時空之外的存在有所接觸，而只是神經化學的變化？

　　到了最後，以我所聽過最為赤誠的信念陳述，古普曼不得不承認說：「為什麼相信？我沒有理性的答案。這問題似乎與我們為什麼愛某人處於同一層次。你可以把它簡化為某些成分，也許可以說是因為神經傳導物質，但答案顯然超越了真正可知的範圍。這就是像我這樣的人所面臨的認知失調，我們也經常為此而掙扎。」[30]

　　在某種程度上，我對這一信念陳述沒有異議，因為沒有必要。如果沒

有提出實證主張，那麼科學對這個問題就沒什麼好說的。生活可能是一場痛苦的掙扎，充滿了謎團，所以不管一個人需要做什麼才能度過這一天，找到幸福，並解決那些令人煩惱的謎團……嗯……我又有什麼資格說三道四呢？正如詩篇第四十六篇一節宣告的：「上帝是我們的避難所，是我們的力量，是我們在患難中隨時的幫助。」不過，在另一個層面上，我不禁認為，如果古普曼的父母是印度的印度教徒，而不是西方的猶太教徒，他所相信的宇宙終極本質將完全不同，同時又適用同一套理性論證。

對我們在信仰上帝或墜入愛河時所經歷的感受，科學提供的解釋是互補的，而不是衝突的；是附加的，而不是減損的。如果我愛上某人，最初的欲念會受多巴胺增強，而多巴胺是下視丘產生的一種神經荷爾蒙，會觸發睪丸激素的釋放，也就是驅動性欲的荷爾蒙，而我更深層的依附會受到催產素增強，這是一種在下視丘合成並由垂體分泌到血液中的荷爾蒙，當我知道這些知識時覺得非常有趣。此外，這種荷爾蒙誘導的神經通路，是一夫一妻制物種所獨有的，以作為長期照顧無助嬰兒的演化適應，知道這一點也讓人深受啟發。我們墜入愛河，是因為我們的孩子需要我們！這會減損墜入愛河和疼愛孩子的美好體驗嗎？當然不會，就像分解出組成彩虹的顏色，絲毫無損於你欣賞彩虹的美一樣。

宗教信仰和對上帝的信念，具有同樣適應性的演化解釋。宗教是一種社會制度，其發展目的是加強群體凝聚力和道德行為。它是人類文化不可或缺的機制，鼓勵利他主義、互惠利他主義和間接利他主義，並揭示社會共同體成員之間合作和回報的承諾程度。相信上帝，為我們的宇宙、我們的世界和我們自己提供了解釋；它解釋了我們從何而來，為何而來，以及將往何處去。上帝也是規則的最終執行者、道德困境的最終仲裁者、承諾的最高對象。

是時候走出我們的演化遺產和歷史傳統，擁抱科學作為解釋世界如何運作的最佳工具了。是時候共同努力打造一個擁抱道德原則，同時又允許自然的人類多樣性蓬勃發展的社會和政治世界了。宗教無法幫助我們實現

這一目標，因為它沒有系統性的方法足以解釋自然世界，也沒辦法在彼此競爭的教派成員抱持排外的絕對信仰時，解決道德問題上的衝突。儘管科學和西方民主國家所展現的世俗啟蒙價值觀可能存在缺陷，但仍是我們生存的最佳希望。

對外星人的信念

Belief in Aliens

1999 年的春天，我與菲爾梅奇（Joe Firmage）一起上南加州 NPR 附屬廣播電台 KPCC 的節目，菲爾梅奇寫了一本書，書名一點都不謙遜，叫《真相》（*The Truth*）。年紀輕輕的菲爾梅奇，最出名的身分是網路巨人 USWeb 的創辦人兼第一任 CEO，該公司當時的估值約為三十億美元。然而，與大多數 CEO 作家不同的是，菲爾梅奇巡迴宣傳自己的書，並不是為了宣揚他建設矽谷大公司的心得；而是想談論打造另一種不同類型的大公司，可以把人類送上星星甚至是更遠的那種……。[1]

矽谷的網路天才，怎麼會想做這種事？話要從 1997 年一個秋日清晨說起，那天菲爾梅奇醒來時看到，他的原話是「一個驚人的存在，披著燦爛的白光，盤旋在我的床上方」。這個外星人對菲爾梅奇說話，問他：「你為什麼叫我來這裡？」菲爾梅奇回答說：「我想遨遊太空。」外星人問為什麼要幫他實現願望，「因為我願意為此而死，」菲爾梅奇解釋道。顯然，這是任何形式的智慧都能理解的承諾。菲爾梅奇說，就在這個時候，從外星人的身體「浮出了一個藍色電球，只比籃球小一點……球體離開了他的身體，飄落下來，進入了我的體內。我立刻被有生以來最難以想像的狂喜所征服，一種遠遠超越性高潮的快樂……他給了我某樣東西」。[2]

這樣的經歷，改變人生道路的威力有多大？菲爾梅奇立刻宣布從他價值數十億的公司辭職，自行成立國際太空科學組織（International Space Sciences Organization），根據網頁介紹，該組織致力於「增進人類對物質和能量的基本性質和功能的理解，獲致推進力和能源產生方面的突破，以及促進對意

識背後的物理過程更深入的瞭解」。[3] 顯然，**這證明**（字面意義）了信仰的力量。

　　菲爾梅奇坐到鍵盤前面，洋洋灑灑打出兩百四十四頁的稿。他以《真相》做為書名，因為書裡談到他的目標是要說服「科學當權派」，相信幽浮的真實性，以及來自太空的先進技術，如來自太空真空的零點能量、「無推進劑推進」和「引力推進」等，以實現「超光速」旅行、能改變「重力和慣性質量」的「真空波動」，以及其他形式的替代性太空推進系統。[4] 菲爾梅奇說，事實上，幾千年來，透過願意與我們分享先進知識的「老師們」定期接觸，人類的科技進步一直「被推動著」。而最近一次是 1947 年在新墨西哥州羅斯威爾（Roswell）。他在書中寫下這些詩句：

　　　老師們教導我們
　　　經歷數千年
　　　他們正看著我們
　　　宇宙是他們的海洋
　　　他們始終密切觀望
　　　我們發展的需求 [5]

　　為了鼓勵進一步的外星接觸和技術發展，菲爾梅奇投資三百萬美元，成立了 Kairos 計畫（希臘語，意為「合適的時機」），讓人類為未來的接觸做好準備。「想像一下，有一天，在地球上的某個地方建造了一座新城市，一座『宇宙城』，那裡建立了一個時空港口，作為地球居民和來自其他地方遊客互動的中心點。」菲爾梅奇如此幻想。[6]

　　「為什麼一位年輕有為的 CEO，會賭上聲譽去做這麼天馬行空的事情呢？」菲爾馬奇反問一名記者，「因為我非常相信這個理論。而且我身處於一個獨特的位置，得以傳達極其重要的訊息，我擁有財力、信譽、科學背景和信仰。」[7]

　　這裡的關鍵詞是信仰。菲爾梅奇熱愛科學，但驅動他信念的卻是他的信仰。在考慮宇宙和生命的本質時，我們再次看到我的論點「先有信念，才有相信的理由」在菲爾馬奇的解釋中得到證實，「有一個概念，我在邏輯上完全相信──科學卻根本沒能直接教導我──但宗教長期以來始終抱持並在其內部結構中做出某種程度上合理的解釋：毫無疑問，宇宙是意圖的產物。」意圖意味著主體，主體是一種存在，在這種情況下，我們世界之外的存在，給了我們意義和希望。「正是在這種意圖創造或存在的概念中，意義的情感感受才在物理的機械定律範圍內有了一席之地。意圖的物理性，使我體內的物理學家能夠將對情感的理解，融入到統治宇宙的法則中。」[8]

　　意圖的物理性。這不就是主體性的體現嗎？

　　有趣的是，菲爾梅奇是在摩門教長大的，摩門教教會的基本信仰之一，是天使莫羅尼接觸了創教人史密斯，天使指引他找到了寫有《摩爾門經》（Book of Mormon）的神聖金板。在《真相》一書中，菲爾梅奇解釋說，這一啟示「是由一位名叫史密斯的人接收的，他對這些聰明、著白衣的存在相遇的描述，幾乎與許多現代與『天外訪客』相遇的第一手描述沒什麼區別」。[9]所以，史密斯有過第三類近距離接觸，而根據菲爾梅奇的說法，史密斯絕不是第一個。18個世紀前，聖約翰受到「啟示」，寫出了《聖經》的最後一卷，而在那之前不久，一位來自拿撒勒的猶太木匠遇到了一位最高階的意圖主體。在耶穌之前，有摩西和燃燒的荊棘，燃燒的荊棘對摩西說：「我是自有永有的。」從摩西到耶穌，到聖約翰，到史密斯，再到菲爾梅奇──與外星主體接觸的凡人一脈相承。

外星主體性

　　多年來，我上過許多有關外星人綁架的電視節目。我毫不懷疑他們中的大多數人在講述被綁架時的情感創傷時都是真誠的。斯特里伯（Whitley

Strieber）就是這些被綁架者之一，他將自身被綁架的事件寫成暢銷書《交流》（*Communion*），這本書已成為外星人綁架圈子的聖經。我在馬赫（Bill Maher）的電視節目《政治不正確》（*Politically Incorrect*）的綠色房間裡遇見了斯特里伯。我們在節目開始錄製前閒聊，我問他除了寫被外星人綁架的故事外都在做什麼。他告訴我他寫科幻小說、奇幻小說和恐怖小說。「當然了！」我心想，「這一切要麼是他編造的，要麼是他在創造性的想像力中幻想出來的。」

這裡的關鍵字是**想像力**。人們似乎不願相信，有人能編造出如此奇幻的遭遇外星人故事，這意味著這些故事必定有某種真實性。事實上，人們每天都在編造這樣的奇遇，而這些人被稱為科幻小說和奇幻作家。想想《哈利波特》、《魔戒》、《星際大戰》、《星際爭霸戰》、《阿凡達》和其他許許多多的小說。我們有一種神奇的能力，可以將自己投射到其他虛構的世界中，而有意識的虛構和潛意識的想像，兩者之間的界限非常微妙。現實和幻想可能會在心靈深處交錯，並在某些條件下（例如催眠和睡眠時）浮出水面。

催眠。許多外星綁架經歷，都是在事後幾年或幾十年後，透過一種稱為催眠回溯（hypnotic regression）的技術「記起」的。受試者被催眠並被要求想像回到過去，以檢索過去的記憶，然後將它播放到心智的想像螢幕上，就好像有一個小矮人坐在頭部的一個小劇院裡，向大腦的指揮者報告他看到了什麼。但這根本不是記憶的運作原理，將記憶比喻為錄影帶回放系統是完全錯誤的。大腦裡根本沒有記錄裝置。記憶是以聯想學習系統的一部分而形成的，記憶系統在環境中的事物與事件之間建立關聯，而它們之間的重複關聯，會在神經元之間產生新的樹突和突觸連結，之後再透過額外的重複來加強這些連結，或因為廢棄不用而使連結弱化。也就是用進廢退。

你還記得你的十歲生日嗎？還是你記得的是在你十五歲時，媽媽描述她記憶中的你十歲生日的樣子？或者，你記得的是你二十歲時回顧的十歲生日照片？很可能是以上皆是，甚至更多。那麼，當被外星人綁架者「恢

復」被綁架的記憶時，實際上恢復的是什麼？對這些綁架「治療師」使用的催眠回溯磁帶的分析指出，他們會提出引導性問題並構建出想像的場景，透過這些場景，他們的受試者可能會編造出一個純屬虛構、從未發生過的事件。[10] 事實上，催眠師的暗示性提問以及被催眠者的想像力，所造成的記憶汙染，正是 1990 年代災難性的「恢復記憶運動」的肇因，該運動因受治療師引導的成年女性「恢復記憶」，而導致數十名父親被判猥褻兒童罪。

睡眠異常。不是透過催眠回溯產生的綁架體驗，通常發生在深夜或清晨，也就是睡眠週期中極易產生幻覺的**入眠期**（hypnagogic）和**半醒期**（hypnopompic），而且似乎與清醒夢及**睡眠麻痺症**（sleep paralysis）有關。這些在實驗受試者和睡眠實驗室的患者身上中已有詳細紀錄，並與被外星人綁架經歷有許多相似處。入眠期和半醒期幻覺發生在清醒與睡眠之間的模糊交界，也就是當我們的意識大腦在入睡時陷入無意識狀態，或者從睡眠過渡到清醒之時現實與幻想是交錯的。這時可能涉及多種感官模式，特別是看到和聽到實際上不存在的事物，例如斑點、線條、幾何圖案或代表性圖像。這些幻覺圖像可能是黑白或彩色的、靜止或移動的、平面或立體的，有時甚至有靈魂出竅和瀕死體驗的人說的那種螺旋隧道。

聽覺有時也是幻覺體驗的一部分，例如聽到有人叫自己的名字、門鈴的聲音或敲門聲，甚至是想像中的房間裡其他人的談話片段。**清醒夢**（lucid dream）甚至更加強烈。在這種夢裡，熟睡的人意識到自己正在做夢，但可以參與並改變夢境。**睡眠麻痺**（sleep paralysis）是清醒夢的一種，做夢者意識到自己在做夢，但同時也會感覺到無法動彈、胸部受到壓迫、房間裡有其他存在、漂浮、飛行、墜落或離開身體，可能出現的情緒包括恐懼，但有時也包括激動、興奮、陶醉或狂喜。心理學家切恩（J. Allan Cheyne）記錄了數千例睡眠癱瘓病例，並認為這種情況與顳葉和頂葉有關，這兩處與大腦如何在空間中定向身體有關。[11]

幾個世紀前，英語將女巫或其他超自然存在使人在夜間產生的胸部壓迫感稱為 mare，源自盎格魯－撒克遜語的 merran，意思是「壓碎」。因此，

夢魘（nightmare）代表著夜間降臨的毀滅者。由於當時的人生活在惡魔出沒的世界，所以他們稱這些毀滅者為**惡魔**（demon）。而我們生活在一個外星人出沒的世界，所以我們稱之為**外星人**。文化決定了你會給這些異常的大腦體驗貼上什麼標籤。

　　這類信念的力量無庸置疑，而且這種經歷可能會導致類似於創傷後壓力症候群（posttraumatic stress disorder，PTSD）的狀況，哈佛大學的心理學家理麥克納利（Richard J. McNally）和克蘭西（Susan A. Clancy），在 2004 年一篇標題為〈報告遭太空外星人綁架者在劇本驅動的意象中的心理生理反應〉的論文中，證明了這一事實。麥克納利及克蘭西的團隊，讓那些聲稱被外星人綁架的人透過劇本驅動的意象重溫經歷，並測量他們的心率、皮膚電導和腦電波活動。論文作者結論道：「相對於對照組參與者，被綁架者對綁架和壓力劇本表現出比積極和中性劇本更大的心理生理反應。」[12] 也就是說，有些幻想與現實難以區分，而且可能同樣會造成創傷。麥克納利在他 2003 年出版的《記住創傷》（*Remembering Trauma*）一書中指出，「相信自己被外星人綁架的人，在聽到描述他們被綁架的錄音劇本時，反應如同 PTSD 患者，這一事實強調了信念的力量，足以驅動與實際創傷經歷一致的生理反應。」[13] 此外，麥克納利還發現，被綁架者「在實驗室中比對照組更容易表現出錯誤回憶和錯誤識別」，而且他們在問卷中「沉浸感」（absorption）的得分顯著高於正常值。該特質與幻想傾向相關的特徵，同時也能預測錯誤回憶。

　　但創傷記憶再生動也不能作為真實性的證據，克蘭西後來在她 2005 年對該現象的後續研究專著《綁架》（*Abducted*）中記錄了這種效應，並指出綁架信念提供了「與世界各地數百萬人從宗教所獲得的同樣的東西：意義、保證、神祕啟示、靈性、轉變。」[14] 克蘭西婉轉地反對薩根的觀點，因為薩根主張對偽科學的信念與對科學的誤解成正比，克蘭西在總結她的研究時指出：

　　　被綁架者教會我，人終其一生都在比較和嘗試不同的信念系統。

其中一些信念系統訴諸與科學無關的強烈情感需求——需要在世界上感到不那麼孤獨，渴望擁有特殊的力量或能力，渴望知道在世界之外有個什麼，有比你更重要的什麼正在看顧著你。對外星人綁架的信念不是單純的劣科學，也不單純只是對不幸的解釋，和逃避對個人問題承擔責任的一種方式。對於許多人來說，對外星人綁架的信念可以滿足精神上的飢渴，讓他們對自己在宇宙中的地位和自身的重要性感到放心。[15]

　　我經常講述自己在 1983 年穿越美國自行車賽中，穿越內布拉斯加州時發生的外星人綁架經歷。因為我自己覺得在 1982 年的比賽中睡得太多，而且我很好奇如果不停下來睡覺，我在 1983 年的比賽中能騎多遠。最後我在這場比賽中撐了八十三小時，騎了 2,026 公里，直到海格勒（Haigler）小鎮的郊區。當我昏昏欲睡地在路上蛇行時，我的保姆車對我閃了閃燈後停到我旁邊，組員懇求我休息一下。那一刻，來自 1960 年代電視連續劇《入侵者》（The Invaders）的遙遠記憶，在我的睜眼前的夢境中重現。在那部電視劇裡，外星人透過複製真人來占領地球，但令人費解的是，他們每一個人都保留了僵硬的小指。突然間，我的支援團隊變成了外星人。我緊盯著他們的手指，拷問我的技師自行車技術，並盤問我的女朋友外星人不可能知道的親密關係（他們可以嗎？）。就這樣，在三更半夜的路邊，我穿著全套自行車服，腿間牢牢夾著自行車一心想著快速逃脫，一邊與外星人爭論，我不想被綁架到在附近盤旋的母船中。最後我放棄了，走進母船後卻發現這架幽浮的內部看起來非常像 GMC 房車，然後我躺下進行眾所周知的外星探測。九十分鐘後，經過令人神清氣爽的小睡片刻（幸好沒有什麼探測），我又騎上自行車沿著公路行駛，並對剛剛發生的事感到有點好笑。當太陽升起後，我和支援團隊一起大笑了一場，那晚我向 ABC 體育世界攝製組講述了我的幻覺，這段影片可以在 YouTube 上觀看。[16]

　　底線是：幽浮和外星人綁架的故事，更有可能是出於地球生物已知的

心理效應，而不是源自外星生物未知的物理特徵。[17]

我們獨自存在於宇宙中嗎？

　　我們獨自存在於宇宙中嗎？無論信念系統如何運作，這都是一個合理的問題。在這一點上，科學為我們提供了一個明確的答案：我們不知道。我們仍然無法得到答案，因為尚未有任何接觸。為什麼沒有？有人為了回答這個問題寫了一整本書，[18]而且對於所謂的費米悖論（Fermi's paradox），至少有五十個答案——這個悖論是，依據哥白尼原理（Copernican principle），我們並不特殊，那麼太空裡應該有很多外星智慧，如果是這樣，那麼至少有其中一些會發明出能自我複製的機器人太空船和／或星際太空旅行；又假設其中至少有一些在演化時間尺度上比我們領先數百萬年，他們的技術應該足夠先進到已經能找到我們了，但他們還沒有，所以……他們在哪裡？[19]以下是我的推特式的（在一百四十字的限制內）答案：*也許真的有外星智慧，但由於星際間距離遙遠，而且他們的存在極為罕見，所以還沒有出現過。繼續尋找吧！*

　　尋找外星智慧（SETI）是一個模式性問題，也就是要從太空背景雜訊中辨別出有意義的通訊訊號模式。尋找外星智慧的科學家已經制定了系統性演算法和嚴格的標準，來確定怎樣才算真正的訊號。薩根在《接觸》（*Contact*）一書中大幅簡化了這一過程，書中說外星智慧推斷發送一系列質數應該會比較容易區辨，比如說，會跟因中子星轉動而產生的訊號不同。不過目前為止，我們尚未檢測到此類訊號，尋找外星智慧科學家仍在**繼續**改進技術，不斷擴展用來搜索天空的電磁能頻譜，以及一次可以掃描的可能恆星系統的數量。這確實是一個大海撈針的難題，光是我們銀河系中的幾千億顆恆星，就讓進行搜索的技術人員一個頭兩個大。

ET 會和我們長得一樣嗎？

關於外星主體，有一點一直讓我大惑不解，許多人將外星人描述為兩足靈長類動物，具有非常類似人類的特徵。在其他星球上發生這種情況的可能性有多大？在我們星球上演化的數億（也許數十億）物種中，只有一個譜系演化成雙足靈長類動物，並且該譜系中只有一個亞種存活至今。如果我們真的遇到了外星智慧生物，他們與我們有一點點相似的可能性有多大，更不用說那些被外星綁架的人所描述的兩足靈長類動物了，他們有球狀的頭、杏仁狀的大眼睛、額頭上有一些扭曲的紋路，還說著帶有特殊口音的蹩腳英語？我認為這種可能性不高——甚至一點點可能性都搆不上。

儘管如此，我也可能是錯的，而演化理論家道金斯，就針對這一點向我提出了挑戰。之前他的基金會主管幫我拍了一支 YouTube 短片，我在短片裡穿著外星人服裝，解釋為什麼我認為聰明且技術先進的外星人演化成我們在電影中看到的和在被綁架者的敘述中的樣子，這種可能性幾近於零。[20] 道金斯寫道：

> 我同意（謝爾默）猜測外星人不可能是兩足靈長類動物的說法，我認為這是值得提出的想法，但我認為他大大高估了不可能的機率。因為劍橋大學的權威古生物學家康威－莫里斯（Simon Conway-Morris），他認為外星人確實有可能是兩足靈長類動物。哈佛大學演化生物學家威爾遜（Ed Wilson）至少也費了一些時間來推測，如果沒有白堊紀末期的災難，恐龍可能會變成附圖上的樣子。

我按照上面的思路回答道金斯——如果說聰明又會使用技術的兩足類人動物，由於演化的展開方式而具有某種必然性，那麼在地球上也應該發生不止一次。道金斯對此的反駁發人深省：

但你這是從一個極端跳到另一個極端。在短片裡，你指出一種相當驚人的稀有性，如此稀有，以至於你不認為整個宇宙中會存在兩種類人生命形式。現在你提到「某種必然性」，並正確地指出，某種必然性將預測類人生物應該在地球上演化不止一次！所以，是的，我們可以說類人生物相當不可能，但不一定那麼不可能！只要稍加接近「某種必然性」，就意味著宇宙中可能存在數百萬

圖 8. 兩足恐龍外型的外星生物

如果地球生命史重演，而恐龍倖存，其中一些會變成兩足的工具使用者嗎？古生物學家 Dale A. Russell 如此推測，兩足恐龍可能會進化為這樣的爬行類人動物。此圖由 Matt Collins 依 Russell 的原圖重繪，原圖收錄於 D. A. Russell 與 R. Seguin 的 *Reconstructions of the Small Cretaceous Theropod* Stenonychosaurus *Inequalis and a Hypothetical Dinosauroid*, National Museums of Canada, National Museum of Natural Sciences, 1982.

甚至數十億的類人生命形式，因為行星的數量是如此龐大。其實，我的猜測介於你的兩個極端之間。我同意你的觀點，類人生物很罕見；在地球上只演化了一次，這一事實確實指出了這一點。但我懷疑類人生物並不那麼罕見，不足以證明你在短片中所用的統計最高級形容詞是合理的。[21]

有道理，但達爾文和我自己都有的毛病，就是沙文主義（chauvinism）。正如薩根喜歡說的，我們是碳沙文主義者。但我們也是氧沙文主義者、溫度沙文主義者、脊椎動物沙文主義者、哺乳動物沙文主義者、靈長類沙文主義者等等。我們的沙文主義還在於，認為外星生物將通過無線電訊號進行交流，他們的智力將和我們有類似的形式，尤其是他們是生活在文明中的社會性存在，這些根本是沒有任何現實基礎的擬人化。我們甚至無法與猿類和海豚等地球智慧生物進行交流，所以我們是有多狂妄自大，竟以為能夠破譯比我們先進幾百萬年的外星生物的公報。

在這裡，我強烈懷疑，當我們將人類的特質投射到外星人身上時，就是被我所謂的**普羅塔哥拉偏誤**（Protagoras's bias）──「人是萬物的尺度」──給蒙蔽了。就拿尼安德塔人來說好了，如果靈長類智慧生物真有那麼厲害，那為什麼他們沒有生存下來？

尼安德塔人型外星人

尼安德塔人在六十九萬至五十五萬年前，從我們的共同祖先中分支出來，然後在至少二十四萬二千年前（甚至三十萬）年前抵達歐洲大陸，他們在那裡漫游了二十五萬年。尼安德塔人的腦容量和我們一樣大（從 1,245 毫升到 1,740 毫升，平均為 1,520 毫升，而我們的平均為 1,560 毫升），身體比我們更強壯，有寬而深的胸部和厚實的肌肉，而且他們會使用大約六十種相當複雜的不同工具。理論上，尼安德塔人應該也很有機會「成為我們」，一個

科技先進的智慧物種，能夠進行太空旅行和星際通訊。

　　但如果我們深入挖掘，就會發現幾乎沒有證據可以證明，尼安德塔人能夠「進步」到超過他們在三萬年前消失時的水準。儘管古人類學家在很多事情上存在分歧，但文獻中幾乎完全一致認為，尼安德塔人並沒有踏上成為「我們」的道路，他們是完全適應環境的生物體。[22]

　　古人類學家克萊因（Richard Klein）在其權威著作《人類的事業》（*The Human Career*）中結論道：「根據考古紀錄，在幾乎所有可檢測到的方面——文物、遺址改造、適應極端環境的能力、生計等等——尼安德塔人的行為都遜於他們的現代繼承者，而且從他們獨特的型態來判斷，這種行為上的劣勢可能源自他們的生物構成。」[23]尼安德塔人獨占歐洲至少二十五萬年，不受其他原始人類存在的限制，但他們的工具和文化不僅比**智人**（Homo sapiens）簡單，而且幾乎沒有任何變化的跡象，更不用說走向社交全球化了。古人類學家利基（Richard Leakey）指出，尼安德塔人的工具「超過二十萬年始終保持不變——這種技術停滯似乎否定了完整人類心智運作的存在。只有在三萬五千年前，舊石器時代晚期文化突然出現時，創新和任意秩序才變得普遍。」[24]

　　同樣地，尼安德塔人的藝術品也相對粗糙，並且對於其中許多是否是自然產物而非人為操作，仍存在許多爭議。[25]最引人注目的例外，是著名的尼安德塔人骨笛，其歷史可以追溯到四萬至吧萬年前之間，一些考古學家推測這意味著製作者略通音律。然而，即使是極力反對尼安德塔人為低等的生物學家威爾斯（Christopher Wills），也承認這些洞完全有可能是因為動物啃咬骨頭而自然形成的，而不是出自舊石器時代的安德森（Ian Anderson）[*]之手。儘管威爾斯主張「最近的重要發現指出，在尼安德塔人的時代末期，他們的技術可能已有大幅的進步」，但他仍然不得不承認，「目前尚不清楚，這是否源自他們與克羅馬儂人（Cro-Magnons）和其他更先進民族的接觸，

---

[*]　譯注：英國樂手兼歌手，多樂器演奏家，因單腳站立吹奏長笛的姿勢而聞名。

或者他們是在沒有外力幫助的情況下達成了這些進步。」[26]

　　也許對尼安德塔人具備「人性」最強烈的辯護，是他們對死者的埋葬，通常是將屍體精心擺放成胎兒姿勢並撒上鮮花。我在《我們如何相信》一書中談到宗教起源時使用了這個例子，[27]但新的研究正在挑戰這種解釋。克萊因指出，這些墳墓「被挖鑿出來，可能只是為了將屍體從居住區移走」，並且在二十處記錄最完整的埋葬地點中，有十六處「屍體緊緊彎折（接近胎兒姿勢），這可能是一種埋葬儀式，也可能只是因為想挖一個最小的埋葬坑」。[28]古人類學家塔特薩爾（Ian Tattersall）也持同樣看法：「即使是尼安德塔人偶爾埋葬死者的做法，也可能只是用來阻止土狼侵入其生活空間的一種方式，或是有其他平淡無奇的原因，因為尼安德塔人的墓葬缺乏能夠證明儀式和來世信念的『陪葬品』。」[29]

　　關於尼安德塔人的語言——現代智力的典型組成部分——的可能性，學者已做了很多研究。當然充其量只是推理科學，因為柔軟的腦部組織和聲帶結構無法留存成化石，只能從舌骨（聲帶結構的一部分）以及顱骨基部的形狀進行推論。但是，這一切在一塊尼安德塔人明顯的部分舌骨發現後仍無定論，塔特薩爾說：「然而，不論舌骨的論點是否成立，如果把頭骨基部證據，與考古紀錄所指出的關於尼安德塔人的能力及其先決條件結合起來時，我們很難避免一項結論——即清晰的語言，也就是現代我們所認知的這種，是專屬於現代人類的領域。」[30]

　　至於顱骨結構，哺乳動物的顱骨基部是平坦的，但人類的顱骨基部是拱形的（與咽部位於喉嚨的高度有關）。在原始人中，南方古猿（*australopithecine*）的顱骨基部沒有表現出拱形，在**直立人**（*Homo erectus*）中有一點，在遠古**智人**（*Homo sapiens*）就更多了。然而，在尼安德塔人身上，拱形結構基本上不見蹤影，這對有關尼安德塔人語言的理論來說並不是一個好兆頭，正如利基的結論：「從他們的顱骨基部來判斷，尼安德塔人的語言技能，比生活在幾十萬年前的其他遠古智人還要差。尼安德塔人的顱骨基部彎曲程度甚至不如**直立人**。」[31]

利基據此（反事實地）推測，如果更早的原始人類祖先倖存下來，可能會發生什麼狀況。他說：「我推測，如果由於某種自然現象，**能人**（*Homo habilis*）和**直立人**依然存在，我們應該能在他們身上看到指稱性語言的階段變化。因此，我們與自然其他部分之間的鴻溝，將由我們自己的祖先彌合。」[32]「自然的怪胎」是人類時間線上的偶然事件，讓我們得以生存，而其他原始人類卻全軍覆沒。因此利基下結論道：「**智人**最終確實演化成為第一批人類的後裔，但其中一點必然的成分都沒有。」[33] 塔特索爾也贊同偶然模式。他說：「如果你處在人類演化的任何早期階段，又對過去稍有瞭解，你也許能夠相當準確地預測接下來會發生什麼。然而，**智人**顯然不是會照著前輩的做法行事的有機體，只是會做得更好一點而已。這是非常不同的，而且可能是非常危險的。我們這個物種的誕生，源自一件異於常態的事，甚至完全出於偶然。」[34]

如果尼安德塔人贏了而我們輸了，我們有充分的理由相信，他們依然會過著石器時代的狩獵、捕魚和採集文化，以幾十人為一組的小群體在歐洲腹地漫遊，生活在一個沒有城鎮、沒有音樂和藝術、沒有科學和技術的世界……一個與我們的截然不同、幾乎是難以想像的世界。

我們再來假設人類、尼安德塔人和其他原始人類祖先都滅絕了，是類人猿或猴子取得成功，可是無論是現在還是在化石紀錄中，猿類從未表現出任何進步性文化演化的傾向，而且猴子在整個亞洲和新大陸自由生長了數千萬年，沒有受到任何原始人類的干擾，但牠們完全沒有邁向發展複雜文化的跡象。

化石紀錄雖然仍然支離破碎，但現在也已經足夠完整到能告訴我們，在過去的三千萬年裡，我們可以保守地估計，有數百種靈長類動物在世界各地雨林裡的角落裡度過了一生；在過去的一千萬年裡，數十種類人猿物種在地球上占據了特別的生態區位；在過去的六百萬年裡——自從原始人類從與大猩猩、黑猩猩和紅毛猩的共同祖先中分裂出來以來，有數十種兩足行走、使用工具的原始人類物種曾奮力求生。如果演化進步的法則說這

些原始人類必然會成功，那麼為什麼在種類繁多的猩猩科動物和原始人類中，只有少數倖存下來呢？如果腦力是自然發展力量下必然出現的產物，那麼為什麼只有一種原始人類物種能夠存活足夠長的時間來提出這個問題？那些以雙足行走、使用工具的南方古猿：**湖畔南方古猿**（*anamensis*）、**阿法南猿**（*afarensis*）、**非洲南猿**（*africanus*）、**衣索比亞傍人**（*aethiopicus*）、**粗壯傍人**（*robustus*）、**鮑氏傍人**（*boisei*）和**加希南猿**（*garhi*），後來怎麼樣了？**能人**、**魯道夫人**（*rudolfensis*）、**匠人**（*ergaster*）、**直立人**、**海德堡人**（*heidelbergensis*）和尼安德塔人這些大腦大、能創造文化的人屬又怎麼樣了？如果大大的腦部如此偉大，為什麼除了其中一種擁有者之外，其他的都滅絕了？

　　一次又一次的歷史實驗揭示了同樣的答案：我們是自然裡的一次僥倖，演化中的一次怪異，一個燦爛的偶然。人們很容易陷入所有尋求模式、講故事的動物中最古老的陷阱：將自己作為中心模式寫入故事中，以便在這個燦爛的宇宙偶然中找到目的和意義。但每當有人聲稱科學發現我們最深切的願望和最古老的神話都是真實的時候，我們就應該敲響懷疑的警鐘。如果說這個故事有一個必然性的話，那就是追求意義的動物，只會發現自己就是自然的意義。這就是外星人主體性的核心所在。

外星人與眾神

　　將外星人視為意圖主體，就使得這種信念與宗教產生聯繫，並將外星人等同於眾神。技術歷史學家巴薩拉（George Basalla）在其有趣的著作《宇宙中的文明生命》（*Civilized Life in the Universe*）中詳細記錄了這種聯繫。巴薩拉指出：「優越天人存在的觀念既不新鮮也不科學。這是一種廣泛而古老的宗教思想信念。亞里斯多德將他的宇宙分為兩個不同的區域：優越天界和下等地界。」亞里斯多德的思想被納入基督教神學，將這種信念帶入了中世紀。「基督徒認為上帝、聖徒、不同等級的天使以及死者的靈魂居住在天國。這些不朽的天界存在，比居住在下等地界的凡人優越。」儘管哥白

尼革命推翻了亞里斯多德的宇宙論,「生活在遙遠星球上的生物比人類優越的信念」仍延續到現代,而且「即使到了 21 世紀,對外星生命的看法依舊不脫宗教色彩。」[35]

2001 年,我針對尋找外星智慧的先驅者做了一項研究,他們中的大多數人曾信奉宗教,但成年後不是成為無神論者,就是成為不可知論者。[36]無線電天文學家德雷克(Frank Drake)——經典的「德雷克公式」[*](Drake equation)的創造者——從小就被培養成「非常虔誠的浸信會信徒,每個星期日都上主日學」,他曾說:「大量接觸基本教義派宗教對我有很大的影響,我想對很多尋找外星智慧的人來說都是如此。如果你和活躍於 SETI 的人交談,就會發現似乎存在這樣的線索。他們不是暴露於基本教義派宗教之下,就是受其轟炸。因此,在某種程度上,這可以說是對固著的宗教教養的反應。」[37]德雷克在 1992 年寫了一本關於這個主題的書《外面有人在嗎?》(Is Anyone Out There?),他在書中甚至提到「永生在外星人中可能相當普遍」。[38]對許多人來說,與 ETI 的接觸將相當於某種型式的基督再臨。尋找外星智慧先驅卡爾文(Melvin Calvin)指出:「這將會產生顯著的效果。這是每個人都關心的廣泛而重要的主題,無論他們身在何處,所以我認為人們都會傾聽。我想,那會像是引入一種新的宗教,而且很快就會有很多人接受。」

許多其他科學家和科幻小說家也同意這一點。科學家兼科幻作家布林(David Brin)表示,尋找外星智慧將「嚴肅而影響深遠的科學,與令人驚嘆的熱情結合在一起,這種熱情(有時)似乎接近神祕——也許是科學或科幻產物中最接近宗教色彩的了」。的確,對某些人來說,與先進外星文明的接觸,可能與傳統的「從天而降的救贖」概念一樣,具有超然或充滿盼望的意義。[39]傑出的科幻作家克萊頓(Michael Crichton)於 2003 年在加州理工學院的一次演講中表示,「尋找外星智慧毫無疑問是一種宗教,」他指出,「信仰被定義為對沒有證據的事物的堅定信念。所以相信宇宙中存在其他

---

*　譯注:用以推測「在銀河系內,可以和我們接觸的外星智慧文明數量」的方程式

生命形式，是一個信仰問題。畢竟沒有其他生命形式存在的證據，四十年來的搜尋也沒有發現任何證據。完全沒有任何證據可以支持此一信念。」[40]

天體生物學家（兼尋找外星智慧顧問）戴維斯（Paul Davies），在其 1995 年所著的《我們孤獨嗎》（*Are We Alone?*）[41] 一書中寫道：「我更關心的是，現代對外星人的搜尋，在某種程度上是古代宗教追尋的一部分。」十五年後，天空依然平靜，戴維斯在《詭異的沉默》（*The Eerie Silence*）中指出，「像尋找外星智慧這樣範圍和深度的計畫，無法脫離更廣泛的文化背景，它也為我們提供了一個改變世界的願景，並讓我們相信這可能很快就會發生。」[42] 即使是薩根，這位有史以來最能與外星人劃上等號的科學家，而且同樣因對宗教的懷疑態度而聞名，他也談到了尋找外星智慧的重要性。他說：「它深深觸及神話、民間傳說、宗教、神話；每一種人類文化都以某種方式對這類問題感到好奇。」[43] 在他所著的《接觸》中，他甚至似乎透過外星智慧將神靈寫回了宇宙，書中女主角艾莉發現 π（圓周率）以數字編碼存在於宇宙中，證明了有一超級智慧設計出宇宙：

> 圓說：宇宙是刻意創造出來的。無論你碰巧身在哪個星系，將一個圓的周長除以直徑，只要測量得夠仔細，就能發現一個奇蹟——另一個圓圈，出現在小數點下游數公里處。在空間的紋理和物質的本質中，如同一件偉大的藝術作品般，有著寫得小小的，藝術家的簽名。超越人類、眾神和惡魔，包括看守者和隧道建造者，有一種早於宇宙的智慧。[44]

為什麼有這麼多人——有神論者和無神論者、神學家和科學家——相信有高級的天外存在？巴薩拉引用了心理學家普朗克（Robert Plank）的研究，普朗克認為人類有一情感需求，需要去相信想像中的存在。[45]「儘管有著種種科學裝飾，」巴薩拉寫道，「科學家所討論的外星人，其實跟宗教或神話中的神靈一樣出於想像。」[46] 科學歷史學家迪克（Steven Dick）在他關於外

星智慧概念史的雙冊權威著作《多元世界》（*Plurality of Worlds*）和《生物宇宙》（*The Biological Universe*）中指出，當牛頓力學宇宙取代了中世紀的精神世界後，留下了一個巨大而死氣沉沉的空虛，而現代科學的尋找外星智慧填補了這個空虛。[47]克蘭西略帶傷感地結束了她對外星人綁架的研究，說她真希望能相信有這樣超然的存在：

> 外星人綁架信念可以視為一種宗教信條，根基於信仰，而不是事實。的確，大量的科學資料指出，身為信徒在心理上是有益的：他們比缺乏這類信念的人更快樂、更健康，對自己的生活也更樂觀。我們生活在一個科學技術盛行，而傳統宗教受到攻擊的時代。將我們的天使和眾神套上太空衣，重新包裝成外星人，這不是挺有道理的嗎？[48]

ETI 是世俗的神——無神論者的神靈。

不知疲倦的外星生物探索者塔特（Jill Tarter），在她嚴謹的研究計畫中不允許馬虎或多愁善感。我在一篇《科學》的評論文章中最初提出外星生物是世俗的神時，[49]她的回應表達了對這種描述的蔑視，她正確地指出，「物理學，而不是信仰，決定了任何成功的尋找外星智慧探測倚靠的都是將長久存在的技術（也或許是發明它的技術專家）」，而且「我們進行搜索，是因為我們想知道一個古老問題的答案，用流行的話來說就是『我們孤獨嗎？』」確實如此。但塔特為什麼要在天空中尋找跡象呢？

> 我尋找是因為我很好奇，而不是為了尋找神靈，無論是世俗的還是其他層面上的！我不知道這個古老問題的答案，但我很期待能使用任何可用的工具來嘗試找到答案，就如同期待能使用其他工具，來理解暗物質的本質或暗能量的狀態，或巨行星是否是由聚集或失控的引力不穩定性形成。所有這些都是我們對於身處的宇

宙，應當提出的完全合理的科學問題。然而，巴薩拉和你，無端
指控我和我的同事們具有特殊宗教動機，卻讓那些在書名上裝點
「上帝」一詞的宇宙學家（及其出版商）從容脫身。[50]

　　說得有理。讓我補充一點，我絕對沒有將尋找外星智慧科學家與外星
人綁架和飛碟搜尋者劃上等號。尋找外星智慧是科學；幽浮是偽科學。尋
找外星智慧是菁英主義的；幽浮學是民粹主義的。尋找外星智慧以博士天
文學家、物理學家和數學家為主；幽浮學主要是不具認證的業餘愛好者領
域。尋找外星智慧假設外星人在接觸前並不存在；幽浮學徹底拒絕了虛無
假設，直接從已經發生接觸的假設開始。

　　我追究的是更深層的探索動機，以及這種信念背後的心理：在充滿數
萬億恆星和行星的浩瀚宇宙中的某個地方，存在著其他比我們優越得多的
有意圖智慧生物。如同我的主張，先有信念，然後才有對信念證據的搜尋。
這沒有什麼錯；這本來就是大多數科學的運作方式。達爾文和華萊士相信，
有一種自然力量在創造新物種（而不是超自然的創造者），而他們找到的就是
天擇。愛因斯坦和哈伯相信，宇宙的大尺度結構，可以透過自然法則的運
作而不是超自然的干預來理解，而他們找到的就是相對論和萬有引力原理。
我們尋找這樣的終極解釋，因為我們是會尋求模式、假設有其他主體的靈
長類動物，大腦天生就會尋找模式和主體，即使這些模式純屬自然，主體
其實只是自然法則或其他有形存在。當然，我們必須尋找。人就是這樣。
我們是探索者。所以，本著科學探究的精神，探索必將繼續。

10 Chapter 第十章　對陰謀的信念

Belief in Conspiracies

　　主體性不必像鬼魂、神、天使和惡魔那樣捉摸不定。主體也可能是有血有肉的，只是保留了近乎隱形的元素，隱藏在我們的正常感官之外，它們的行動是祕密的，只能從它們的作用來推斷。這種形式的主體性更熟悉的稱呼是**陰謀**，而這類推論就叫做**陰謀論**。

陰謀論特徵

　　陰謀論與陰謀本身是完全不同的物種。無論暗殺甘迺迪背後是否存在陰謀（我認為沒有），關於甘迺迪暗殺案的陰謀論仍然甚囂塵上，就像甘迺迪（RFK）、馬丁路德金恩（MLK Jr.）和麥爾坎・X（Malcolm X）* 暗殺案的陰謀一樣；吉米・霍法（Jimmy Hoffa）** 的失蹤；戴安娜王妃和眾多搖滾明星的死亡，更不用說其他事件背後的陰謀論了，像是供水氟化、噴射凝結尾在大氣中沉積化學和生物製劑（化學尾跡）、愛滋病和其他傳染病的傳播、古柯鹼和槍支傳播至市中心、石油峰值和相關石油公司對替代能源技術的壓制、登月從未發生過、幽浮登陸實際發生過，以及各種組織的邪惡勾當，像是美聯儲、新世界秩序、三邊委員會，外交關係委員會、三百人委員會、

---

* 譯注：1960 年代美國黑人權利運動領袖，提倡黑人自尊與反種族歧視，於 1965 年遭暗殺。

** 譯注：美國工會領導人，於 1975 年失蹤，至今未尋獲。許多陰謀論聲稱他可能被組織犯罪集團或政治勢力暗殺。然而，缺乏確鑿證據，使得這個事件仍籠罩在神祕之中，引發了廣泛的猜測和討論。

骷髏會、聖殿騎士團、共濟會、光明會、畢得堡集團、羅斯柴爾德家族、洛克斐勒家族、錫安長老會和猶太復國主義占領政府、撒旦主義者和撒旦儀式邪教等等。這個清單似乎永無止境。

　　陰謀論這個詞常被用於貶意，指某人對某一事件的解釋可能性極低，甚至處於瘋狂邊緣，而提出這種理論的人很可能是瘋子。不過，陰謀確實存在，所以我們不能一竿子打翻所有的陰謀論者。那麼當我們遇到陰謀論時，我們該相信什麼呢？陰謀論有哪些特徵能透露它很可能並不真實？

1. 有一個明顯的由點連成線的模式，這些點可能以因果方式連接，也可能不是。當水門事件的共犯承認盜竊案，或者賓拉登吹噓911 的勝利時，我們可以確信這種模式是真實的。但是，如果沒有證據能支持模式中的點之間存在著因果關係，或是當這些證據透過其他因果鏈──或透過隨機性──也能充分解釋時，這種陰謀論很可能是錯誤的。

2. 陰謀模式背後的主體被提升到近乎全知或全能的程度，才能實現陰謀。我們必須永遠記住人類的行為是如何地不周延，以及人人都有犯錯的自然傾向。大多數時候，在大多數情況下，大多數人並不像我們想像的那麼強大。

3. 陰謀越複雜，成功展開涉及的因素越多，真實的可能性就越小。

4. 參與陰謀的人越多，就越難對這些祕密行事守口如瓶。

5. 陰謀越是宏大而世俗──控制整個國家、經濟或政治體系，特別是暗示著統治世界──就越不可能是真的。

6. 陰謀論越是從可能真實的小事件，逐步升級為真實機率低得多的大事件，就越不可能有現實依據。

7. 陰謀論越是對很可能無害或無關緊要的事件，賦予不祥和險惡的意義和解讀，就越不可能是真的。

8. 傾向於將事實和猜測混為一談，不區分兩者，也不說明真實性的可能程度，則陰謀論代表現實的可能性就越小。

9. 對所有政府機構或私人組織不分青紅皂白地極度敵視和強烈懷疑，代表這名陰謀論者無法辨別真假陰謀。

10. 如果這名陰謀論者頑強地捍衛陰謀論，甚至拒絕考慮事件可能有其他解釋，拒絕所有反駁其理論的證據，很顯然只尋求證實性證據來支持他已經確定的事實，那麼他很可能是錯的，這個陰謀很可能只是他的想像。

人們為何相信陰謀

為什麼人們會相信極度不可能發生的陰謀？我認為這是因為他們的模式檢測過濾器完全開放，將所有模式都視為真實，幾乎沒有篩選掉潛在的錯誤模式。陰謀論者將隨機事件的點連接成有意義的模式，然後為這些模式賦予意圖主體。除了這些傾向之外，還有**確認偏誤**和**後見之明偏誤**（對已知發生的事情進行事後解釋），這些就成了陰謀認知的基礎。

這些過程的例子在戈德瓦格（Arthur Goldwag）於 2009 年出版的《邪教、陰謀和祕密社團》（*Cults, Conspiracies, and Secret Societies*）一書中都能找到，書裡涵蓋了從共濟會、光明會、畢德堡集團、黑色直升機，到新世界秩序的一切內容。「當重大事件發生時，事件前後的一切似乎變得也都很重要。即使是最微不足道的細節也充滿了意義。」戈德瓦格解釋道，並指出甘迺迪暗殺事件就是一個典型的例子。

　　就我們目前所知道的⋯⋯1963 年 11 月 22 日，迪利廣場上的每一幕，似乎都充滿了謎團和諷刺——從開槍前那片草丘上的旁觀者臉上奇怪的期待表情（他們在想什麼？），到背景中的陰影（立交橋上的閃光是不是在陽光下發亮的槍管？）。視覺紋理中每一處奇怪的贅疣、每一個隨機的腫塊都顯得可疑。」[1] 再加上一則好故事令人信服地把一切都聯繫在一起——想想史東（Oliver Stone）的《甘迺迪》（*JFK*）或布朗（Dan Brown）的《天使與魔鬼》（*Angels and Demons*），同樣都是虛構故事——這些就成了陰謀主體性的公式。

　　我在造訪迪利廣場時親身體驗了這種效果。在那裡，陰謀論者隨時都準備好（只需要一點小費）帶你參觀槍手在暗殺當日藏身的地方。在下面的照

圖 9. 迪利廣場與甘迺迪陰謀論者

在迪利廣場隨時都有陰謀論者能帶你參觀槍手的藏身之處。我的導遊透露，一名槍手藏在下水道裡。（作者收藏，攝影：Regina Hughes）

片中，我的導遊透露，有一名槍手躲在下水道裡，另一名槍手則躲在草丘頂上的柵欄後面。在一個多小時的時間裡，這位陰謀論者將這些點連接成有意義的模式，並賦予意圖主體。（見圖9）

　　為什麼人們會相信陰謀論？值得一提的是先驗主義者和經驗主義者之間的區別。**先驗主義者**（Transcendentalists）傾向於相信一切都是相互關聯的，所有事件的發生都有原因。**經驗主義者**（Empiricists）則傾向認為世界中除了因果網絡外，還有隨機和巧合，而且每一個主張都要有憑有據才值得相信。懷疑論的難題在於先驗主義是合乎直覺的，經驗主義則不然。我們對模式性和主體性的傾向，自然地引導我們進入先驗陣營，認為世界上的事件都按照早有計畫的邏輯展開；而要進入經驗陣營，就必須在某一說法被證明之前持懷疑態度，這需要有意識的努力，而我們大多數人都不會這麼做。於是，先有信念、才有證據的心理次序再次出現。或者正如水牛春田合唱團（Buffalo Springfield）吟唱的：*偏執深植，悄悄侵入你的生活……*

如何檢驗陰謀論：關於 911 真相者的真相

　　以下我以與 911 真相者的互動經驗，作為如何檢驗陰謀論有效性的案例研究。事情的開始是在我 2005 年的一次公開演講後，一位紀錄片導演攔住我，他懷著摩爾（Michael Moore）*般的野心，想要揭露 911 背後的陰謀。

　　「你是指賓拉登和蓋達組織襲擊美國的陰謀嗎？」我反問道，知道他接下來會說什麼。

　　「這就是他們希望你相信的，」他說。

　　「**他們**是誰？」我問道。

　　「政府，」他低聲說道，彷彿**他們**此刻可能正在偷聽。

---

* 譯注：摩爾是美國著名的紀錄片導演和作家，以諷刺和揭露美國社會問題聞名。他執導的《華氏‧911》獲得了坎城影展金棕櫚獎，成為影史上投資報酬率最高的紀錄片。同時，史上最賣座的九部紀實電影中有四部出於摩爾之手。

「但賓拉登和蓋達組織的成員不光說這是他們做的，」我提醒他，「還揚揚得意地認為這是多麼光榮的勝利，不是嗎？」

「哦，你說的是賓拉登的影片，」他一臉了然地接話道，「那是 CIA 偽造的，故意洩漏給美國媒體來誤導我們，從 911 之後，虛假訊息攻勢一直在進行中。」

「你怎麼知道？」我問道。

「因為 911 有太多無法解釋的異常現象，」他回答道。

「比如說？」

「比如說，鋼鐵的熔化溫度是攝氏 1,525 度，但噴射機燃油的燃燒溫度只有攝氏 825 度。沒有熔化的鋼鐵，就沒有倒塌的塔樓。」

此時我結束了談話並拒絕接受採訪，因為我清楚知道接下來的對話走向——如果我無法解釋 2001 年 9 月 11 日那天災難事件的每一個細節，這樣的不知情就等於直接證明 911 是由布希、錢尼[*]、倫斯斐[**]和 CIA 精心策劃，目的是實施他們統治全球的計畫和打造新世界秩序，而計畫資金來自 GOD（黃金、石油、毒品），並由對世界貿易中心和五角大樓發起珍珠港事件式的襲擊揭開序幕，為戰爭提供正當理由。他解釋說，證據就在細節中，並遞給我一張假的美鈔（「9-11」取代了「1」，布希取代了華盛頓）上面印滿了網址。我怎麼覺得這些話在哪裡聽過？

在 1990 年代初，我對大屠殺否認者進行了全面調查，最初是作為《懷疑》雜誌的封面故事，後來擴展成一本書的長度，即《否認歷史》（*Denying History*）。[2] 否認者把這種「異常即證明」的策略運用到了極致。例如，歐文（David Irving）聲稱，奧斯威辛－伯肯諾集中營的克雷馬二號毒氣室頂部沒有洞。所以呢？所以問題可大了，他說。克雷馬二號毒氣室頂部沒有洞，這意味著關於親衛隊爬上屋頂，將 Zyklon-B 毒氣丸從孔洞倒入下方毒氣室

---

*　譯注：前美國副總統。
**　譯注：前美國國防部長。

的目擊證詞是錯誤的，也就意味著在克雷馬二號室沒有人被毒氣殺害，這就意味著奧斯威辛－伯肯諾集中營沒有人被毒氣殺害，也就意味著任何戰俘營都沒有人被毒氣殺害，而這意味著在任何地方都沒有猶太人被納粹系統性地屠殺。簡而言之，「沒有孔洞，就沒有大屠殺」，歐文說。後來他對一名歷史學家提起訴訟，因為對方稱他是大屠殺否認者，在倫敦的審判中他的那句口號被支持者印在 T 恤上。

沒有孔洞，就沒有大屠殺。沒有熔化的鋼鐵，就沒有蓋達組織的攻擊。這些排比是相同的，也同樣錯誤。正如我從未想過大屠殺否認竟能占據主流媒體（歐文的審判占據了幾個月的頭版新聞）一樣，在我與那名電影製片人進行上述對話之後，我也從未想過 911 否認會獲得媒體的廣泛關注。但現在事件已經發酵好幾天了，因此《懷疑》雜誌對 911 真相者的所有主張發表了全面反駁。[3]

所有陰謀論思想的核心，都是相信少數無法解釋的異常現象能破壞一個既定的理論。這一點很容易反駁，我們只需要指出，信念和理論並非僅建立在單一事實之上，而是建立在匯集了來自多個調查線索的證據之上。911 陰謀論的所有「證據」都屬於這一謬論。我可以將這項原則應用於任何陰謀論，但我將重點放在 911，因為大家對這一事件仍記憶猶新。

我們先從鋼鐵的熔化溫度這個問題開始。根據 911research.wtc7.net 網站的說法，鋼鐵的熔化溫度為攝氏 1,525 度，不過其他來源則都說是攝氏 1,510 度，但噴射燃料的燃燒溫度僅為攝氏 825 度。沒有熔化的鋼鐵，就沒有倒塌的世貿塔。[4] 錯了。在《礦物、金屬與材料學會期刊》（*Journal of the Minerals, Metals, and Materials Society*）的一篇文章中，麻省理工學院工程學教授伊格（Thomas Eager）博士解釋了原因：鋼鐵在攝氏 649 度時會失去五○％的強度；九萬公升的飛機燃油點燃了地毯、窗簾、家具和紙張等其他可燃材料，這些材料在飛機燃油耗盡後繼續燃燒，導致溫度超過攝氏 760 度，而且火勢蔓延到整棟建築物；同一根鋼製水平結構骨架上數百度的溫差導致鋼架下陷變形，破壞了將它們固定在垂直柱上的角鋼夾板；一旦一根結構骨架失

守，其他結構骨架也會失守，當一層樓（連同上面的十層樓）塌陷到下方一層時，下層樓也會跟著塌陷，產生鬆餅效應，使五十萬噸重的建築轟然倒塌。

　　陰謀論者還主張，如果建築物是由於飛機的撞擊而倒塌，那麼應該朝向側面倒塌。這也是錯的。因為這些建築有九五％的空間都是空的（畢竟是辦公大樓），所以只會垂直下塌——結構的強度根本不足以支撐整棟建築完整地倒向一邊。

　　真相者還聲稱——與上述說法直接矛盾——建築物原地垂直塌陷，他們說，只有被提前精心設置的炸藥刻意炸毀時，才會發生這種情況。還是錯了。建築物並沒有完美地垂直塌陷。倒塌始於飛機撞擊的一側，因此稍微向較薄弱的倒塌點傾斜，從世貿大樓倒塌的大量影片中可以清楚看到這一點。

　　另一個陰謀論則說，這些建築物是從上到下倒塌的，就像刻意拆除的建築物倒塌的方式一樣。這也是錯誤說法。刻意拆除是由下而上進行的，而不是從上到下進行的。如果到 YouTube 上搜尋 building demolition（建築物拆除），你會發現數百個建築物因刻意拆除而倒塌的影片，但沒有一個是像世貿中心大樓那樣從上到下倒塌的。相反地，你會看到拆除專家告訴我們它是如何完成的：炸藥會由下而上引爆。

　　在《懷疑》雜誌的 911 特刊中，我們諮詢了拆除專家布蘭查德（Brent Blanchard），他是 Protec Documentation Services 的現場作業總監，該公司負責記錄建築拆除承包商的工作。自 911 陰謀論盛行以來，他收到了大量請求，要求解釋為什麼這些建築物似乎「像刻意拆除一樣倒塌」。[5] 布蘭查德和他在 Protec 的專家團隊，與美國各大拆除公司和許多外國公司合作，研究全球最大和最高建築物的刻意拆除至今已超過一千多座。他們的職責包括工程研究、結構分析、振動／空氣超壓監測和攝影服務。2001 年 9 月 11 日，Protec 恰好在曼哈頓和布魯克林的其他地點架設了可攜式現場地震監測系統。拆除專家被聘請來清理原爆點並清除剩餘的受損結構，這些專家又請布蘭查德的公司幫忙記錄拆除和瓦礫清除的情況。以下是 911 陰謀論者

提出的九個最佳論點以及 Protec 的反駁：

主張 #1：塔樓的倒塌看起來與刻意拆除一模一樣。

Protec：一點也不像。任何拆除調查的關鍵都是找出「哪裡」——建築物倒塌的實際點。所有照片證據均顯示，世貿中心一號樓和二號樓是從撞擊點開始倒塌的。然而，所有的內爆拆除一定是從底層開始，而照片證據顯示，世貿中心一號樓和二號樓的下方樓層在從上方被摧毀之前都完好無損。

主張 #2：但它們是原地垂直倒塌。

Protec：其實不是。倒塌走的是阻力最小的路徑，但實際上阻力很大。二十層以上的建築物不會像樹木、強化塔或煙囪那樣攔腰倒塌。內爆拆除會原地垂直塌陷是因為較低的樓層先被拆除。至於世貿中心的殘片瓦礫被擠出、四散遠離建物，則是因為塌陷的樓板撞擊到完好的樓板。

主張 #3：在倒塌前夕，可以看到有幾層樓內射出爆裂物。

Protec：不對，大家看到的是空氣和碎片從建築物中猛烈地噴射出來——這是結構快速倒塌時自然且可預測的現象。

主張 #4：目擊者聽到爆炸聲。

Protec：來自不同獨立來源的 911 事件的所有地震證據都指出，沒有任何由爆炸引起的突然振動尖峰。

主張 #5：一種發熱炸藥（可能是鋁熱劑）在原爆點熔化了鋼鐵。

Protec：沒有任何一名拆除工人回報見到鋼水、遭切割的梁柱或任何爆炸的證據。目前關於檢測到鋁熱劑痕跡的說法尚無定論。

主張 #6：原爆點瓦礫殘骸——尤其是世貿中心一號樓和二號樓的大型鋼柱——被迅速運往海外，以避免詳查。

Protec：負責處理鋼材的人表示，情況並非如此。整個處理過程都有清楚的紀錄，首先是由 Protec 在原爆點進行紀錄，後來是由 Yannuzzi Demolition 在 Fresh Kills 現場進行。運往中國之前的時間範圍（幾個月）是正常的。

圖 10. 世貿中心建築物倒塌

a. 世貿中心建築群之一的大樓被圈起的區域顯示，因為受到上方樓層擠壓，有大量煙霧從下方的窗戶擠出。911 陰謀論者聲稱，這些都是爆炸性的「導火管」，會引燃爆炸裝置，摧毀建築物。（照片由 FEMA 提供）：www.fema.gov/pdf/library/fema403_ch2.pdf.

b. 與 911 陰謀論者的說法相反，世貿中心的建築物並不是從上而下均勻地倒塌，而是從遭飛機撞擊的一側開始倒塌，並朝那一面傾斜。（照片由 FEMA 提供）： www.fema.gov/pdf/library/fema403_ch2.pdf.

c. 911 陰謀論者經常提出的世貿中心七號樓照片，從這張照片看起來建築物只受到些微損壞。（照片由 FEMA 提供）：http://www.fema.gov/pdf/library/fema.403_ch5.pdf.

d. 從西南側看到的世貿中心七號樓，顯示了火災和結構損壞的真實程度。（照片由 FEMA 提供）：http://www.fema.gov/pdf/library/fema403_ch5.pdf.

主張 #7：據引述，世貿中心七號樓的承租業主本人當時曾說他決定「扯了」（*pull it*，亦指撤退），**所以，七號樓被故意用炸藥「拉倒」的。**

Protec：建築物業主無權指揮災難現場的救災人員，我們也從未聽說過用「扯了」來指爆炸性拆除。爆破專家早有預期世貿中心七號樓會倒塌，並在幾百公尺外親眼目睹了這一過程，沒有人聽到爆炸聲。

主張 #8：鋼構建築不會因火災而倒塌。

Protec：有許多鋼構建築因火災而倒塌。

主張 #9：任何否認爆炸物使用的人都是無視證據。

Protec：我們的大部分評論，都適用於人們在 911 中實際看到的情況，這與存在爆炸物時應該看到的情況存有差異。數百名投入清除原爆點的男男女女，都是國內最有經驗也最受敬重的拆除老手。他們擁有豐富的經驗和專業知識，可以認出刻意拆除的證據（如果有的話）。這些人當中沒有一人懷疑有爆炸物被使用。

事實上，世貿中心七號樓的倒塌，後來逐漸成了陰謀論者的重點，特別是自從世貿中心一號樓和二號樓倒塌的標準非陰謀解釋被廣為接受以後。因為世貿中心七號樓沒有被飛機撞擊，而且直到 9 月 11 日下午 5 點 20 分才倒塌，所以它的倒塌原因肯定與世貿中心一號樓和二號樓不同。根據 wtc7.net 的說法，「可以看到七號樓在倒塌前曾經起火，但只發生在建築物的一小部分區域，與其他建築物的火勢相比微不足道」；此外，世貿中心一號樓和二號樓掉落的碎片造成的任何損壞都需要對稱，才能引發世貿中心七號樓的鬆餅式倒塌。

事實上，世貿中心七號樓的火災範圍很廣，絕非只有一小部分。陰謀論者通常只展示世貿中心七號樓的北側，受損情況看起來比另一側輕微多了。（見圖 9 比較）

由於建築物燃燒了一整天，災害應變人員意識到倒塌即將發生，於是在下午 3 點開始疏散所有救災人員。當七號樓真的倒塌時，是由建築物的南側——因世貿中心一號樓和二號樓掉落的碎片而受到最嚴重的損壞——

開始。至於世貿中心七號樓承租人西爾弗斯坦（Larry Silverstein）下令「扯了」的說法，這裡是 2002 年 9 月 PBS 特別節目《美國重建》（*America Rebuilds*）中的實際引言。他說：「我記得接到，呃，消防部門指揮官的電話，他告訴我他們不確定是否能夠控制住火勢，我說，『我們已經遭受如此可怕的生命損失，也許最明智的做法就是撤了。』然後他們決定撤退，我們就眼看著大樓倒塌。」

以下是西爾弗斯坦自己對這段引述的解釋，於 2005 年 9 月 9 日透過發言人發表：

> 9 月 11 日下午，西爾弗斯坦先生在世貿中心七號樓現場與消防局指揮官進行了交談。指揮官告訴西爾弗斯坦先生，大樓裡有幾名消防員正在努力控制火勢。西爾弗斯坦表示，最重要的是保護這些消防員的安全，包括在必要時讓他們撤離大樓。
>
> 當天稍晚，消防指揮官命令消防員撤離大樓，下午 5 點 20 分大樓倒塌。2001 年 9 月 11 日，世界貿易中心七號大樓沒有人員傷亡。如上所述，當西爾弗斯坦先生在一部電視紀錄片中講述這一事件時，他說：「我說，你知道，我們遭受了如此可怕的生命損失，也許最明智的做法就是撤了。」麥奎倫先生（McQuillan）聲明，西爾弗斯坦先生此處所指的是留在大樓內的消防隊員。

當天目擊者的描述也支持西爾弗斯坦的解釋，包括其中一名救災人員的描述，他指出：「火勢非常非常大，最後他們把我們都撤出來。」注意這裡的動詞。

在我看來，所有 911 陰謀論中最奇怪的是涉及五角大樓的陰謀論。這種說法最初發端於邁桑（Thierry Meyssan）的著作《911：漫天大謊》（*9/11: The Big Lie*），說五角大廈是被飛彈擊中，因為損壞範圍太小，不可能是波音 757 撞擊的結果。911 陰謀影片《脆弱的變化》（*Loose Change 9/11*），以戲劇

手法呈現五角大廈上的破洞，說破洞太小，不可能是美國航空 77 號航班造成的。選擇性的視覺效果實在出色。但是，撞擊後不久就趕到現場的結構工程師基爾斯海默（Allyn E. Kilsheimer）報告說：「我在建築物表面看到了飛機機翼的痕跡。我撿起有航空公司標記的飛機零件，手裡拿著尾翼的殘骸，而且我找到了黑盒子。」建築物內外飛機殘骸的照片支持了基爾海默的目擊證詞，基爾海默補充說：「我手裡拿著機組人員制服的一部分，包括身體部位。懂嗎？」

我懂，但一心想著要讓事實迎合理論的陰謀論者不懂。

所有 911 陰謀論的說法都很容易被駁斥。例如，在五角大廈的「飛彈襲擊」中，我向對我的紀錄片持有反對觀點的陰謀論者詢問那 77 號班機怎麼了，它在五角大廈遭到攻擊的同時消失了。「飛機被銷毀，乘客被布希的特務謀殺，」他嚴肅地透露。「你的意思是告訴我，完成這一切所需要的幾千名同謀裡，」我回嘴道，「難道沒有一**個**願意上電視爆料或寫一本真相大公開的書嗎？」

想想那些心懷不滿的政府官僚和前政客，是多麼迫不及待地想公開他們認為我們納稅人一定想知道的暗箱消息。而這些 911 事件的知情人士，見證了西方文明史上最宏大的陰謀和掩蓋，居然沒有一個人願意上《瑞賴金現場》、《60 分鐘》或《日期線》節目，揭露這個驚天祕密嗎？他們之中也沒有人想寫一本今年、甚至十年內最熱賣的書，趁機大賺一筆？在喝了幾杯酒並感受到一兩次良心的抽痛後，他們之中沒有一個人會鬆口，向朋友（或朋友的朋友）吐露祕密嗎？一個也沒有？對這些反詰，我所得到的回應，跟我向幽浮學家詢問具體證據時，得到的是同樣嚴正的回答：黑衣人將目擊者滅口，死人不會說話。

911 是陰謀嗎？

911 是陰謀嗎？是的。根據定義，陰謀是指兩個或兩個以上的人，在

未經他人知情或同意的情況下，對他人實施非法、不道德或顛覆性行動的祕密計畫。因此，十九名蓋達組織成員在未告知眾人的情況下，密謀駕駛飛機撞向建築物，這就構成了陰謀。911 陰謀論者最斬釘截鐵的失敗，在於他們無法解釋賓拉登和蓋達組織真正陰謀的壓倒性證據。例如，他們如何解釋以下事實？

· 1983 年真主黨（Hezbollah）激進派襲擊美國海軍陸戰隊駐黎巴嫩軍營。
· 1993 年世貿中心卡車炸彈攻擊。
· 1995 年，試圖炸毀從菲律賓飛往美國的十二架飛機。
· 1995 年美國駐肯亞和坦尚尼亞大使館大樓發生爆炸事件，造成十二名美國人和二百名肯亞人和坦尚尼亞人死亡。
· 1996 年沙烏地阿拉伯霍巴塔（Khobar Towers）攻擊事件，造成十九名美國軍人死亡。
· 1999 年雷薩姆（Ahmed Ressam）企圖攻擊洛杉磯國際機場。
· 2000 年自殺式快艇攻擊科爾號航空母艦（USS Cole），造成十七名船員死亡、三十九人受傷。
· 有充分證據顯示，賓拉登是蓋達組織的主要資助者和領導人。
· 1996 年賓拉登發布追殺令，正式宣布針對美國發動聖戰。
· 賓拉登 1998 年的追殺令稱，「殺死美國人及其盟友──無論是平民還是軍人──不論身處任何國家，這都是任何有能力做到的穆斯林的個人義務。」

有鑑於這些背景，既然賓拉登和蓋達組織已正式聲稱對 911 襲擊事件負責，我們就應該相信他們說的，是他們做的。

陰謀販子

　　我常聽到陰謀論者對我的一種指責，說我傳播反面訊息是為了分散大眾對「真相」的注意力。這不是我第一次，也不會是最後一次，被指控是散布虛假資訊的政府打手。當我對幽浮學家關於政府在 51 區隱藏外星飛船和外星人屍體的論點嗤之以鼻時，他們就提出這種揣測。大屠殺否認者認為我是猶太人（我不是），而且我被猶太復國主義遊說團體（無論是誰）收買了。最近，911 真相支持者指責我是幕後黑手的走狗，因為我在《科學美國人》雜誌上的每月專欄，寫了一篇關於 911 陰謀論及其錯誤原因的文章。這個每月專欄我已經寫了十年，還是第一次收到這麼多充滿憤怒敵意的讀者來信。我在這裡節錄幾則來信，讓大家能一窺陰謀論心態：

　　　　顯然，「謝爾默」這個名字以後會成為「騙子」、「托」或「傀儡」
　　　　的同義詞。例如：「那傢伙在說謊。」「是啊，他不過是個謝爾
　　　　默而已。」或是，「他真是個謝爾默！」而且每個人都會知道這
　　　　是什麼意思。我可能會馬上開始在日常對話中使用這個「詞」。
　　　　這當然適用於謝爾默寫的有關 911 的所謂「文章」。

　　其中一封來信指出了他認為的陰謀首腦：

　　　　廣播和平面媒體幾乎完全被猶太復國主義罪犯控制，這些人是我
　　　　國政府邪惡行事的幕後黑手。他們透過勒索和賄賂進行運作，完
　　　　全控制了政府和外交政策，以進一步在中東擴張。

　　令人遺憾的是，指稱猶太復國主義者是陰謀者的不只他一個：

　　　　請接受我取消訂閱《科學美國人》，因為你們對 911 的報導既不

科學也不美國，而是宗教和猶太復國主義。**可恥，可恥，可恥
——又是一個倒向以色列霸主的賣國賊——請開始思考並停止賣
身給你的上級。**

還有這一封：

你對911的洗白沒用。你們這些猶太復國主義的走狗把讀者當作
傻瓜，我一直是你們雜誌的終身訂閱者，擁有自1971年起的所有
期刊。由於你們對外國勢力（以色列）的叛國舉動，我將取消訂閱。

另一封來信指責我和雜誌也是陰謀的一環：

我非常震驚，《科學美國人》竟然如此明顯地損害自己的聲譽，
刊載這種無稽之談。為什麼不放些月球上小綠人的故事呢？畢竟
都低劣到這個地步了，再低劣一點也無所謂吧？如果科學界開始
嘲笑你們，雜誌也賣不出去，請不要感到驚訝。你們不可能發表
這種鬼話**還**想保持住聲譽。軍工體系的爪牙——就是你們。

這一封則是把美國比做納粹德國：

看到所有機關團體都被迫在911事件上撒謊，真是令人難過。現
在你們也是！先生們，我真為你們感到羞恥。你們難道沒有意識
到，這正是1930年代德國發生的事情嗎？你們當然知道。

這些關於911事件的來信沉寂了一陣子，直到我公開評論了想成為穆
斯林恐怖分子的阿卜杜勒穆塔拉布（Umar Farouk Abdulmutallab），他在2009
年聖誕節那天在西北航空公司的航班上點燃自己的內衣。如果所有這些恐

怖主義行為，真的是「布希政府的內部做案」，我寫道，為什麼蓋達組織要發表這則聲明？「準備好受苦吧，因為殺戮即將到來，我們為你們準備了熱愛死亡就像你們熱愛生命一樣的人，並且在上帝的許可下，我們將以更多你們從未見過的方式找上你們。因為，你們殺人，也就會被殺，明天很快就會到來。殉道的兄弟在上帝的恩典下得以實現他的目標，但由於技術失誤，沒能發生全面爆炸。」我們是否應該相信阿卜杜勒穆塔拉布是為美國政府工作？在他被穆斯林極端分子激進化後，他的父親告發了他——這也是「內部做案」的一部分嗎？他內衣裡縫的是什麼，是布希特務用預埋的爆炸裝置炸毀世貿大樓時，使用的超級鋁熱劑嗎？

　　911 真相支持者毫不畏懼，在陰謀主體性的推動下進行了反擊。[6] 其中一個人說：

> 麥可‧謝爾默，擦擦你那得意嘴臉上的笑容。無論聖誕節那天發生什麼，都無法改變這樣一個事實：兩座世界高樓不可能像 NIST* 說的那樣，在自由落體時間內僅憑重力沿最大阻力線塌陷。

另一封來信怒吼道：

> 對於這個被利用的弱智小卒試圖焚燒他的內衣，你的竊喜正好顯示了你的偏見。你太想讓主流媒體陰謀論成真，以致你覺得它真的存在。這個故事讓我想起了「Let's Roll」的故事、林奇的故事、蒂爾曼的故事、大規模殺傷性武器的故事，以及官方的 911 陰謀論，一群拿著美工刀的人，擊敗了世界上最先進的防空系統，擊中了四個目標中的三個，其中之一是世界上防禦最嚴密的建築。謝爾默先生，請解釋一下世貿中心七號樓，它仍然是客廳裡那頭

---

* 譯注：National Institute of Standards and Technology，美國國家標準暨技術研究院

四十七層樓高的大象，證據明顯到不容忽視。

但這些陰謀販子言論精華中的精華，還是要屬以下這則關於內衣炸彈
客的解釋：

> 這傢伙是故意被放過去的。政府早就知道他有可能成為恐怖分子，
> 他的父親親手把他賣給 CIA！還記得錢尼／新保守派的那些警告
> 嗎？他們拚命想給歐巴馬潑髒水，CIA／黑水公司和司法部裡，
> 仍然有新保守派的毒蛇潛伏，由於某種無法解釋的原因，歐巴馬
> 一直無法將他們拔除。與 911 恐怖事件一樣，蓋達組織人士的底
> 細早就被摸透了，他們被 PNAC** 陰謀者手下的黑衣特務威逼利
> 誘，成了棋子。作為一名懷疑論者，謝爾默先生不應該那麼輕易
> 地吞下新保守派人士端上的胡言亂語。[7]

陰謀真正的運作方式

我們都知道，陰謀確實會發生，所以我不會一下就把這類言論亂棍打
死。林肯是暗殺陰謀的受害者，奧匈帝國王儲斐迪南大公也是，他在第一
次大戰前夕被塞爾維亞祕密社團槍殺。偷襲珍珠港是日本的陰謀（儘管一些
陰謀論者認為羅斯福參與其中），水門事件也是一個陰謀（尼克森參與其中）。我
們如何區分真正的陰謀模式和散播陰謀論的模式？正如超脫樂團（Nirvana）
的搖滾明星柯本（Kurt Cobain）在因開槍自盡（是嗎？）去世前不久，在他的
垃圾搖滾歌詞中所咆哮的：「就算你緊張兮兮，也不代表有人在追你。」

但正如利迪（G. Gordon Liddy）曾經告訴我的，政府陰謀的破綻在於官僚
的無能和人們無法保密。利迪應該是有切膚之痛，因為他是尼克森總統的

** 譯注：Project for the New American Century，新美國世紀計畫，新保守派智庫。

助理，也是闖入水門酒店民主黨全國委員會辦公室的幕後策劃者之一。複雜的陰謀很難實現——在這起案件中，即使是像酒店入室盜聽這樣簡單的事情，也因為一名警衛就失敗了，在國會聽證會和新聞調查的壓力下，許多共犯開始鬆口吐實。有太多人想掙那十五分鐘的名氣，即使是黑衣人也無法一一封住爆料人的嘴。再說一遍，陰謀論越複雜，需要越多人參與才能實施，就越不可能是真的。

作為陰謀如何在高度隨機和充滿偶然的現實世界（而不是陰謀論者假設的完美世界）中實際運作的一個例子，讓我們詳細研究 1914 年 6 月 28 日在塞拉耶佛（Sarajevo），奧匈帝國斐迪南大公及其妻子索菲的遇刺事件。這是歷史上最重要、影響最深遠的暗殺事件，因為它迅速引發那年夏天的軍事集結，導致八月炮火和第一次世界大戰的爆發。這起事件毫無疑問是一個名為「黑手」（Black Hand）的祕密激進組織所籌劃的陰謀，其政治目標是讓塞爾維亞脫離奧匈帝國而獨立。暗殺者得到了塞爾維亞平民和軍官的暗中支持，為他們提供武器、地圖和訓練以實行陰謀。

那天奧匈帝國王儲斐迪南大公前往薩拉熱窩視察軍事演習，並為新的國家博物館揭幕。他在早上抵達火車站，和隨從一同被六輛車送往第一站。斐迪南和索菲乘坐第三輛的敞篷車，他指示司機慢速行駛，以便欣賞塞拉耶佛市中心美麗的景色。此時車隊沿著歷史悠久的阿佩爾碼頭大道（Appel Quay）行駛，而主導這次陰謀行動的伊利奇（Danilo Ilic）已將六名暗殺者佈署在戰略地點，並在最後一刻交付武器。

當車隊進入殺戮區時，前兩名暗殺者——攜帶手榴彈的梅巴西（Muhamed Mehmedbasic），以及攜帶手槍和手榴彈的庫布里洛維奇（Vaso Cubrilovic）——都未採取行動，不知是出於恐懼，還是無法瞄準目標。接下來是卡布里諾維奇（Nedeljko Cabrininovic），他將手榴彈直直扔向目標的第三輛車。手榴彈從斐迪南和索菲身後收起的車頂彈起，飛過汽車後部，落在後一輛車下方後爆炸，炸傷了車上的人和路旁群眾中的警察和路人。

驚慌失措的卡布里諾維奇吞下了預防被捕而帶的氰化物藥丸，然後跳

進附近的米爾賈卡河。但這個時候的河水太淺、淹不死人，而他服下的氰化物也只導致劇烈嘔吐，因此卡布里諾維奇被捕獲，並遭到人群毆打，然後被拖到警察局。車隊迅速駛向安全地帶，其他三名暗殺者——波波維奇（Cvjetko Popovic）、格拉貝茲（Trifun Grabez）和普林西普（Gavrilo Princip）——只能悄悄撤離，這次暗殺陰謀因無能和運氣不佳而失敗。

　　即使是精心策劃的陰謀也很難按計畫進行，不過這一切還沒有結束。令人意想不到的是，斐迪南大公決定完成他預定的行程，因此繼續前往市政廳為他舉行的招待會，在那裡他譴責了塞拉耶佛的選任領導人。他說：「市長先生，我來這裡拜訪，卻被投擲炸彈。這太令人憤慨了。」隨後大公發表了談話，他讀的講稿是從四號車取出的染血紙張，並提到自己在群眾臉上看到了「對暗殺計畫失敗感到高興的表情」。但他話說得太早，因為陰謀往往會因最離奇的事件出現轉折。這一次是因為斐迪南大公決定前往醫院，探視四號車的受傷部屬。索菲則取消了她的行程，認為最好與丈夫同行。

　　與此同時，普林西普對暗殺失敗感到沮喪，他漫無目的地走到阿佩爾碼頭和弗朗茲約瑟夫街（Franz Joseph Street）拐角處的一家熟食店，買了三明治默默神傷。吃完後，他從席勒咖啡館出來，一眼就瞧見那輛敞篷車正沿著阿佩爾碼頭從市政廳開往醫院，斐迪南大公夫婦兩人明晃晃地露在外面，就像待宰的鴨子。震驚的普林西普立刻認為這是他的大好機會，並抓住了這個時機。他衝到汽車右側開槍射擊，擊中了大公的頸靜脈，也擊中了索菲的身軀。不久後，兩人就因失血過多而死亡。

　　這才是陰謀真正的運作方式——依據當下突發情況展開的混亂事件，經常因為偶然的細節和人為錯誤的現實而出現轉折。但我們完全相反的直覺傾向——相信陰謀是權謀操縱下運作精良的機器——很容易就會陷入陰謀模式性和主體性的陷阱，模式太過清晰，主體的知識和權力超乎常人。

第四部

對可見事物的信念

人們曾經認為地球是平的，他們錯了。人們曾經認為地球是球形，他們錯了。但如果你認為認為地球是球形和認為地球是平的，兩者的錯誤程度相當，那麼你的觀點比這兩種觀點加起來錯得更多。

——阿西莫夫（Isaac Asimov），《錯誤的相對論》（*The Relativity of Wrong*），1989 年

1 信念的政治學

Politics of Belief

　　您是政治自由派還是保守派？如果你是自由主義者，我猜你會讀《紐約時報》、聽進步派談話廣播、看 CNN、討厭布希、厭惡莎拉斐琳、喜愛高爾、崇敬歐巴馬、贊成墮胎選擇權、反對槍支、支持政教分離、贊成全民醫療保健、投票支持重新分配財富和向富人徵稅等縮小貧富差距的措施，並相信全球暖化是真的，是人為造成，如果政府不盡快採取重大行動，對文明來說可能造成重大災難。如果你是保守派，我猜你會讀《華爾街日報》、聽保守派談話廣播、看 FOX 新聞、熱愛布希、崇拜斐琳、鄙視高爾並憎惡歐巴馬、反對墮胎、反對槍支管制、認為美國是基督教國家應該政教合一、反對全民健保、投票反對重新分配財富和向富人徵稅的措施，並對全球暖化和／或政府大幅改變經濟以拯救文明的計畫持懷疑態度。

　　儘管這一系列具體預測可能並不完全符合任何一人的立場，但大多數美國人確實採取了這兩套態度之一。這一事實指出，即使是政治、經濟和社會信念，也能形成我們可以識別並評估的獨特模式。在這趟相信的大腦之旅的這一章中，我想退後一步，回顧信念系統更宏大的面貌，以及它們如何在政治、經濟和各種類型的意識形態領域中運作。

政治信念的力量，或人們為何將自己分成自由派或保守派

　　2003 年，史丹福大學社會心理學家約斯特（John Jost）等人在知名期刊《心理通報》（*Psychological Bulletin*）上發表了一篇論文，標題為〈政治保

守主義作為動機社會認知〉，這篇論文統整了五十年來、八十八篇論文共
22,818 名受試者所得的研究結果。結論是：保守派苦於「不確定性迴避」
和「恐懼管理」，並有「對秩序和結構的需求」、「封閉」以及「教條主義」
和「不能容忍模糊性」的狀況，這些導致他們在信念和實踐都「抵制變革」
和「認可不平等」。

　　論文作者總結說：「幾個世紀以來，歷史學家、哲學家和社會科學家
一直試圖理解保守主義的心理基礎。」

> 我們將政治保守主義視為一種意識形態信念系統，與對不確定性
> 和恐懼的心理管理有關的動機關切呈顯著（但不完全）相關。具體
> 來說，迴避不確定性（以及追求確定性）可能與保守思想的一個核
> 心層面密切相關，即抵制變革。同樣地，對恐懼和威脅的關切，
> 可能與保守主義的第二個核心層面有關，即認可不平等。[1]

　　這篇論文被報紙雜誌引述，宣稱科學家終於發現保守派的動力。《今
日心理學》（*Psychology Today*）的一位評論家問道：「政治保守主義是一種輕
度的精神錯亂嗎？」[2] 英國報紙《衛報》（*Guardian*）報導：「一項由美國政
府資助的研究得出結論，保守主義在心理學上可以解釋為一種源於『恐懼』
的精神官能症。」好像這還不足以讓世界各地的保守派火冒三丈，該論文
作者還將雷根和右翼脫口秀主持人林博（Rush Limbaugh）比做希特勒和墨索
里尼，認為他們都有同樣的病症。[3] 不用說，保守派並不樂意有人檢視他們
的政治信念，活像對癌症腫瘤做切片一樣。

　　人們為什麼保守？人們為什麼會投票給共和黨？問出這些問題的人通
常絲毫沒有意識到，這麼問本來就帶有偏見——因為民主黨人毫無疑問是
正確的，而共和黨人無庸置疑是錯誤的，所以保守主義一定是種精神疾病、
大腦缺陷、人格缺陷，才會導致認知功能障礙。就像醫學科學家研究癌症
是為了治癒這種疾病一樣，自由派政治科學家研究政治態度和投票行為，

是為了治癒人們的保守主義之癌。學術界的這種自由主義信念偏見是如此根深蒂固，以至於它成了自由派魚兒游過的政治水域——魚在水中不知水。

維吉尼亞大學心理學家海特（Jonathan Haidt）注意到這種偏見，並在 Edge.org 上一篇廣受閱讀和評論的文章〈是什麼讓人們投票給共和黨？〉中，呼籲人們關注這一偏見。正如海特的研究所反映的，自由派的標準說詞是，人們投票給共和黨，是因為他們「認知缺乏彈性，喜歡等級制度，並且極度害怕不確定性、變化和死亡」。海特呼籲其他學者放下這種「診斷」，並記住「道德心理學的第二條規則是，道德不僅僅是關於我們如何對待彼此（正如大多數自由主義者所認為的），也關乎將群體團結在一起、支持重要機構以及以聖潔高尚的方式生活。當共和黨人說民主黨人『就是不明白』時，他們指的就是『這個』。」[4]

為什麼自由主義者會以如此偏頗的方式來描述保守派？為了回答這個問題，讓我們先顛倒一下位置，將民主黨人和自由主義者描述為苦於同樣缺陷性的精神病症：「缺乏道德準則導致無法做出明確的道德選擇，對社會問題極度缺乏確定性，對明確性的病態恐懼導致優柔寡斷，天真地相信所有人都同樣具有才華，並且盲目地堅持相互矛盾的證據，認為文化和環境本身決定了一個人在社會中的命運，因此應由政府來糾正一切的社會不公現象。」一旦你選定了人格特徵和認知風格的形容詞，就很容易收集到支持它們的資料。問題出在描寫特性的過程本身。

兩個落入相同信念偏見陷阱、像書那麼厚的流行例子，是加州大學柏克萊分校認知科學家萊考夫（George Lakoff）在 2008 年出版的《政治思維》（The Political Mind），和埃默里大學心理學家韋斯特（Drew Westen）在 2007 年出版的《政治大腦》（The Political Brain）。兩本書的說法很類似：自由派極度慷慨（「濫好心」）、理性、聰明、樂觀，並透過令人信服的論點訴諸選民的理性；保守派則吝嗇（「沒有心」）、陰沉、愚蠢的獨裁者，透過威脅和散播恐懼訴諸選民的情緒。但保守派能贏得大多數選舉，是因為他們不擇手段地操弄選民的情感大腦，因此自由派政治家需要加強競選力度，多吸

引選民的心而不是他們的頭腦。

這些特性的描述不但完全出於自由派的信念偏見，就連保守派贏得民心之爭的這個前提也是錯的。在國會選舉中民主黨其實占了上風：在參議院，從 1855 年至 2006 年總計 6,832 個席位中，民主黨以 3,395 席比 3,323 席略勝共和黨。在眾議院，從 1855 年至 2006 年總計 27,906 個席位中，民主黨以 15,363 席比 12,994 席擊敗共和黨。

至於保守派與自由派的性格特徵和氣質，以及前者所謂的陰沉本性，根據國家民意研究中心（National Opinion Research Center）1972 年至 2004 年的綜合社會調查，自述為「保守」或「非常保守」的人之中有 44％說他們「非常快樂」，而自述為「自由」或「非常自由」的人中只有 25％這麼認為。2007 年蓋洛普民意調查發現，58％的共和黨人表示他們的心理健康狀況「非常好」，而民主黨人中這一比例僅為 38％。原因可能是保守派比自由派慷慨得多，他們多捐了 30％的錢（即使在控制收入因素的情況下）、捐血更多、擔任志工的時間更長。而且，這並不是因為保守派有更多的可消耗收入——有工作的窮人將收入捐給慈善機構的比例，遠高於其他收入群體，是接受公共援助同等收入者的三倍。換言之，貧窮不是捐獻給慈善機構的阻礙，福利才是。[5] 對於這些發現的一種解釋是，保守派認為慈善事業應該是私人的（透過非營利組織），而自由派認為慈善事業應該是公共的（透過政府）。在這裡，我們看到一個基於不同道德基礎的政黨偏好模式，我們將在之後探討。

自由派以這種方式描述保守派的原因，可能是學術社會科學家的自由主義偏見。喬治梅森大學經濟學家克萊因（Daniel Klein），在 2005 年利用選民登記進行的一項研究發現，加州大學柏克萊分校的教職人員中，民主黨與共和黨的人數比高達 10：1，十分驚人。史丹福大學的教職人員中，民主黨與共和黨的比例為 7.6：1。在人文社會科學領域，兩個校區的比例均為 16：1（在助理教授和副教授之間為 30：1）。在部分系所如人類學和新聞學等，則一個共和黨人都沒有。克萊恩表示，全美所有學院和大學的所有系所中，

民主黨人與共和黨人的比例為 8：1。[6]

　　史密斯學院政治學家羅斯曼（Stanley Rothman）等人，在 2005 年的一項全國性研究中發現了類似的偏見：只有 15％的教授稱自己為保守派，而有 72％ 的教授稱自己為自由派（在人文和社會科學領域為 80％）。[7] 加州大學洛杉磯分校高等教育研究所，於 2001 年進行的一項更為細緻的全美研究發現，5.3％的高教教師屬於極左派，42.3％屬於自由派，34.3％屬於中間派，17.7％屬於保守派，0.3％屬於極右派。比較這個樣本中的兩個極端，極左自由派的數量是極右保守派的十七倍。這種偏見甚至出現在法學院，但人人都會希望我們未來的立法者能夠接受更平衡的教育。2005 年，西北大學法學教授麥金尼斯（John McGinnis）對《美國新聞與世界報導》（*U.S. News & World Report*）評選出的前二十一所法學院教師進行調查，結果發現政治活躍的教授絕大多數傾向民主黨，其中 81％的教授「全部或主要」為民主黨競選活動效力，而只有 15％的教授為共和黨做出貢獻。[8]

　　向自由主義傾斜似乎也是許多形式媒體的主要態勢。加州大學洛杉磯分校政治學家格羅斯克洛斯（Tim Groseclose）和密蘇里大學經濟學家米約（Jeffrey Milyo），在 2005 年的一項研究，透過計算特定媒體引用不同智庫和政策團體的次數，然後將其與國會議員引用同一團體的次數進行比較，如此來衡量媒體偏見。「結果顯示出強烈的自由主義偏見：除了《FOX 新聞特別報導》和《華盛頓時報》之外，我們研究的所有新聞媒體的得分，都比國會議員的平均得分偏左。」不出所料，《CBS 晚間新聞》和《紐約時報》「得到的分數遠遠偏左」。政治上最中立的三個媒體是 PBS 的《新聞時間》（*NewsHour*）、CNN 的《夜間新聞》（*NewsNight*）和 ABC 的《早安美國》（*Good Morning America*）。有趣的是，所有新聞來源中，在政治上最中間派的是《今日美國》（*USA Today*）。[9]

　　當然，自由主義者並沒有壟斷政治偏見。每次聽保守派的談話廣播，我發現很容易就能預測主持人會對 X 事件說些什麼，甚至在他們開口之前就能預測到，不管 X 事件是什麼都一樣：醫療保健、伊拉克戰爭、墮胎、

槍支管制、同性婚姻、全球暖化以及大多數其他議題。我根本不用再去聽拉什林博的節目，因為我已經知道他會說什麼了。奧萊利（Bill O'Reilly）、漢尼提（Sean Hannity）和貝克（Glenn Beck）也是如此，他們就像死亡和稅收一樣地可預料，但他們都不相信這兩者。

比較難預測的政治評論員是那種不會乖乖遵守黨派路線，而是在面對新資料或更好的理論時，似乎願意打破意識形態模式的那些人。普拉格（Dennis Praeger）就是一個例子，也許是因為他接受過大量的拉比式思想訓練，在這類思想風格中，每個道德問題都需要仔細權衡、廣泛辯論和深入思考。當然，這種更細緻入微的風格可能不會吸引那麼多聽眾，而且普拉格的節目在收聽率上確實落後於更黑白分明的保守派談話節目。蘇利文（Andrew Sullivan）和希欽斯（Christopher Hitchens）也很難預測，但我將其歸因於這樣一個事實：兩人都更接近自由主義者──社會自由而經濟保守。不將自己完全置於某種意識形態模式的中間，會更容易打破這種模式（也因此變得更難預測）。在公眾自由主義陣線上，斯托塞爾（John Stossel）非常容易預測，但由於他呼應了我自己的許多意識形態信念，所以我往往不會注意到其中的偏見。

重點就在這裡。這並不是說這些社會評論家（或許多其他人──具體例子並不重要）沒有原創思想，也不是說他們不聰明、沒受過教育、沒有勇氣堅持自己的信念（他們都有這些以及更多特點）；問題在於，當你認定某種意識形態信念時，你就會將自己卡在這個信念的特定立場模式中，並將這些立場鸚鵡學舌般回饋給你的社會群體──就公共知識分子而言，就是聽眾──他們聽這些節目，主要就是為了印證自己的意識形態信念。

黨派之心與政治思想

政治學家格林（Donald Green）、帕爾奎斯特（Bradley Palmquist）和希克勒（Eric Schickler），在合著的《黨派之心與思想》（*Partisan Hearts and Minds*）中論

證，大多數人選擇某一政黨並不是因為它反映了他們的觀點；相反地，他們是先**認同**了某一政治立場，通常是承襲自父母、同儕群體或成長過程，在選定了政治立場後，才會選擇合適的政黨，然後再跟著政黨走。[10] 這就是政治信念的力量，呈現出來的是現代政治極類似部落的性質，以及對每一部落的刻板印象。

任何透過標準管道，如談話廣播和電視、報紙和雜誌社論、暢銷書籍、部落格、影片部落格、推特等管道，定期關注政治評論的人，都知道自由派對保守派的標準刻板印象：

> 保守派是一群開悍馬車、吃肉、擁槍、提倡小政府、減稅、酗酒、宣講聖經、非黑即白、捶拳、踩腳、滿嘴仁義道德的吹牛大王。

以及保守派對自由派的看法：

> 自由主義者是一群開油電車、吃豆腐、擁抱樹木、拯救鯨魚、穿涼鞋、推動大政府、加稅、喝瓶裝水、反覆無常、優柔寡斷、軟弱無力的尿床小鬼。

這種刻板印象在我們的文化中根深蒂固，每個人都心領神會，喜劇演員和評論家也不時拿來利用一番。就像許多刻板印象一樣，這些都有一定的真實性，反映出對不同道德價值的重視，尤其是我們直覺得出的道德價值。事實上有大量研究指出，大多數道德決定都是基於自動的道德感受，而不是經由深思熟慮的理性計算。我們做出道德決定的方式，不是透過仔細權衡正反證據，而是憑直覺判斷，認定事實後才找理由將倉促的決定合理化。我們的道德直覺——反映在這種保守與自由派的刻板印象中——更偏向感性而非理性。正如我們對生活中大多數事情的大多數信念一樣，我們是先有道德信念，然後才是對這些道德信念的合理化。

根據海特的說法，其實在道德直覺理論的脈絡下，我們更容易理解這種刻板印象，[11] 這解釋了為什麼我們對某些行為（例如亂倫）有一種天然的厭惡，即使我們無法清楚闡述原因。舉例來說，請閱讀以下場景，想一想你認為主角的行為在道德上是可接受的還是錯誤的：

> 朱莉和馬克是一對兄妹。大學放暑假時，他們一起去法國旅行。一晚，兩人獨自住在海灘附近的一間小屋。他們認為如果嘗試做愛會很有趣，至少這對他倆來說都是一次新體驗。朱莉已經服用避孕藥，但為了安全起見，馬克也使用了保險套。他們都很享受做愛，但他們決定不再這樣做。他們把那晚當作一個特殊的祕密，這讓他們感覺彼此更親近。你對此有何看法，他們做愛是可以的嗎？

這是海特為了測試人們的道德直覺而編出的小短文，而幾乎每個讀過的人都說這在道德上是錯誤的。如果問起原因，他們給出的答案是朱莉可能會懷孕（但她不會），或者這會傷害他們的兄弟姐妹關係（也沒有），或者其他人會發現（但不會有人發現）。最後人們放棄推理，只能脫口說：「我不知道，我無法解釋，我只知道這是錯的。」[12]

海特從這項研究和類似的研究結果中得出結論：人類演化出道德情感，是為了幫助我們生存和繁衍。在我們祖先的舊石器時代環境中，亂倫會導致非常現實的問題，也就是近親繁殖造成的基因突變。當然，在我們這一代之前，沒人知道亂倫禁忌的潛在遺傳原因，但演化賦予我們道德情感，透過對那些廣泛實行亂倫者的天擇，避免我們與近親發生密切的性關係。海特提出，我們的是非感，奠基於五種與生具來且普遍存在的心理系統。[13]

1. **傷害／關懷**，與哺乳動物長期演化出的依附系統，以及我們具有能感受（和厭惡）他人痛苦的能力有關。當我們想像自己處於

他人的位置，以及如果這種情況發生在我們身上時會是什麼樣的感覺時，我們就對他人產生了深刻的同理心和同情心。這個是善良、溫柔和包容等道德美德的基礎。

2. **公平／互惠**，與互惠利他主義的演化過程有關。「如果你替我抓背，我就替你抓背」。最終演變成對公平和不公平交換的內在是非感——這是導向正義、權利和個人自主等政治理想的基礎。

3. **群體內／忠誠**，與部落間結盟關係隨時可能變化的悠久歷史有關。我們演化出一種傾向，即在對部落成員表現出群體內友善，而對另一個群體中的任何人表現出群體間的敵意。這一基礎在部落內創造了一種「兄弟連」效應，並成為愛國主義以及為大我犧牲小我等美德的基礎。

4. **權威／尊重**，由靈長類動物階級社會互動的悠久歷史所塑造。我們演化出一種自然傾向，會順從權威、尊重領袖和專家、遵循社會地位高於我們的人所制定的規則和指示。這一基礎是領導與追隨等美德的基礎，包括尊重合法權威和尊重傳統。

5. **純潔／神聖**，由厭惡和汙染心理所塑造。我們演化出情感來引導我們朝向乾淨，遠離骯髒。這一心理成了努力減少肉欲、以更高尚可貴的方式生活的宗教觀念之基礎。強調的信念是，身體是一座神廟，有可能被不道德的活動和汙染物褻瀆。

　　多年來，海特和他在維吉尼亞大學的同事格雷漢（Jesse Graham），調查了全球十幾個不同國家和地區，超過十一萬人的道德觀念。他們發現了自由派和保守派之間的一貫差異：自由派在 1 和 2（傷害／關懷和公平／互惠）高於保守派，但在 3、4、5（群體內／忠誠、權威／尊重和純潔／神聖）低於保守派。保守派在所有五個維度上大致相等：在 1 和 2 低於自由派，但在 3、4、5 高於自由派（各位可以到 http://www.yourmorals.org 自行測試）。解說如下：

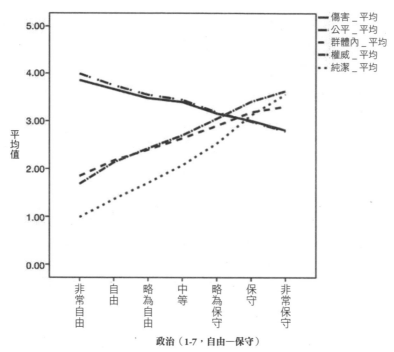

圖 11. 五種道德基礎

維吉尼亞大學的海特和格雷漢，對來自十幾個國家十一萬八千人的道德觀點進行的調查顯示，自由派和保守派之間存在一貫的差異，其中自由派在道德基礎 1 和 2 的得分高於保守派（傷害／關懷和公平／互惠），但在道德基礎 3、4、5（內部群體／忠誠、權威／尊重和純潔／神聖）的得分低於保守派。保守派在所有五個面向上大致相等，在 1 和 2 低於自由派，但在 3、4、5 高於自由派。道德基礎問卷五個分量的回應圖表。N = 118,240.（圖表由海特提供）調查網址：www.yourmorals.org.

　　換句話說，自由主義者質疑權威、頌揚多樣性，經常為了照顧弱者和被壓迫者而不顧信仰和傳統，即使冒著政治和經濟混亂的風險，他們也想要改變和正義。相較之下，保守派強調制度和傳統、信仰和家庭、國家和信條，他們想要秩序，甚至不惜犧牲那些處於底層的人。當然，這種概括也有例外，但這裡的要點是，不要將左派和右派視為對或錯（取決於你屬於哪一個），更具反思性的做法是，認識到自由和保守派各自強調不同的道德價值觀，並傾向將自己歸類為兩個類別之一。

　　就拿慷慨與法治之間關係的眾多研究中的一項來說明好了。2002 年，

經濟學家費爾（Ernst Fehr）和加赫特（Simon Gachter）進行了一項關於「道德懲罰」的實驗，受試者有機會懲罰在利他奉獻的集體活動中拒絕合作的人。研究人員採用了一種合作遊戲，受試者可以將錢捐給共享的公用空間。在「搭便車」不會受罰的實驗條件下（人們可以在不向公共空間奉獻任何東西的情況下，獲得加入群體的好處），實驗者發現受試者之間的合作，在遊戲的前六輪內迅速瓦解。在第七輪中，費爾和加赫特加入一個新條件，允許受試者從搭便車者那裡拿到錢以懲罰他們。他們這樣做了，之前搭便車者的合作和奉獻程度立刻上升。[14] 結論：為了實現社會和諧，社會需要建立一個既鼓勵慷慨又懲罰搭便車的制度。

　　現代世界有兩種這樣的體制──宗教和政府──兩者都出現於大約五千到七千年前，以滿足社會控制和政治和諧的需要。當時由狩獵採集者、漁民和牧民組成的小團體，合併成更大的農民、工匠和商人組成的酋邦和國家。當人口規模太大而無法進行非正式的社會控制手段（例如流言和迴避）時，宗教和政府就演變為社會監督者和規則的執行者。[15] 保守派和自由派都同意社會需要規則，但就大多數行為來說，保守派偏好透過宗教、社區和家庭進行較私人的監管，而自由派則傾向透過政府進行更多的公共監管（性道德除外，這方面恰好相反）。這兩種制度的問題在於，我們的道德思想也演化成將我們擰成一個群體，與其他群體分開，並說服自己我們是對的而其他群體是錯的。這一事實從 1941 年 11 月 7 日到 2001 年 9 月 11 日，造成了可怕的後果。

　　關於這些差異造成的緊張關係，我最喜歡的例子出自 1992 年的電影《軍官與魔鬼》（A Few Good Men），我認為很能說明保守派與自由派在道德基礎上的差異。在法庭終場中，傑克尼克遜飾演的保守派海軍陸戰隊上校傑瑟普，受到湯姆克魯斯飾演的自由派海軍中尉凱菲的盤問；凱菲負責為兩名被指控誤殺同袍的海軍陸戰隊員辯護。凱菲認為，是傑瑟普下令執行「紅色代碼」──一種不成文的命令，意圖修理一位名叫聖地亞哥的海軍陸戰隊員，對他的不忠誠加以懲戒──結果悲劇性地失控了。凱菲希望為

當事人伸張正義，即使必須以犧牲軍隊的團結為代價；傑瑟普則希望國家
享有自由和安全，甚至不惜犧牲個人的自由。凱菲認為他「有權」瞭解「真
相」，但傑瑟普懷疑卡菲「無法處理真相」。為什麼？傑瑟普解釋說，因為，

> 孩子，我們生活在一個有牆的世界，這些牆必須由持槍者看守。
> 誰來做呢，你嗎？……你不要真相，因為在不會談論這個問題的
> 聚會中、在你的內心深處，你希望我在那堵牆上。你需要我在那
> 堵牆上。我們使用榮譽、準則、忠誠等字眼，我們用這些話作為
> 一生捍衛某項事物的支柱。而你只是把它當成笑點。我既沒時間
> 也沒意願向一個在我提供的自由之毯下起床睡覺、卻又質疑我提
> 供自由的方式的人解釋自己。我寧願你只說一聲「謝謝」然後繼
> 續做你的事，不然我建議你拿起武器站崗。不管怎樣，我根本不
> 在乎你認為你有權利得到什麼。

　　就我個人而言，我感到很矛盾，這種矛盾反映了一個事實：道德信念
的衝突有時是難以化解的，就像這裡的情況一樣。一方面，我傾向自由主
義對個人公平、正義和自由的重視，我擔心過度強調群體忠誠會引發我們
內心的部落主義和隨之而來的仇外心理。[16] 另一方面，來自歷史、人類學
和演化心理學的證據，揭示了我們的部落本能有多深。好的籬笆造就好鄰
居，因為惡人確實是道德世界中的一部分。我是一個公民自由主義者，認
為個人自由和自主的價值高於一切，但自從發生 911、77、1225 以及無數
次其他部落對我們自由的攻擊後，我衷心感謝牆上所有的勇敢士兵，讓我
們能夠安睡在自由之毯下。

人性的悲劇、烏托邦與現實願景

　　分辨構成自由派和保守派信念的道德價值觀，也許有助於減弱我們將

對方妖魔化為惡人的自然傾向。理解帶來寬容，至少我腦中理想化的自由主義迴路是這麼告訴我的。事實上，我強烈懷疑兩黨體制幾個世紀以來演變成這樣，就是因為會自然而然地強調這些同樣重要但往往不可調和的道德價值觀。

　　回想一下第八章，行為遺傳學家對出生時分離並在不同環境中長大的同卵雙胞胎進行的研究發現，他們的宗教態度約有 40％的差異是由基因造成的。這些研究還指出，大約有 40％的政治態度差異是來自承襲。[17] 當然，就像基因並未寫定特定的宗教信仰一樣，我們也不會直接承襲政黨歸屬。相反地，基因影響的是氣質，而人們傾向根據自己的性格偏好，將自己分為左派或右派的道德價值觀。自由派強調傷害／關懷和公平／互惠價值觀，保守派則強調群體內／忠誠、權威／尊重和純潔／神聖價值。這可以解釋為什麼在對範圍廣泛而看似無關的議題上，人們的看法如此容易預測——為什麼那些認為政府不該管個人臥室裡的事的人，卻認為政府應該深入管制私人企業；為什麼那些認為應該減稅的人，卻想在軍事、警察和司法系統上大幅支出。

　　經濟學家索維爾（Thomas Sowell）在他的著作《願景的衝突》（*A Conflict of Visions*）中主張，這兩類道德價值觀與人們對人性的看法密切相關，一是受限的（保守的），另一是不受限的（自由的）。他將這些稱為**受限的願景**和**不受限的願景**。索維爾指出，關於稅收、福利、社會保障、醫療保健、刑事司法和戰爭等許多看似無關的社會問題的爭議，其實一再揭示了這兩種相互衝突的願景間始終如一的意識形態分界線。「如果人類的選擇不是在本質上受到限制，那麼這種令人反感和災難般現象的存在，確實迫切地需要解釋和解決方案。但如果人自身的限制和激情才是這些痛心現象的核心，那麼需要解釋的是避免或最小化這些現象的方式。」

　　你認為這些本質中何者為真，大致就能決定你認為哪種解決社會弊病的方法最有效。「在不受限的願景中，社會之惡沒有解決不了的原因，因此沒道理無法解決，只要有足夠的道德承諾。但在受限的願景中，任何抑

制或改善人類邪惡天性的技巧或策略都有其代價，有些會以這些文明制度造成的其他社會弊病的形式出現。因此，所有可能的手段都是只是一種謹慎的平衡。」

這並不是說保守派認為人天生邪惡，而自由派認為人天生善良。「不受限的願景中隱含著一種觀念，即潛力與現實大不相同，能改善人性以實現其潛力的手段確實存在，或者這種手段可以被發展或發現。如此一來，人類就會出於正確的理由做正確的事，而不是出於不可告人的心態或經濟獎賞，」索維爾解釋道，「簡而言之，人是『可以完美的』——意思是可以不斷改進，而無法真正達到絕對完美。」[18]

哈佛大學心理學家平克（Steven Pinker）在其分析人性的傑作《白板》（*The Blank Slate*）中，將這兩種願景重新貼上**悲劇願景**和**烏托邦願景**的標籤，並略做調整：

> 烏托邦願景尋求闡明社會目標，並制定直接針對這些目標的政策：用對貧困宣戰來打擊經濟不平等，用環境法規制衡汙染，以扶助導正種族失衡，以食品添加劑禁令消除致癌物。悲劇願景直指執行政策者的自私動機——即擴大他們的官僚權力——以及他們根本無能預見接踵而來的後果，特別是當社會目標和數百萬人的追求自身利益相衝突時。

明顯的左右分歧，讓烏托邦願景和悲劇願景在無數具體事項上始終處於對立，例如政府規模（大 VS. 小）、稅收額度（高 VS. 低）、貿易（公平 VS. 自由）、醫療保健（普遍 VS. 個人）、環境（保護 VS. 放任）、犯罪（由社會不公正引起 VS. 犯罪心理引起）、憲法（社會正義的司法行動主義 VS. 初衷的嚴格建構主義），以及其他許許多多。[19]

就我個人而言，我同意索維爾和平克的觀點，即不受限的願景是烏托邦（utopian），這在希臘語中意味著「無處可尋」。不受限的烏托邦式人性

觀大幅接受白板模型，並認為習俗、法律和傳統制度是不平等和不公正的根源，因此應該受到嚴格監管並自上而下不斷修改；它相信可以透過政府計畫來改造社會，釋放人們天生的無私和利他主義；它認為身體和智力差異，大多源自不公不義社會制度的結果，而這些社會制度可以透過社會計畫進行重新設計，讓人們有機會在從歷史中繼承下來、人為創造的不公不義的政治、經濟和社會系統中，進行社會經濟階層的流動。而我相信這種人性願景根本**無處可尋**。

　　儘管有些自由派擁護這樣的人性願景，但我強烈懷疑，在被追問到具體問題時，大多數自由派都會意識到人類行為的確受到一定程度的限制──尤其是那些受過生物和演化科學教育、對行為遺傳學研究略有所知的人。因此，爭論的重點就轉到了受限的**程度**。我認為，人性願景並不存在兩種截然不同、涇渭分明的類別，即受限和不受限（或悲劇性和烏托邦式）的願景，而是只有一種具有滑動尺度的願景。姑且稱之為**現實願景**。

　　如果你相信人性在道德、身體和智力等各方面都受到部分限制，那麼你對人性抱持的就是**現實願景**。為了符合行為遺傳學和演化心理學的研究結果，我們就把這個限制的數字定在 40％ 到 50％。在現實願景中，人性因生物學和演化歷史而相對受限，因此社會和政治體系必須依據這些現實來構建，強調人類本性的積極面並削弱消極面。現實願景拒絕白板模型，即人們具有極高的可塑性、對社會計畫的反應極為良好，所以政府可以將他們的生活融入其設計的偉大社會中。相反地，現實願景相信家庭、習俗、法律和傳統制度是社會和諧的最佳源頭。現實願景認為，需透過父母、家人、朋友和社區成員進行嚴格的道德教育，因為人具有自私與無私、競爭與合作、貪婪與慷慨的雙重本性，因此我們需要規則、指導和鼓勵來做正確的事。現實願景承認人們在身體和智力上各有差異──絕大部分是因自然遺傳所致──因此會上升（或下降）到他們的自然水平。所以，政府的再分配計畫，不僅對那些財富被沒收和再分配的人不公平，同時將財富分配給自己並未賺取財富的那些人，不能也不會弭平這些自然的不平等。

　　我認為左翼和右翼的大多數溫和派都擁護人性的現實願景。他們應該這樣做，兩端的極端主義者也應該這樣做，因為來自心理學、人類學、經濟學的證據，特別是演化論及基於這三門科學中的應用，都支持這一點。而且至少有十幾條證據都匯集到這個結論：[20]

1. 人們在體型、力量、速度、敏捷性、協調性和其他身體屬性方面，存在明顯且量性的身體差異，導致某些人比其他人更成功；這些差異至少有一半來自遺傳。

2. 人們在記憶力、解決問題的能力、認知速度、數學天賦、空間推理、語言技能、情緒智商和其他心理屬性方面，存在明顯且量性的智力差異，導致某些人比其他人更成功；這些差異至少有一半來自遺傳。

3. 行為遺傳學和雙胞胎研究的證據指出，人們在氣質、個性以及許多政治、經濟和社會偏好方面的差異，有40%到50%來自遺傳。

4. 20世紀世界各地失敗的共產主義和社會主義實驗證明，對經濟和政治體系自上而下的嚴厲控制並不可行。

5. 過去一百五十年來世界各地失敗的公社和烏托邦社區實驗證明，人本質上並不遵循馬克思主義「各盡所能、按需分配」的原則。

6. 家庭羈絆極強大，血親之間的關係深厚。那些試圖拆散家庭並將孩子交給他人撫養的社區，為「需要整個村莊」來撫養孩子的說法提供了反證。層出不窮的裙帶關係，更加鞏固「血濃於水」的慣例。

7. 互惠利他主義的原則──「如果你替我抓背，我就替你抓背」
　　──是普世原則；人不是生性就會大方給予，除非能得到回報，
　　即使得到的只是社會地位。

8. 道德懲罰的原則──如果我替你抓背，你卻不替我抓背，我就
　　懲罰你──是普世原則；人們不會長期容忍那些不斷索取但幾
　　乎從不給予的搭便車者。

9. 階級社會結構幾乎是普世的。平等主義只能（勉強）在資源匱乏、
　　幾乎沒有私有財產的狩獵採集小團體中運作。當捕獵到珍貴的
　　獵物時，需要大量的儀式和宗教儀典，以確保食物能夠平等分
　　享。

10. 侵略、暴力和支配幾乎是普世的，尤其是在追求資源、女人和
　　 地位（特別重要）的年輕男性之中。尤其是追求地位這一點，
　　 可以解釋許多若非如此則無法解釋的現象，例如高風險行為、
　　 昂貴的禮物、超出自己能力範圍的過度慷慨，以及特別是尋求
　　 關注。

11. 群體內的友善和群體間的敵意幾乎是普世的。經驗法則是信任
　　 群體內的成員，直到他們被證明不值得信任；以及不信任群體
　　 外的成員，直到他們被證明值得信任。

12. 與他人交易的願望幾乎是普世的──不是為了他人或社會的無
　　 私利益，而是為了至親和同伴的自私利益；交易在陌生人之間
　　 建立了信任，減少了群體之間的敵意，也為交易雙方創造更多
　　 財富，這些則是無心插柳的結果。

我們的開國元老建立了我們這樣的政府體系，正是基於人性的現實願

景。由於個人自由與社會凝聚力之間的緊張關係，永遠不可能得到讓所有人都滿意的解決，因此道德的鐘擺左右擺動，政治在政治競技場的兩條 40 碼線之間進行。事實上，自由與安全之間的這種緊張關係，可以解釋為什麼第三政黨在美國的政治岩石表面上極難找到立足點，並且通常在選舉後陷入困境，或者畏縮於兩個已經定義的龐然大物之陰影下。也就是左右體系。在歐洲，在民調中獲得大量支持的第三、第四甚至第五黨，事實上與路線兩側的政黨幾乎難以區別。政治學家發現，可以輕易將他們歸類為偏自由價值觀或保守價值觀。事實上，海特針對美國自由派和保守派不同基本價值觀所得到的數據，在所有接受過測試的國家都有類似結果，各國的圖表線都極為相似。

我相信，麥迪遜（James Madison）在〈聯邦黨人文集第 51 號文件〉（The Federalist Paper Number 51）中寫下他的著名格言時，所想到的就是人性的現實願景。他寫了：「如果人是天使，就不需要政府了。如果天使能管轄人類，那麼對政府的外部和內部控制都沒有必要。」[21] 林肯在 1861 年 3 月美國歷史上最血腥的衝突前夕，寫下他的第一次就職演說時，心中也有類似現實願景的想法：「我們的情感羈絆也許會因激情而緊繃，但絕不可因此而斷裂。記憶的神祕和弦，從每一處戰場和愛國志士之墳，延伸到這片廣闊土地上的每一顆跳動的心和家家戶戶，當再次受到人們心中的良善天使觸動，一定會的，聯邦之曲終將響徹。」[22]

左、右和跳脫

依我的現實政治模式來看，這種左右體系近期內不太可能有所變化，因為它深深紮根於演化出來的人性中，正如五個道德基礎所展示，以及現實願景的十二條證據所證明。然而，在我的理想政治（idealpolitik）[23] 模式中，我找到了一種超越傳統左右光譜的、非常適合我的信念和氣質的政治立場，就是所謂的**自由意志主義者**（libertarian）。自由意志主義者？我知道你在想

什麼：

> 自由意志主義者是一群開電動車、吃無國界料理、吸大麻、看色
> 情片、支持賣淫、囤積黃金、藏槍、揮舞憲法、鼓吹國家分裂、
> 反稅、反政府的無政府主義者。

　　是的，就像其他兩種刻板印象一樣，這種刻板印象也有一定的道理。
但是，基本上，自由意志主義者支持個人的行為自由（freedom）和法律自
由（liberty）。但我們也知道，為了獲得自由，我們必須受到保護。你揮動
手臂的自由，終止在我的鼻子前。正如密爾（John Stuart Mill）在其 1859 年
出版的《論自由》（On Liberty）一書中解釋的，「人類，無論是單獨還是集
體，干涉任何人行動自由的唯一目的是自我保護。可以在違背文明社會任
何成員意願的情況下對他合法行使權力的唯一目的，是防止對他人造成傷
害。」[24] 幾個世紀以來歐洲一直實行君主制，民主的發展是擊敗這種**統治
者暴政**（tyranny of the magistrate）的重要一步。但正如密爾所指出的，民主的
問題在於可能導致**多數的暴政**（tyranny of the majority）：「還需要防範主流意
見和感覺的暴政，防範社會出現透過民事處罰以外的其他方式，將自己的
想法和做法強行作為異議者的行為規則之傾向；防範任何與其行事方式不
和諧的個體性形成，並迫使所有人按照其模式塑造自己。」[25] 事實上，這
就是為什麼我們的開國元老寫下〈權利法案〉（Bill of Rights）的原因——無
論民主選舉中的多數票有多龐大，都不能剝奪這些權利。

　　自由意志主義以**自由原則**（Principle of Freedom）為基礎：*只要不侵犯他人
的同等自由，所有人都可以自由思考、相信和依自己的選擇行事。*當然，
藏在細節裡的惡魔是「怎樣才構成侵犯？」——至少有十幾個法律自由和
行為自由的要素，需要受到保護免受侵犯：

　　1. 法治

2. 財產權

3. 透過安全、值得信賴的銀行和貨幣體系實現經濟穩定

4. 可靠的基礎設施和可在國內移動的自由

5. 言論和新聞自由

6. 結社自由

7. 大眾教育

8. 保護公民自由

9. 強大的軍隊，保護我們的自由免受其他國家的攻擊

10. 強大的警力，保護我們的自由免受國內其他人的攻擊

11. 能建立公平公正法律的可行立法體系

12. 有效的司法制度，以公平公正地執行這些法律

　　這些要點融合了自由派和保守派所擁護的道德價值觀，因此能成為左派和右派之間橋梁的基礎。自由意志黨能否壯大到足以挑戰兩個主流政黨，並形成可行的三黨制度？我對此表示懷疑，因為自由意志主義者往往不喜歡強大的政黨。想要組織自由意志主義者，就像想放牧貓一樣。無論如何，在政黨格局及其所依據的道德價值的脈絡背景下，自由意志主義的立場只不過是依其他兩黨的基礎重新調換一下，並不需要發明什麼新東西加入系統中。這些價值觀早就深深刻印在我們的本性中，因此很可能仍是未來政治模式中相對永久的一部分。

信念與真相

　　政治的信念陳述有時和科學的信念陳述不太一樣。當我說「我相信演化論」或「我相信大爆炸」時，這與我說「我相信單一稅」或「我相信自由民主」不同。演化和大爆炸要麼發生了，要麼沒發生，而壓倒性的證據指出它們確實發生了。物種起源和宇宙起源問題，原則上是可以用更多資

料和更好的理論來解決的難題。但正確的稅收形式或政府結構，卻是取決於要實現的總體目標，只有在目標確立後，更多的資料和更好的理論才能派上用場。然而，這個整體政治目標的確定，卻是取決於政治辯論中非常主觀的過程，在這個過程中，雙方都言之鑿鑿地提出什麼是他們認為更好的生活方式。我恰好認為單一稅比累進稅更公平，因為我認為人們不應該只因為努力工作和發揮創意而賺得更多收入，就應該受到更高稅收的懲罰。但我的自由派朋友主張累進稅更公平，因為與收入水準較高的人相比，同樣稅率對收入水準較低的人來說影響更大。

　　儘管科學可能無法以令所有人滿意的方式公平裁決這些議題，但我們可以也應該說明，科學能澄清政治信念——有時政治中的信念陳述與科學中的信仰陳述也沒什麼不同。我自己也多次跨越這個界限，尤其是在《善惡的科學》和《市場思維》中。我在實踐時拒絕**自然主義謬誤**（naturalistic fallacy，有時稱為**實然—應然謬誤**〔is-ought fallacy〕），這指的是「實然」不代表「應然」；「事物的現狀」不見得就是「它們應有的樣子」，或者就算成為某個樣子是「自然的」，並不意味著它是「正確的」。有時是這樣，但有時不是這樣。我堅信，我們如何建構社會應該透過對人性的現實願景，以及我為此提出的十二條證據來考量，甚至以這些為基礎；失敗的共產主義和社會主義實驗指出，當你忽視事物的自然規律時會發生什麼事——數億人的喪生。

　　另一個跨越「實然與應然」分界的例子，是費里斯（Timothy Ferris）的《自由的科學》（*The Science of Liberty*）一書，他在書中將民主與科學結合起來。[26]例如，費里斯主張，洛克（John Locke）的政治信念是法律之前人人平等——這一信念在美國憲法的發展中發揮了重要作用——在 17 世紀卻是一種未經檢驗的理論。它可能遭到篡改。我們本來可以給予婦女和黑人投票權，卻發現除非只由白人男性實行民主，否則民主是行不通的。這就是洛克時代的情況。但事實並非如此。我們進行了實驗，結果無疑是正面的。

　　「自由主義和科學是方法，而不是意識形態，」我一開始懷疑費里斯

的論點，並提出**所有**政治信念都是意識形態時，費里斯這麼向我解釋，「兩者都包含回饋循環，透過回饋循環可以評估行動（例如法律）是否繼續得到普遍認可。科學和自由主義都沒有提出任何超越各自方法效力的教條主張──也就是說，科學獲得知識，自由主義產生自由人民普遍接受的社會秩序。」但是，我反駁說，所有的政治主張不都是一種**信念**嗎？不，費里斯回答：「換句話來說好了，（古典）自由主義不是一種信念。這是一種被提議的方法，很容易在實踐中發現缺陷。由於它已經取得成功，因此值得支持。在此過程中的任何一步都不需要相信──除非是從洛克「相信」（或更確切地說，合理地認為）他正在做一些有希望的事情的這個角度來說。」[27]

　　不幸的是，並非所有人都同意社會的總體目標，應該是在更多的時間和地方，為更多的人提供更大的平等、自由、自由、財富和繁榮，如同我、費里斯和大多數其他西方觀察家等評論家所相信的。有一些社會──例如極端的伊斯蘭神權國家──認為過多的平等、自由、自由、財富和繁榮，會導致頹廢、放蕩、濫交、色情、賣淫、青少年懷孕、自殺、墮胎、性病，以及性、毒品、搖滾樂。侯賽因（Ed Husain）寫了一本《伊斯蘭主義者》（*The Islamist*），是關於伊斯蘭極端主義以及他在英國穆斯林兄弟如何受到灌輸。他在書中回憶起他們的座右銘是「《可蘭經》是我們的憲法；聖戰是我們的道路；殉道是我們的渴望」。一名小組成員告訴他：「民主違反教律！是伊斯蘭教所禁止的。你不知道嗎？民主是希臘的概念，字根是 *demos* 和 *kratos*──人民統治。在伊斯蘭教中，我們不統治；阿拉統治……當今世界正苦於自由民主的毒瘤。」[28]

　　一些伊斯蘭主義者認為服從真主和聖書是更高的目標，這導致他們相信嚴格的階級社會結構，例如女人應該服從男人，女人通姦應被判處死刑，女人在法律之下應被視為幾乎無異於牲畜的個人財產。用巴基斯坦記者和親伊斯蘭思想家馬杜迪（Abul Ala Mawdudi）的話來說：「伊斯蘭想要全地球，而不是僅僅滿足於其中的一部分。它想要也需索人類棲息的全部世界……它不滿足於一塊土地，而是要囊括全宇宙，〔並且〕不惜利用戰爭手段來

實現目標。」[29]

　　科學和自由相輔相成，但對那些根本不相信科學或自由的人，你能說什麼？費里斯會告訴他們「試著贏得一次選舉」，不過這話應該是白說了，因為在自由公平的民主選舉中，這些人永遠也無法獲勝。儘管如此，費里斯告訴我，他對民主的未來很樂觀。他說：「其實，世界各地的共識比人們普遍意識到的要多——至少在那些擁有還算自由的媒體、讓人們能以事實為基礎做出決定的地區是如此。例如，穆斯林國家並不『認為』財富和自由是不受歡迎的。那是激進伊斯蘭主義者的立場，也只吸引了一小部分人。民調一再顯示，對大多數尚未生活在民主國家的穆斯林來說，與其他政府制度相比，他們更喜歡自由民主。」[30]事實上，在印尼、埃及、巴基斯坦、摩洛哥和其他伊斯蘭國家的大多數穆斯林，都反對伊斯蘭主義和任何一種極端主義。當你概括地呈現這個問題時，就不難理解為什麼了。正如佛魯姆（David Frum）和珀爾（Richard Perle）在他們的著作《邪惡的終結》（*An End to Evil*）中清晰簡潔的描寫，從中我們也許可以得出一個科學的解決方案：

> 假設有一片遼闊的大地，上面居住著一群猶記偉大歷史的人們。讓他們足夠富裕，負擔得起衛星電視和網路通訊，這樣他們就可以看到地中海或大西洋彼岸的生活樣貌。然後判處他們生活在由腐敗無能官員所統治的令人窒息、悲慘、受汙染的城市中；讓他們受到監管和控制——如果不賄賂貪官汙吏，就別想獲得生計；讓他們在透過不正當交易將本應屬於所有人的石油資源中飽私囊、因此一夜爆富的頂層人士底下卑躬屈膝；然後，以利於政府的名目向他們徵稅，但除了每戰皆敗的軍事機構之外，政府什麼也不提供——沒有道路，沒有診所，沒有乾淨的水，沒有街道照明。如此連續二十年讓他們的生活水準逐年降低，不讓他們有任何論壇或機構——沒有國會，就連市議會都沒有——可以自由地討論心中不滿；殺害、監禁、腐化或流放任何提議以現代模式取

代官僚暴政的政治人物、藝術家或知識分子；忽視、關閉或者根
本不曾建立有效的學校體系——以致下一代的思想完全由神職人
員形塑，而神職人員的思想中只有中世紀神學，和一點點第三世
界民族主義的自憐。將這一切結合起來，最後能創造出來的，想
必也只有憤怒的民眾吧。[31]

　　回到我的理想政治模式，對於壓迫性政府來說，其政治問題的科學解
決方案是一套屢試不爽的方法，即透過寬鬆的經濟邊界，自由開放地交換
資訊、產品和服務，同時傳播自由民主和市場資本主義。與所有其他政治
制度相比，自由民主制度不僅是與其他制度相比最不壞的政治制度（抱歉了，
邱吉爾）＊，還是迄今為止最好的制度，讓人民有機會被聽見、有機會參與以
及能夠發聲向當權者說出真相。市場資本主義是有史以來最偉大的財富創
造機器，在所到之處都成功運行。將兩者結合起來，理想政治就有可能變
成現實政治。

　　關於信念和真相的最後一點：對我的許多自由派和無神論者朋友和同
事來說，對宗教信念做出解釋（例如我在本書介紹的內容），無異於排除宗教
信念的內在有效性和外在現實性。我的許多保守派和有神論者朋友和同事
也這麼認為，因此他們只要一想到解釋一種信念就代表否定這種信念，就
會火冒三丈。其實不一定是這樣。解釋為什麼某人相信民主，並不代表否
定民主；解釋為什麼在民主國家中有些人抱持自由價值觀，有些人抱持保
守價值觀，並不代表否定這些價值觀。原則上，政治、經濟或社會信念的

＊　譯注：邱吉爾評民主制度的名言：民主據說是一種最壞的政體，但也勝過以往嘗試過的所有政
　　體。

形成和鞏固，與宗教信念沒有什麼不同。

　　解釋人們是保守派，是因為他們的父母投票給共和黨，他們是在紅色州長大或現在生活在紅色州，他們的宗教傾向保守派而非自由派，或者他們的氣質更喜歡有序的社會階級制度和嚴格的規則，這些解釋並不會減損保守派原則和價值觀的有效性。同樣地，解釋人們是自由派，是因為他們的父母投票給民主黨，他們在藍色州長大或現在生活在藍色州，他們的宗教信仰傾向自由派而非保守派，或者從氣質上他們更喜歡弭平社會階級和更靈活的規則，這些解釋也不會削弱自由主義立場的有效性。

　　不過，我們的信念背負著沉重情感包袱的這一事實，應該能讓人停頓一下，至少稍加考慮他人的立場，並審視一下自己的信念。事實上，我們通常不會這樣做，是因為一些非常強大的認知偏誤作用的結果，好確保我們永遠是對的。我將在下一章詳加檢視這些認知偏誤。

12 信念的確認

Chapter

Confirmations of Belief

你是否曾經有過這樣的經驗：正想打電話給一個朋友，卻發現電話先響了，而電話那頭正是你掛念的朋友？這種事的機率有多高？不高，而且你的模式性直覺可能會向你發出訊號，暗示這個事件有些特別之處。有嗎？應該是沒有。原因如下：所有機率的總和等於一。只要次數夠多，異常現象將不可避免地發生。問題不是*你正想念著一個朋友時對方就打電話來的機率是多少？（答案非常低），而是在所有邊打電話、邊想念朋友的總人口中，至少有一通電話與具有相同想法的人重疊的機率是多少？*（答案是非常高）。同樣地，任何一個人中獎的機會都極低，但從彩券系統整體來看，總是會有人中獎。

加州理工學院數學家姆洛迪諾（Leonard Mlodinow）在其充滿洞見的著作《酒徒漫步》（*The Drunkard's Walk*）中，計算一位名叫米勒（Bill Miller）的共同基金經理人，連續十五年擊敗標準普爾 500 指數的機率。[1] 由於此一壯舉，米勒被譽為「1990 年代最傑出的基金經理人」。CNN 計算出他達成這項成就的機率為 372,529：1。這個機率確實很小。姆洛迪諾指出，如果你在 1991 年連續上漲之初就選擇了米勒，並計算出他在接下來十五年內，每年都擊敗標準普爾 500 指數的可能性，那麼這個可能性確實非常小。但這原則適用於你碰巧選擇的任何共同基金經理人。姆洛迪諾指出：「如果你每年拋一次硬幣，持續十五年，目標是每次都正面朝上，那你面臨的機率是一樣的。」事實上，全球共有六千多名共同基金經理人，「所以類似的問題是，如果有數千人每年拋一次硬幣，而且持續幾十年，那麼其中一人，

在十五年或在更長時間的一段時間裡，全部拋出正面的機率是多少？」這個機率就高很多了。事實上，姆洛迪諾證明，在過去四十年活躍的共同基金交易中，至少有一位共同基金經理人連續十五年每年都打敗大盤的機率大約是四分之三，也就是 75%！

我將這種機率思考原則應用在奇蹟上。我們姑且將奇蹟定義為發生機率為百萬分之一的事件（直覺上這似乎夠罕見到足以贏得這個稱號），我們再定個數字，假設在我們的日常活動中，每秒有一位元的數據流入我們的感官，假設我們每天清醒十二小時，就代表每天會接收到 43,200 位元的數據，每月就是 1296,000 位元數據。即使假設其中 99.999% 的位元完全沒有意義（因此我們將它們過濾掉或完全忘記），每月仍然會留下一・三個「奇蹟」，每年就是一五・五個奇蹟。感謝選擇性記憶和**確認偏誤**（confirmation bias），我們只會記住那些令人驚奇的少數巧合，而忘記大量無意義的數據。

我們還可以用類似的粗略計算來解釋死亡預知夢。一般人每晚大約會做五個夢，也就是每年 1,825 個夢。如果我們只記得十分之一的夢，那麼我們每年就能回想起 182.5 個夢。美國大約有三億人，因此每年會產生五百四十七億個被記住的夢。社會學家告訴我們，我們每個人都有大約一百五十個相當熟識的人，從而產生一個由四百五十億條個人關係連結組成的社交網絡。美國每年死亡率是二百四十萬人（所有年齡、所有死因），而這五百四十七億個被記住的夢中，免不了會有一些涉及三億美國人及其四百五十億條關係中二百四十萬人的死亡。事實上，如果有些死亡預兆的夢沒有成真，那才真的是**奇蹟**！這是一個你永遠不會看到的電視脫口秀節目：「接下來，我們有一位非常特別的嘉賓，他做過許多關於名人去世栩栩如生的夢，但沒有一個成為現實。但請不要走開，因為你永遠不知道下一個是否會成真。」當然了，相反地，電視脫口秀節目關注的是百萬分之一的事件，而忽略了其餘的噪音。

這些例子展示了我所謂的**民間算術**（folk numeracy）的力量，這是一種模式性形式。民間算術是我們誤解機率、以軼事而非統計方式思考、關注並

記住短期趨勢的自然傾向。我們注意到短暫的涼爽日子，卻忽略了長期的全球暖化趨勢。我們驚恐地注意到房地產和股票市場下跌，卻忘記了半個世紀以來向上的趨勢線。事實上，鋸齒型資料趨勢線是民間算術的典範，我們的感官會專注於每一齒段向上或向下的角度，刀身的整體走向對我們來說則幾乎是一葉障目。民間算術只是眾多認知偏誤之一，會影響並經常扭曲我們處理資訊的方式，而這些偏誤共同鞏固了我們憑直覺得出的信念體系。

大腦如何說服我們自己永遠是對的

信念一旦形成，我們就會用許多強大的**認知捷思**（cognitive heuristics）去維護和強化，以確保它們是正確的。捷思是指，一般在沒有正式的解決方法或公式的情況下（就算有也常被忽略），透過直覺、試誤或非正式方法來解決問題的心理方法。這類捷思有時被稱為**經驗法則**（rules of thumb），不過更普遍的稱呼是**認知偏誤**（cognitive biases），因為它們會扭曲感知以適應先入為主的概念。也就是信念會重置感知。無論是何種信念體系——宗教、政治、經濟或社會——這些認知偏誤影響了我們對感官信息的解釋，讓這些解釋迎合我們想要的世界，但不見得反映出真實。

我將這個過程稱為**信念確認**（belief confirmation）。有許多特定的認知捷思都可以用來確認我們的信念。這些捷思融入了模式性和主體性的過程，更證實了我的論點，即信念是因各種主觀、情緒、心理和社會原因而形成，之後才經由理性理由得到強化、證明和解釋。

確認偏誤：所有認知偏誤之母

在本書中，我在許多情況下都提到了確認偏誤。在這裡，我想詳加探討這一偏誤，因為它是所有認知偏誤的根源，從中衍生出各式各樣的捷思。

例如身為財政保守派和社會自由派，無論我是跟共和黨人或民主黨人交談，都能找到彼此的共同點。事實上，我在兩個陣營都有親密的朋友。多年來我觀察到以下幾點：無論討論什麼問題，雙方都同樣相信有壓倒性證據支持他們的立場。我確信這是因為確認偏誤，也就是*尋求和尋找確認性證據以支持現有信念，並忽略或重新解釋否定性證據的傾向*。確認偏誤的最佳描述就是聖經的智慧之語「尋找，就尋見」。

實驗例證比比皆是。[2] 1981 年，心理學家斯奈德（Mark Snyder）要求受試者評估他們即將見到的人的性格，但他們必須事先看過對方的檔案。一組受試者拿到的是內向性格檔案（害羞、膽怯、安靜），而另一組受試者拿到的是外向性格檔案（善於交際、健談、外向）。當進行性格評估時，那些被告知對方是外向性格的受試者，傾向提出能導向這種結論的問題；內向組也一樣，只是提問的方向正好相反。[3] 在 1983 年的一項研究中，心理學家達利（John Darley）和格羅斯（Paget Gross）讓受試者看了一段兒童參加測試的影片。一組受試者被告知，影片中的孩子來自較高的社經階層，另一組則被告知孩子來自較低的社經階層。然後研究人員要求受試者根據測試結果來評估孩子的學術能力。儘管兩組受試者評估的是完全相同的一組數字，但那些被告知孩子來自高社經階層的人，認為孩子的能力高於年級水準，而那些認為孩子來自低社經階層的人，則將孩子的能力評定為低於年級水準。[4] 這是對人類理性的強烈控訴，但卻證明了信念期望的力量。

心理學家謝爾曼（Bonnie Sherman）和昆達（Ziva Kunda）在 1989 年的一項研究，同樣展示了期望的力量。他們向一群受試者提供與他們深信不疑的信念相矛盾的證據，以及支持該信念的證據。結果指出，受試者認可證實證據的有效性，但對否定證據的價值持懷疑態度。[5] 心理學家庫恩（Deanna Kuhn）在 1989 年的另一項研究指出，當兒童和年輕人接觸到與他們偏好的理論不一致的證據時，他們不會注意到矛盾性的證據，或即使他們確實承認了這些證據存在，也往往會重新詮釋，以支持他們先入為主的信念。[6] 在一項相關研究中，庫恩讓受試者聽一段謀殺案審判的實際錄音，結果發現，

大多數受試者不是先評估證據再得出結論，而是在腦海中編造出關於所發
生事件的敘述，做出有罪或無罪的決定，然後快速瀏覽證據，並選出最符
合腦中所編造故事的證據。[7]

　　確認偏誤在政治信念方面的威力格外強大，最明顯的是我們的信念過
濾器只允許符合我們意識形態信念的信息進入，並過濾掉那些反駁的信息。
這就是為什麼我們可以輕易預測，自由派和保守派會選擇關注哪些媒體。
多虧韋斯頓（Drew Westen）在埃默里大學進行的一項 fMRI 研究，我們現在
甚至能大概知道大腦中處理確認偏誤的位置。[8]

　　在 2004 年美國總統大選前夕，接受腦部掃描的三十名男子——一半是
自稱「忠誠」的共和黨人，另一半是「忠誠」的民主黨人——被要求評估
布希和克里（John Kerry）在選舉中的聲明，這兩位候選人的聲明當然是互相
矛盾的。毫不意外，在對候選人的評估中，共和黨人對克里大加批評，民
主黨人則對布希嚴加批評，但兩邊都對自己偏好的候選人輕輕放過。這理
所當然。但特別具有啟發意義的是神經造影的結果：大腦中與推理最相關
的部分——**背外側前額葉皮質**（dorsolateral prefrontal cortex）——處於靜止狀態；
最活躍的則是參與情緒處理的**眶額皮質**（orbital frontal cortex），以及**前扣帶迴
皮質**（anterior cingulated cortex）——我們的老朋友前扣帶迴皮質，在模式處理
和衝突解決方面非常活躍。有趣的是，一旦受試者得出讓他們在情緒感到
舒適的結論，他們的**腹側紋狀體**（ventral striatum）——腦部與獎勵相關的區
域——就會變得活躍。

　　換句話說，我們不是理性地評估候選人在這個或那個議題上的立場，
或仔細分析每個候選人的訴求，而是對相互衝突的資料做出情緒反應。我
們將那些不符合我們對候選人先入為主信念的部分合理化，然後以神經化
學物質（可能是多巴胺）大量釋放的形式獲得獎勵。韋斯頓總結：

　　　　我們發現，通常參與推理過程的腦區活化程度並沒有增加。相反
　　　地，我們看到的是亮起的情緒迴路網絡，其中包括參與調節情緒

的迴路，以及已知參與解決衝突的迴路。本質上，黨派人士似乎是在旋轉認知萬花筒，直到得到他們想要的結論，然後他們會因此得到大量增強，消除負面情緒狀態並啟動積極情緒狀態。

後見之明偏誤

有一種確認偏誤會逆轉時間，那就是**後見之明偏誤**（hindsight bias），即重建過去以迎合當前所知的傾向。一旦事件發生，我們就會回顧並重建它是如何發生的，為什麼它必須以這種方式而不是其他方式發生，以及為什麼我們早該知道這件事會發生。[9] 這種「週一早上的四分衛」現象，在週末美式足球比賽後的週一早上，確實一切顯而易見。我們都知道該用哪種戰術……在結果出來後。股市和無數金融專家也是如此，他們的預測很快就被遺忘，因為他們在收盤後就會轉向事後分析。一旦你掌握了完善的訊息，「低買高賣」就很容易了，只可惜等你獲得這些信息時，已經來不及了。

重大災難發生後，後見之明偏誤就會格外凸顯，每個人都認為自己知道災難如何發生、為何發生，以及為什麼我們的專家和領導人早該預見災難的發生。NASA 工程師應該要知道，挑戰者號（Challenger）太空梭固體火箭助推器接頭上的 O 形圈會在極低溫度下失效，導致大規模爆炸；或是哥倫比亞號（Columbia）太空梭機翼前緣的泡沫橡膠受到小撞擊，會導致進入大氣層時失事。這種極不可能且不可預測的事件，**在發生後**不僅變得可能而且極為確定。負責查明兩起太空梭災難原因的 NASA 調查委員會成員絞盡腦汁、交相指責的表現，是後見之明偏誤的標準案例。如果這些肇因真能在事發前確定，可想而知主事者當然會採取另一套做法。

後見之明偏誤在戰爭時同樣明顯。例如在 194 年 12 月 7 日日本襲擊珍珠港後，陰謀論者幾乎立即發難，說羅斯福總統一定早有預料，因為美國情報部門在 1941 年 10 月就已截獲所謂的轟炸陰謀信息：夏威夷的一名日本特務，接獲日本上級的指示，監視珍珠海軍基地及其周圍的軍艦動向。

這聽起來足以令人譴責，而且事實上在 12 月 7 日之前，美國情報部門截獲並解密了八條將夏威夷作為可能目標的此類資訊。我們的領導人怎麼可能沒有事先預料到？一定有，因此他們一定是出於邪惡和自私的理由而讓慘事發生。陰謀論者這麼說，將後見之明偏誤發揮到了極限。

　　然而，當年 5 月至 12 月期間，情報單位截獲至少五十八條有關日本船隻活動的信息，指出將對菲律賓進行襲擊；另有二十一條涉及巴拿馬，還有七條與襲擊東南亞和荷屬東印度群島有關，甚至有七條直指美國西海岸。事實上，因為截獲的資訊太多，陸軍情報部門決定暫停向白宮發送備忘錄，因為擔心安全漏洞可能會導致日本人察覺美國已破解他們的密碼，正在讀取他們的郵件。[10]

　　911 事件後，布希總統也承受了同樣的陰謀性後見之明偏誤。當時一份日期為 2001 年 8 月 6 日的備忘錄浮出水面，題為「賓拉登決心攻擊美國」。事後看來，這份備忘錄令人毛骨悚然，其中提到了劫持飛機、轟炸世貿中心以及對華盛頓特區和洛杉磯國際機場的攻擊。但如果你以 911 之前的心態來看，並在數百份追蹤蓋達組織——一個在數十個國家活動，並針對眾多美國大使館、軍事基地、海軍艦艇等的國際組織——的來往和潛在目標的情報備忘錄之脈絡背景下看，你根本不清楚此類攻擊何時何地或者是否會發生。就以現在的情況來看見後之明偏誤好了，我們幾乎可以肯定蓋達組織將再次發動攻擊，但我們無從得知他們將在何處、何時以及如何發動攻擊。這使我們只能就**最後**一次攻擊做出防禦。

自我辯護偏誤

　　這種捷思與後見之明偏誤有關。**自我辯護偏誤**（self-justification bias）是指*事後對決策進行合理化的傾向，以說服自己我們所做的是我們所能做出的最佳選擇*。一旦我們對生活中的某件事做出決定，我們就會仔細過濾後續資訊，過濾掉與該決定相關的所有矛盾訊息，只留下支持我們選擇的證據。

這種偏誤適用於任何方面，從職業和工作選擇到日常購買。自我辯護的實際好處是，無論我們做出什麼決定——接受這個或那個工作，與這個或那個人結婚，購買這個或那個產品——我們總能對自己的決定感到滿意，即使客觀證據指向反面。

即使在最高層級的專家評估中，這種挑揀資訊的過程也會發生。例如政治學家泰洛克（Philip Tetlock）在他的《專家政治判斷》（*Expert Political Judgment*）一書中，經由證據檢視了政治和經濟專家做出準確預測和評估的能力。他發現，儘管專家們都聲稱有資料支持自己的立場，但事後分析顯示，這些專家的觀點和預測結果並不比非專家的觀點和預測更好——甚至沒比盲猜更好。然而，正如自我辯護捷思所預測的，專家明顯比非專家更不可能承認自己錯了。[11] 照我的說法就是，*聰明人會相信奇怪的事情，是因為他們更擅長合理化他們出於不聰明的原因所堅持的信念。*

正如前一章所述，政治充滿了自我辯護的合理化。民主黨人透過自由派濾鏡看世界，而共和黨人則透過保守派濾鏡來看世界。如果你同時收聽「保守派談話廣播」和「進步派談話廣播」，你會聽到兩者以相差一百八十度的方式解釋時事。就連對每日新聞中最簡單的事件，解讀也大不相同，讓人不禁懷疑他們談的到底是不是同一件事。社會心理學家科恩（Geoffrey Cohen）在一項研究中量化了這種效應，他發現，如果民主黨人相信一項福利方案是由民主黨同僚提出的，那麼他們會更容易接受該方案，即使該提案來自共和黨人而且限制很多。不出所料，科恩發現共和黨人也有同樣的情形，如果共和黨人認為一項慷慨的福利方案是由共和黨同僚提出的，他們就更有可能同意該方案。[12] 換句話說，即使是檢視一組完全相同的資料，兩黨人士仍會得出截然不同的結論。

自我辯護捷思在現實世界中一個非常令人不安的例子，出現在刑事司法系統中。據西北大學法學教授沃登（Rob Warden）的說法，

　　進入這個體系後，你會變得非常憤世嫉俗。到處都有人對你說謊。

所以你發展出一套犯罪理論，導致我們所說的隧道視野。多年後，壓倒性的證據指出這人是無辜的。你坐在那裡思考：「等一等。要麼這些壓倒性證據是錯的，要麼是我錯了──而我不可能錯，因為我是個好人。」這是我一次又一次看到的心理現象。[13]

歸因偏誤

我們的信念大多取決於我們如何進行因果解釋，這導致了基礎性的*歸因偏誤*（*attribution bias*），*也就是傾向將我們自己信念和行為的原因，歸因於與他人不同的原因。*歸因偏誤有多種類型。[14]有一種叫**情境歸因偏誤**，這種偏誤會將一個人的信念或行為歸因於環境（「她之所以能成功是因為運氣好、環境造就和擁有人脈」），另一種是**性格歸因偏誤**，也就是將一個人的信念或行為，歸因於長久的個人特質（「她之所以能成功都歸功於她的智慧、創造力和努力」）。而且由於自利偏誤，我們會自然地將自己的成功歸因於正向性格（「我勤奮、聰明、有創造力」），而將他人的成功歸因於幸運（「他能成功是因為環境和家族人脈」）。[15]歸因偏誤可說是個人層級帶風向的一種形式。

我和同事蘇洛韋（Frank Sulloway）在幾年前進行的一個研究項目中，發現了另一種形式的歸因偏誤。法蘭克和我想知道為什麼人們相信上帝，所以我們隨機對一萬名美國人進行調查。除了探討各種人口和社會學變數之外，我們還在申論題中直接詢問受試者，他們為什麼相信上帝，以及他們認為其他人為什麼相信上帝。研究結果指出，人們相信上帝前兩個最重要的理由是「宇宙的美好設計」和「在日常生活中體驗到上帝」。有趣的是，當受試者被問到他們認為其他人為什麼相信上帝時，這兩個答案分別下降到第六和第三位，第一和第二位變成這種信念「給人安慰」和「對於死亡的恐懼」。[16]這些答案透露了**理性歸因偏誤**（即人們認為自己的信念是理性驅動的）以及**感性歸因偏誤**（即人們認為他人的信念是情感驅動的）兩者間的明顯差異。

　　在政治和宗教信仰中也會看到這種歸因偏誤。例如在槍支管制問題上，你會聽到有人將自己的立場歸因於理性的選擇（「支持槍支管制，因為統計數據指出，當槍支擁有量減少時，犯罪就會減少」或是「我反對槍支管制，因為研究指出，更多的槍支意味著更少的犯罪」）。同時又將對方對同一主題的看法歸因於情感需要（「他支持槍支管制，因為他是濫好心的自由派，需要認同受害者」或「他反對槍支管制，因為他是無情的保守派，需要武器壯膽」）。[17] 事實上，這正是政治學家法韋爾（Lisa Farwell）和韋納（Bernard Weiner）發現的，在他們關於政治態度歸因偏誤的研究中，保守派用理性論點來證明自己的信念，但指責自由派是「濫好心」；同樣地，自由派為自己的立場提供了理智的辯護，同時指責保守派「無情」。[18]

　　認為信念的理智原因優於情感原因的歸因偏誤，似乎是一種更廣泛形式的自利偏誤的表現，透過這種偏誤，人們對世界（特別是對社交世界）的看法，偏向於對自身有利。

沉沒成本偏誤

　　托爾斯泰是文學史上對人類處境思索最深刻的人之一，他對根深蒂固且錯綜複雜的信念力量做出了這樣的觀察：「我知道大多數人，包括那些能夠輕鬆應對最複雜問題的人，都鮮少能接受即使是最簡單和最明顯的真理，如果前提是迫使他們承認自己之前結論的虛假，而這些結論是他們樂於向同事解釋，又自豪地教授給別人的，並且是他們一絲一線編織入生活中的。」辛克萊（Upton Sinclair）說得更簡潔：「當一個人的工作仰賴於不理解某件事時，就很難讓他理解。」

　　這些觀察結果，都是**沉沒成本偏誤**（sunk-cost bias）的例子，即*因為早已投入的成本而更加堅持某一信念的傾向*。我們緊抱虧損的股票、不獲利的投資、慘淡的事業和無望的關係。在歸因偏誤的鼓動下，我們編造出合理的理由，來證明我們已大量投入的信念和行為是合理的。這種偏誤導致了

一個基本謬誤：過去的投資應該對未來的決策產生影響。如果我們是理性的，就應該只計算從現在開始成功的機率，然後決定追加的投資是否值得潛在的回報。但我們不理性，在商業上不理性，在愛情裡當然也不理性，尤其是在戰爭中最不理性。想想我們在伊拉克和阿富汗戰爭中付出的代價，這些戰爭每年花費四一‧六億美元的軍事開支，佔 GDP 的 10.6％，簡直令人難以置信，更不用說花費在非軍事開支上的數十億美元，以及 5,342 名戰死的美國人（在撰寫本文時這數字還在一天天增長）。難怪國會兩黨的大多數議員，以及歐巴馬、布希、柯林頓和布希總統都表示，我們必須「堅持到底」而不是「喊停逃跑」。布希總統於 2006 年 7 月 4 日在北卡羅來納州布拉格堡發表談話時說：「我不會在事情未了之前就撤軍，讓在伊拉克陣亡的 2,527 名士兵白白犧牲。」[19] 這正是沉沒成本偏誤的體現。

現狀偏誤

你是器官捐贈者嗎？我是，但在我所在的州（加州），我必須打出一個小標籤，再將它貼在我的駕照上以指出我的選擇，而這一小小要求，意味著與其他州相比，我所在州的器官捐贈者要少得多。*其他州的預設立場是，你是器官捐贈者，除非你打出一個小標籤指出你不想參與。這是一個選擇加入與選擇退出的架構設計困境，也是**現狀偏誤**（status quo bias）的一個例子，也就是*傾向於選擇我們習慣的東西，即安於現狀*。我們傾向選擇現有的社會、經濟和政治安排，而不是後來提議的替代方案，即使有時會犧牲個人和集體的利益。這樣的例子不勝枚舉。

經濟學家山繆森（William Samuelson）和澤克豪瑟（Richard Zeckhauser）發現，如果要人們在四種不同風險程度的金融投資中做選擇，他們會根據自己的風險厭惡程度來選擇其中一種，而且人與人之間的選擇差異很大。但是，

---

* 譯注：2019 年 1 月 1 日起，加州的器官捐贈法已改為預設為捐贈，如不同意需另行登記。

如果告知人們已為他們選擇了一種投資工具，不過他們可以轉換成其他投資工具，這時有 47％的人會選擇維持現有的投資工具；相比之下，在未做為預設選擇的情況下，只有 32％的人會選擇這種投資工具。[20]1990 年代初，紐澤西州和賓州的公民可以有兩種汽車保險選擇：一種是賦予他們起訴權利的高價選項，另一種選項價格較低廉但會限制其起訴權利。兩個州的相應選項大致相同，只不過紐澤西州的預設選項是較昂貴的那種，也就是說，如果你什麼都不做，就會自動獲得該選項，因此有 75％的公民選擇了高價選項。賓州的預設選項則是較便宜的那個，最後只有 20％的人選擇了較昂貴的方案。[21]

　　為什麼會存在現狀偏誤？因為現狀代表了我們已經擁有的東西（想要改變就必須放棄），相較於選擇後可能擁有的東西，改變的風險要大得多。為什麼會這樣呢？因為稟賦效應。

稟賦效應

　　這種現狀偏誤背後的心理，經濟學家塞勒（Richard Thaler）稱之為**稟賦效應**（endowment effect），也就是*我們傾向於更看重已經擁有的東西，勝過未曾擁有的東西*。塞勒在對稟賦效應的研究中發現，一件物品的擁有者對物品的估價，大約是潛在買家對同一物品估價的兩倍。在一項實驗中，研究人員送給受試者一個價值六美元的咖啡杯，並問他們願意拿它換多少錢，受者提出的平均價格為五‧二五美元，低於這數字他們就不會賣。研究人員再問另一組受試者願意花多少錢購買同一個杯子，結果他們給出的平均價格為二‧七五美元。[22]

　　擁有本身就賦予了價值，大自然讓我們天生就格外珍惜屬於我們的東西。為什麼？因為演化。稟賦效應源自動物標記自己地盤的自然傾向——動物會透過威脅姿態捍衛地盤，必要時甚至會發動攻擊，大聲宣告曾經的公共物品已為私人所有。其中的演化邏輯是這樣運作的：一旦一塊地盤被

一種動物宣告占領，潛在的入侵者就必須投入可觀的精力，冒著嚴重身體傷害的風險，試圖為自己奪取這塊地盤，所以才會存在稟賦效應。我們更願意投資在捍衛已擁有的東西上，而不是奪取別人的東西。就拿狗來說好了，與去搶其他狗的骨頭相比，狗會花更大的精力守住自己的骨頭，不讓其他狗搶走。財產所有權的稟賦效應，與**損失厭惡**（loss aversion）有著直接而明顯的聯繫，*即與追尋獲得的快樂相比，我們願意花雙倍精力去避免損失的痛苦*。演化使我們更在意已擁有的東西，而不是我們可能擁有的東西，這就是支持私有財產概念的演化道德情感。

　　信念也是一種私有財產——以公開表達我們的私人思想為形式——因此稟賦效應也適用於信念系統。我們抱持一個信念的時間越長，我們投入的就越多；我們越是公開承認它，賦予它的價值就越大，放棄它的可能性就越小。

框架效應

　　信念的框架通常決定了我們會如何評估這些信念，這稱為**框架效應**（framing effect），也就是*根據資料的呈現方式得出不同結論的傾向*。框架效應在財務決策和經濟信念中尤其明顯。讓我們來看一下這個以兩個不同框架呈現同一財務問題的思想實驗：

1. 高大店現有新款水果手機售價三百美元；五個街區外的工廠店，同款手機只要半價一百五十美元。你會為了省下一百五十美元而走這一趟嗎？當然會，對吧？

2. 高大店現有新款超能電腦，售價一千五百美元；五個街區外的工廠店，相同型號的折扣價為一千三百五十美元。你會為了省下一百五十美元而多走幾步路嗎？才不，何必麻煩呢？

在向受試者提供此類選擇的研究中，大多數人在第一種情況下會多走一趟，但在第二種情況下則不會多走一趟，即使省下的金額是相同的！為什麼？因為框架改變了選擇的感知價值。

框架效應也會出現在政治和科學信念中。而這是一個極可能發生在現實世界的經典思想實驗：你是疾病管制中心的傳染病專家，你得知國家正在為一種不尋常的亞洲疾病爆發預做準備，這種疾病預計會導致六百人死亡。你的團隊提出了兩種對抗疾病的方案：

方案A：可以拯救二百人。

方案B：有1/3的機率讓六百人都保住，但有2/3的機率一個都救不了。

如果你和面臨這兩種選擇的72%的受試者一樣，那麼你會選擇方案A。現在請看針對同一情況的另一組選擇：

方案C：有四百人將會死亡。

方案D：有1/3的機率無人死亡，但有2/3的機率六百人全部死亡。

儘管從人數淨值來看，第二組選擇其實與第一組完全相同，但受試者的選擇偏好卻發生了變化，從有72%的人選擇方案A，轉為有78%的人選擇方案D。這就是問題的框架導致了偏好的轉變。我們通常偏好從可以拯救多少人的角度來考慮，而不是會死多少人——「積極框架」優於「消極框架」。[23]

定錨偏誤

在缺乏客觀標準以評估信念和決策時——通常都沒有——我們會抓住現有的任何標準，無論它是多麼主觀。這些標準被稱為**錨**（anchor），進而產生**定錨效應**（anchoring effect），也就是*在做出決策時過度依賴過去的相關資訊或單一訊息的傾向*。用來比較的錨甚至可能完全是任意的。在一項研究中，受試者被要求提供其社會安全號碼的最後四位數字，然後研究人員要求受試者估計紐約市的醫生數量。奇怪的是，社會安全號碼數值較高

的人，給出的估計值往往也較高。在一項相關的研究中，研究人員向受試者展示了一系列要購買的物品——一瓶酒、一個無線電腦鍵盤、一個電玩遊戲——然後告訴受試者這些物品的價值等於他們社會安全的最後兩位數字。當隨後被問及他們願意支付的最高價格時，社會安全號碼數值較高的受試者願意支付的金額，比社會安全號碼數值低的人更多。由於沒有客觀的錨進行比較，這個隨機的錨武斷地影響了他們。

我們對定錨效應的直覺及其威力，導致企業合併的談判者、商業交易的代表，甚至離婚的爭議雙方，都會先提出一個極端的初始條件，將錨定在對己方有利的高點。

可得性捷思

你有沒有注意過，在遲到的時候開車會遇到更多紅燈？我也這麼覺得。宇宙怎麼知道我遲到了？當然，宇宙才不關心這一點，但事實是大多數人在遲到時都會注意到更多的紅燈，這是**可得性捷思**（availability heuristic）的一個例子，也就是*傾向於根據當下的事例，來分配潛在結果的可能性，尤其是那些生動、不尋常或能引起情緒的事例，然後將其歸納成結論，做為選擇的依據。*[24]

例如，你對死於飛機失事（或雷擊、鯊魚襲擊、恐怖攻擊等）發生可能性的估計，將與你的世界中發生此類事件的可能性直接相關，尤其是你透過大眾媒體看到的頻率。如果報章雜誌，尤其是電視，大肆報導某一事件，人們很可能會高估該事件發生的可能性。[25] 舉例來說，埃默里大學的一項研究指出，男性的頭號死因——心臟病——在媒體的報導量，與排名第十一位的死因——凶殺案——相同。此外，吸毒（在與嚴重疾病和死亡相關的危險因素中排名最低）與排名第二的危險因素（不良飲食和缺乏運動）受到的關注一樣多。其他研究發現，四十多歲的女性認為自己有十分之一的機率死於乳癌，但實際的機率是二百五十分之一，這種效應也與乳癌新聞報導的數量直接相關。[26]

代表性偏誤

　　與可得性偏誤相關的是**代表性偏誤**，正如其發現者心理學家特沃斯基（Amos Tversky）和康納曼（Daniel Kahneman）所描述的，它指的是*一個事件依照其代表母體群體或生成過程的基本特徵之程度，而被判斷為可能發生*。而且，整體而言，「當面臨判斷機率或頻率的艱鉅任務時，人們會採用幾個捷思將這些判斷簡單化。」[27] 以下思想實驗已成為認知研究中的經典。想像一下，你要為公司招募員工，而你正在考慮僱用以下人選：

　　　　琳達三十一歲，單身，敢言，非常聰明，主修哲學。學生時期深
　　　　切關注歧視和社會正義議題，並曾參與反核示威活動。

　　以下哪一描述更有可能為真？一、琳達是銀行出納員。二、琳達是銀行出納員且積極參與女權運動。

　　當受試者面臨這種選擇時，有 85% 的人選擇了第二選項。從數學上來說，這是錯誤的選擇，因為兩個事件同時發生的機率，永遠小於單一事件單獨發生的機率。然而，大多數人都在這個問題上犯了錯誤，落入代表性謬誤的陷阱，只因為第二個選項中出現的描述用語，似乎更能代表對琳達的描述。[28]

　　數百次實驗一次又一次地展示，人們在高度不確定性的情況下會做出倉促的決定，而且是透過採用這些不同的經驗法則來縮短計算過程。例如政策專家被要求評估蘇聯入侵波蘭而美國隨後斷絕外交關係的可能性，結果受試者給出的機率為 4%。同時，另一組政策專家被要求估計美國和蘇聯斷絕外交關係的可能性。雖然後者的可能性較大，但專家們給出的可能性卻較小。研究人員得出的結論是，更詳細的兩段式描述，似乎更能代表所涉及的參與者。

注意盲視偏誤

影響信念的認知偏誤中最強大的一個，正是聖經諺語「沒有比那些視而不見的更盲目的了」。心理學家將這種現象稱為**注意盲視**（attentional blindness），有時也稱**非注意盲視**（inattentional blindness），即在*關注特殊和具體事物時，忽略明顯和一般事物的傾向*。這種偏誤有一經典實驗，讓受試者觀看一段一分鐘的影片，影片中兩隊球員各有三人，一隊穿著白衣，另一隊穿著黑衣。兩隊球員在一個小房間裡不斷移動，來回投擲兩顆籃球。受試者的任務是統計白隊的傳球次數。三十五秒後，一隻大猩猩突然進入房間，逕直走進球員之中，搥胸頓足，九秒後離開。

怎麼可能會有人看不到穿著大猩猩裝的傢伙呢？事實上，在心理學家西蒙斯（Daniel Simons）和查布里斯（Christopher Chabris）這項令人拍案叫絕的實驗中，50% 的受試者都沒有看到大猩猩，即使被問到是否注意到任何異常情況時也是如此。[29] 我將這支大猩猩影片融入公開講座中已經很多年了，我會請那些沒看到大猩猩的人舉手，這些年來約有逾十萬聽眾看過這支影片，而只有不到一半的人第一次觀看時就看到這隻大猩猩（我會播放第二次，不要求大家計數，這麼一來每個人都能看到了）。如果我再多說幾句話，這個數字還會再下降：我告訴觀眾，在計算傳球次數時，男生和女生之間會有一方算得較準確，但我先不透露是哪一方，以免測試出現偏差。這下子大家全都坐直身子，更加專注，看到大猩猩的人就更少了。

最近我與主持人漢森（Chris Hansen）一起為 NBC 拍攝了一部關於輕信的特別節目，其中我們重現許多經典的心理學實驗，證明了許多認知偏誤，其中之一就是注意盲視。

不過，我們是讓漢森親自走過舞臺中央，而不是大猩猩。攝影棚裡有一群現場觀眾，他們以為自己正在參加 NBC 實境節目的彩排。我們安排了一支真正的紐約籃球隊參加，但當我看到舞臺如此之小，以及觀眾距離克里斯走過的區域如此之近時，我開始擔心這個效應會失效。所以我指示那

圖 12. 你看到大猩猩了嗎？

不注意盲視是指**專注於特殊和具體事物的同時，忽略一些明顯和普遍事物的傾向**。這種偏誤的經典實驗，是讓受試者觀看一段一分鐘的影片，影片中兩隊各有三名球員，一隊穿著白衣，另一隊穿著黑衣，他們在一個小房間裡不斷移動，來回投擲兩顆籃球。受試者的任務是統計白隊的傳球次數。三十五秒後，一隻大猩猩進入房間，逕直走進這些球員之中，搥胸頓足，九秒後離開。在心理學家西蒙斯和查布里斯這項令人拍案叫絕的實驗中，50%的受試者沒看到大猩猩，即使被問及是否注意到任何異常情況時也是如此（照片由西蒙斯及查布里斯提供）。西蒙斯的實驗室網頁：http://www.theinvisiblegorilla.com.

　　些籃球員更加賣力地運球和傳球，模仿哈林花式籃球隊（Harlem Globetrotters）生動有聲的演出。 我還把攝影棚的觀眾分成兩組，一組統計白衣球員的傳球次數，另一半統計黑衣球員的傳球次數。最後，我要求他們大聲數出傳球次數。這麼做的效應接近完美。觀眾中只有幾個人注意到一些異常，但沒有一人看到漢森走過舞台、停下來、旋轉了一圈、然後離開舞台。當我解釋了剛剛發生的事情並帶漢森出來和大家打招呼時，觀眾們都震驚了。

　　諸如此類的實驗，揭示了我們對感知能力的過度自信，以及對大腦運作方式的根本誤解。我們認為眼睛就像攝影機，而大腦是要被感知填滿的空白磁帶。在這個錯誤的模型中，記憶被簡化成影像倒帶並在心靈劇場中回放。實際情況完全不是這樣。感知系統，以及分析這些資料的大腦，都深受我們既有信念的影響。因此，我們眼前發生的大部分事情，對於專注於其他事情的大腦來說，很可能是視而不見的。

偏誤與信念

我們的信念不斷受到各種認知偏誤的衝擊，其他類型我將在這裡簡要介紹（按字母順序排列）：

權威偏誤（Authority bias）：傾向於重視權威的意見，尤其是在評估我們所知不多的事物時。

從眾效應（Bandwagon effect）：由於能得到社會增強，而傾向於接受社會群體中其他人所抱持的信念。

巴納姆效應（Barnum effect）：傾向於將模糊和籠統的人格描述，視為高度準確和具體的。

可信度偏誤（Believability bias）：傾向於根據結論的可信度來評估論點強度。

聚類錯覺（Clustering illusion）：傾向於從實際上可能是隨機的結果中看出一組模式；模式性的一種形式。

虛構偏誤（Confabulation bias）：傾向於將記憶與想像以及其他人的敘述混為一談。

一致性偏誤（Consistency bias）：傾向於認為自己過去的信念、態度和行為，以及現在的信念、態度和行為，比實際上更為一致。

期望偏誤／實驗者偏誤（Expectation bias / experimenter bias）：觀察者，尤其是科學實驗者，傾向於注意到、選擇和發表符合他們對實驗結果期望的數據，而忽視、摒棄或不相信與期望的實驗結果相衝突的數據。

錯誤共識效應（False-consensus effect）：傾向於高估他人對自己信念的認同程度，或對自己行為的支持程度。

光環效應（Halo effect）：傾向於因為一個人的一項正向特徵，而全面美化這人的所有特徵。

羊群偏誤（Herd bias）：為了避免衝突而採納群體中大多數成員的信念並追隨其行為的傾向。

控制錯覺（Illusion of control）：傾向於相信自己可以控制，或至少可以影響大多數人無法控制或影響的結果。

錯覺相關（Illusory correlation）：假設兩個變數間存在因果關係（相關）的傾向；模式性的另一種形式。

群體內偏誤（In-group bias）：傾向於重視自己視為群體內成員者的信念和態度，而低估其他群體成員的信念和態度。

正義世界偏誤（Just-world bias）：傾向於尋找不幸事件的受害者可能是罪有應得的跡象。

負面偏誤（Negativity bias）：與正面的事件、信念和訊息相比，人們傾向於更密切關注和重視負面事件、信念和訊息。

常態偏誤（Normalcy bias）：傾向於低估以前從未發生過的災難的可能性。

非此處發明偏誤（Not-invented-here bias）：傾向於低估並非來自內部的信念或資訊來源的價值。

首因效應（Primacy effect）：與後續事件相比，人們傾向於注意、記住並重視初始事件。

投射偏誤（Projection bias）：傾向於假設他人擁有相同或相似的信念、態度和價值觀，並根據我們自己的行為高估他人行為的可能性。

近因效應（Recency effect）：與早期事件相比，人們更容易注意到、記住並重視最近發生的事件。

玫瑰色回顧偏誤（Rosy retrospection bias）：傾向於在記憶中美化過去的事件。

自我實現的預言（Self-fulfilling prophecy）：傾向於相信某些想法並據此行動，進而符合該信念的期望。

刻板印象或泛化偏誤（Stereotyping or generalization bias）：在沒有關於該特定成員實際資訊的情況下，傾向於假設某個群體的成員具有某些被認為是代表該群體的特徵。

特質歸因偏誤（Trait-ascription bias）：人們傾向於認為自己的個性、行為和信念比其他人更加多變且不那麼教條。

偏誤盲點

偏誤盲點（bias blind spot）其實是一種後設偏誤，因為它植根於所有其他認知偏見，即*傾向於認識到認知偏見對其他人的影響，但卻忽略它們對自身信念的影響*。普林斯頓大學心理學家普羅寧（Emily Pronin）等人進行了一項研究，在「社交智商」測試中對受試者隨機分配高分或低分。不意外的是，比起獲得低分的人，獲得高分的人認為測驗更公平、更有用。當被問及他們有沒有可能受到測驗分數的影響時，受試者回答說其他參與者的偏誤比他們嚴重得多。即使受試者承認有偏見，例如身為黨派團體的成員，但「他們同時堅持認為，就他們自己的情況而言，這種身分……反而帶來獨特的**洞見**——事實上，正是由於缺乏這種**洞見**，反方才會採取了錯誤的立場」。普羅寧說。在史丹福大學的一項相關研究中，研究員要求學生就友好和自私等個人特質，將自己與同儕進行比較。不出所料，學生對自己的評價更高。即使研究人員警告他們可能存在**優於平均水平偏誤**（better-than-average bias），並要求他們重新評價一開始的評估，結果 63％的人聲稱他們一開始的評估是客觀的，13％的人甚至聲稱自己太謙虛了！[30]

信念的中土

之前我們深入大腦，檢視了信念的種種偏誤，現在讓我們退後一步從更寬廣的視野來看，我稱之為信念的**中土**（Middle Land）。

想像一下這兩列拋擲幣二十五次的正面（正）和反面（反）序列，猜猜哪一列最能代表隨機結果：

反正反正反正反正反正反正反正反正反正反正反正反

正正正反反正反反正反正正正正反反正正反反反反反正

　　大多數人都會說，正反交替的第一列看起來較隨機，而事實上，電腦
模擬和實際的拋硬幣實驗，都會產生更像第二列的東西（你可以自己試一試）。
當受試者被要求想像投擲一枚硬幣並寫下結果的順序時，他們的猜測是高
度非隨機的。也就是說，他們寫出的正反字串，更類似於上面可預測的第
一列字串，而不是較不可預測且更隨機（但不完全）的第二列字串。

　　這一事實對於解釋超感官知覺實驗中明顯的非隨機猜測大有幫助，超
自然現象研究人員聲稱這是精神力量的證據。事實上，在對過去百年超感
官知覺研究的分析中，布魯格（Peter Brugger）和泰勒（Kirsten Taylor）將超感官
知覺重新定義為**主觀機率的影響**（effect of subjective probability），並指出科學家
現已確鑿證明，在研究中，當一個受試者試圖使用超自然手段，確定或預
測第二個受試者的想法或行為結果時，通常會發生什麼事。當第二位受試
者被指示隨機執行某些任務（例如舉起或放下手臂）時，順序不會是隨機的。
隨著時間推移，第二個受試者將發展出一種可預測的模式，讓第一個受試
者無意識地學習。[31] 這種效應稱為**隱式序列學習**（implicit sequence learning），
一個多世紀以來一直是超自然現象研究的隱患，因為研究人員始終無法控
制這一效應。正如數學家科維尤（Robert Coveyou）曾打趣說的：「隨機數生
成太重要了，不能靠運氣。」[32]

　　我們的普通直覺經常出錯的原因是，我們是在演化生物學家道金斯所
說的**中間世界**（Middle World）裡演化而來的──一個介於短與長、小與大、
慢與快、年輕與年老之間的國度。出於個人的音韻偏好，我稱之為**中土**。
在太空裡的這片中土，我們的感官演化成能感知中等大小的物體──介於
沙粒和山脈之間的物體。我們無法感知尺度天平一端的原子和細菌，或另
一端的星系和不斷膨脹的宇宙。在速度的中土，我們可以偵測到以步行或
跑步的速度移動的物體，但是大陸（和冰川）的極慢速移動，和快到無法想
像的光速，我們根本難以察覺。我們的中土時間尺度，從心理上約為三秒
的「現在」，到人類一生的幾十年，短到無法親眼見證演化、大陸漂移或
長期環境變化。我們中土的民間運算能力，使我們關注並記得短期趨勢、

有意義的巧合和個人軼事。

我們用民間運算來處理隨機過程的例子比比皆是。好萊塢電影公司的高層經常在短期票房慘敗後解雇優秀的製片人，結果該製片人任內製作的電影後來成為熱賣大片。上過《體育畫報》（*Sports Illustrated*）封面的運動員通常會經歷職業生涯低迷，不是因為有什麼迷信魔咒，而是因為「回歸均值」。讓他們能登上封面的傑出表現，是很難重複的小機率事件，後來他們只是「回歸」到了正常的表現水準。

非凡的事件並不總是需要非凡的原因，只要有足夠的時間和機會，就有可能會偶然發生。理解這一點，可幫助我們克服尋找實際上不存在的模式和主體的中土傾向。擁抱隨機。找出模式。明白差異。

科學作為終極偏誤檢測機

對認知偏誤的研究指出，人類絕不是啟蒙運動理想中理性的計算機，能仔細權衡支持和反對信念的證據。這些偏誤的影響極為深遠，不論是法官或陪審團評估針對被告的證據、執行長評估公司的訊息，或者科學家權衡偏向某一理論的資料，都會在確認原有的信念上經歷相同的認知誘惑。

那我們能怎麼做呢？在科學上，我們有內建的自我修正機制。實驗時嚴格的雙盲控制是必要的，即在資料收集階段，受試者和實驗者都不知道實驗條件。研究結果要在專業會議和同儕審查的期刊上接受審視，研究必須在與原始研究人員無關的其他實驗室中複製。論文中必須包含不確定的證據，以及對資料的不同角度解讀。同事們因持懷疑態度而受到獎勵。然而，科學家同樣容易受到這些偏見的影響，因此必須徹底執行這類預防措施，尤其是針對科學家本身的，因為如果你不尋找與你的理論或信念相矛盾的資料，其他人通常會非常樂於在公共論壇中幫你挑明。

這種科學方法在歷史上如何發展成形，以及現在如何發揮作用，是本書最後幾章和結語的主題。

13

信念的地理學
Geographies of Belief

在這趟深入相信的大腦之旅中，我們已看到人類並不是開啟理性時代的啟蒙哲學家所設想的理性計算機和邏輯機器。事實上，我們會受到許多因素影響，進而塑造出信念。模式性確保我們能在有意義和無意義的噪音中尋找和發現模式，主體性驅使我們為這些模式賦予意義和意圖性主體，以解釋事情發生的原因。這些有意義的模式構成了信念的核心，為此我們的大腦採取了一系列認知偏誤來不斷確認我們的信念是正確的。在此重申我的論點：先有信念，然後才有對信念的解釋。

那麼，我們該如何區分模式的真假呢？我們如何辨別真實主體和想像主體之間的差異？我們該怎麼避免深深拖累理性的認知偏誤陷阱？答案是科學。簡單瀏覽一下我所謂的**信念的地理學**（geographies of belief）就會發現，儘管我們的心理具有主觀性，但透過科學工具就可以獲得相對客觀的知識。而這些工具的創建過程是一場**斷斷續續**的旅程，探索世界和我們在其中的定位。

未知之地

信念引擎驅動著所有知識領域中的各種見解，其中最戲劇性的例子應該就是探索史了。地理地圖塑造認知地圖，反之亦然。當亞歷山大的克勞狄斯・托勒密（Claudius Ptolemaeus of Alexandria）──歷史上更為人熟知的名字是托勒密（Ptolemy）──在西元 2 世紀的世界地圖底部寫下「未知的南方之

地」（Terra Australis Incognita）一詞時，無意間也提供了一張認知地圖，影響了接下來一千五百多年的探索，讓人類從確定性的頑固堅持中解放出來。知道仍存在未知之地——即拉丁語的 *terra incognita*——使得探險家勇於向新世界冒險，並為未來世代呈現出一個比想像中更大、更豐富多彩的地球（最終是宇宙）。（見圖 13）不確定和懷疑的心態會帶來嶄新的世界願景，以及新的、不斷變化的現實。[1]

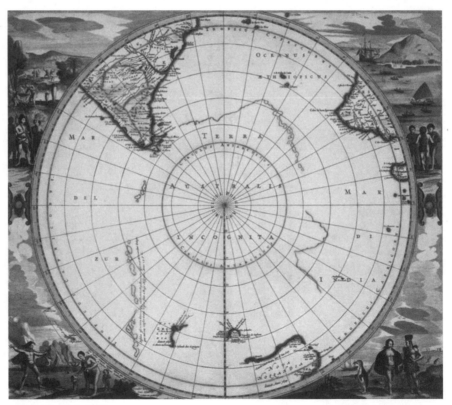

圖 13. 未知的南方之地

「未知之地」是信念的地理學中曾寫下最重要的語詞，體現了無限探索的精神空間——一個沒有終點的故事。這一詞出現在 Herdrik Hondius 於 1657 年繪製的 Terra Australis Icognita 地圖上。（澳洲新南威爾斯州立圖書館提供）

負向信念

哥倫布對向西航行成功到達遠東的使命充滿信心，這正是信念驅動見解的典型例子。他的第一次航行依據的是托勒密的地圖坐標，計算出歐亞大陸向東延伸的長度，以及世界的總周長，這兩者都被錯誤計算到了與哥倫布的期望完全一致的程度。

為了計算地球的大小，托勒密使用了每經度 500 視距（stadia）的估計值，而不是著名的古希臘地理學家兼數學家埃拉托色尼（Eratosthenes）所使用的每度 700 視距的更準確數字。視距約一百八十五公尺，因此每經度 500 視距等於 92,500 公尺（或九二‧五公里），700 視距等於每經度 129,500 公尺（或129.5 公里）。地球赤道實際週長為 40,075 公里，可是依托勒密的算法估計出的長度約為 33,300 公里，整整小了 17％。再加上哥倫布根據提爾的馬裡努斯（Marinus of Tyre）的估計，採用歐亞大陸東展長度的偏高值（因此縮減了需航行的水面長度），再加上 1453 年君士坦丁堡陷落後，從歐洲到中國和印度的陸路路線在政治上變得不穩定，哥倫布向西航行到東方的計畫在實務上是相當合理的（沿著非洲海岸，繞過好望角，向東航行到印度和中國的路線，在那之前從來沒有人成功過，當時的人認為這條路線最好也是難關重重，最糟是必死無疑）。因此，這是史上眾多偶然發現之中最未卜先知的巧合。哥倫布在他的處女航中向西航行了五千多公里，穿過「大洋海」（Ocean Sea，大西洋）後，在他計算出的印度群島（Indies）所在地點遇到了陸地，因此他將在那裡接觸到的人稱為「印第安人」（Indians）。[2]

為什麼哥倫布沒有立刻意識到那裡不是亞洲？他發現的動植物和民族肯定與馬可波羅從歐洲從陸地東遊，遇到了大汗（Great Khan）並吸收了亞洲文化後所報導的完全不同吧。答案在於**感知**與**認知**，或**資料**與**理論**的雙重問題。讓哥倫布錯的離譜的是粗略的資料加上錯誤的理論。馬可波羅對亞洲的描述再怎麼好也都是簡略的，有充足的餘地可讓人將新世界資料解讀為舊世界事實。另外，當時並沒有關於新大陸的理論，所以當哥倫布在

1492 年 10 月命運的那一日第一次接觸新大陸時，在他的念頭裡，他能在哪裡？**當然只有**亞洲了。

出於典範塑造感知的威力，哥倫布的認知地圖告訴他，他看到了什麼。例如當他的手下挖出食用大黃（garden rhubarb, *Rheum rhaponticum*，常用來做派）時，船醫判定那是馬蹄大黃（*Rheum officinale*），一種藥用的中國大黃。美洲原生植物苦木裂欖木（gumbo-limbo）被誤認為是常綠乳香樹的亞洲品種，這種樹產生的樹脂可用於製造亮光漆、清漆和黏合劑。南美洲的 *nogal de pais* 堅果被歸類為亞洲椰子，或至少是馬可波羅所描述的那種。哥倫布認定一種具有肉桂香氣的植物，就是這種高貴的亞洲香料。第一次登陸聖薩爾瓦多後，哥倫布乘船前往古巴，他還帶了一些聖薩爾瓦多俘虜，好與古巴當地人溝通。古巴當地人告訴他，在 Cubanacan——古巴中部——可以找到黃金，而哥倫布聽成 El Gran Can，即大汗。當哥倫布在第二次航行中再次登陸古巴時，他記錄下他是沿著馬可波羅描述中的中國南方曼吉王國（Mangi kingdom）的海岸航行。如此這般，在前往「印度群島」總共四次的航行中，哥倫布從未懷疑過自己身在何處，儘管他從未見過大汗。這就是信念的力量。透過舊典範湧入的新資料，只會增強他的信心，讓他相信自己就在他所以為的地方——舊世界的東部邊界，而不是新世界的東部邊緣。[3]

在哥倫布史詩般的航行之後不久，麥哲倫（Ferdinand Magellan）於 1519 年開始環球航行，認知典範的威力再次展現。一旦確定了歐洲和亞洲之間還存在一塊大陸，探險家、製圖師和學者就有了兩個尚未解答的偉大地理問題：（1）是否存在一條「北方通道」，能穿過或繞過北美大陸，連接大西洋和太平洋，使從歐洲向西航行的船隻能節省數個月的旅行時間？（2）是否真的存在一片巨大的南方大地，即托勒密想像中的「未知之地」？第二個問題引發了一連串的**負向發現**（negative discoveries）——尋找 X 但發現 Y。

海軍測量員庫克（James Cook）獲得這些航行的領導權，前提是他將尋找這片未知的領土，直到他「發現它，或是落入塔斯曼發現、現稱為紐西蘭的土地的東側」（塔斯馬〔Abel Janszoon Tasman〕還發現了澳洲南端附近的一座大島，

現以他的名字命名——塔斯馬尼亞）。流傳的證據指出這片失落大陸的存在。據說這片神祕領土最先是由馬可波羅發現的，後來則是西班牙和法國航海者，最近的則是海盜戴維斯。據估計，這片大陸與亞洲一樣大，盛產珍貴的寶石和礦物。據說，鬱鬱蔥蔥的熱帶環境中遍布著寺廟，人們騎著大象在這片土地上旅行。這是 18 世紀的黃金國（El Dorado），南太平洋的香格里拉（Shangri-la）。[4]

在庫克之前，許多冒險家都曾踏上這種負向發現之旅。莫佩爾蒂（Maupertuis）哄騙腓特烈大帝（Frederick the Great）資助他的旅程。1756 年，第戎的德布羅斯（Charles de Brosses）出版他的《南方大地航海史》（*Histoire des Navigations aux Terres Australes*），並提出一套理論說這片大陸必須存在，才能平衡北半球大陸的重量，以免大地傾覆。對於現代人來說這聽起來很愚蠢，因為我們都知道大地並不是「漂浮」在任何介質上，也就不需要「平衡」自身，像一根失去平衡的圓木在水池中浮沉。但人們長期以來確實一直相信——直到 20 世紀初——大地漂浮在名為**以太**（the ether）的不可見物質之上。

十年後的 1766 年，一位名叫卡蘭德（John Callander）的蘇格蘭人出版了一本雄心勃勃的書，名為《已知的南方大地》（*Terra Australis Cognita*）。卡蘭德提議立即將這片不再是未知的新大陸殖民化。隔年，英國東印度公司首席水文學家達爾林普爾（Alexander Dalrymple），撰寫了《南太平洋發現記》（*Account of the Discoveries Made in the South Pacific Ocean*），重申「整體平衡理論」，並提供了南方大地的精確緯度和經度數據，他還估計這片陸地上的居民超過五千萬人。他堅稱，那片土地的財富將遠遠超過美國殖民地，能使英國擺脫美國那些麻煩製造者煽動的政治和經濟動盪。達爾林普爾認為，既然他對這片南方土地如此暸解，自然該由他擔任遠征軍的指揮官，他將成為新一代的（他相信也是最後的）哥倫布。由於達爾林普爾不是海軍軍官，最後英國發現之旅的指揮權交給了原本沒沒無名、年屆四十的庫克。庫克明智地將科學家納入船隊之中，這使他的旅程成為科學歷史上最偉大的探索。

在尋找未知南方大地的過程中，庫克發現、繪製並探索了除了那片神祕土地之外的幾乎所有事物，包括塔希提島、紐西蘭、塔斯馬尼亞、澳洲、大堡礁、東加、復活節島、新喀裡多尼亞、新幾內亞、桑威奇群島，最後終於找到了**未知的南方大地**，也就是南極。[5]

說到底，地圖上已知的東西不及未知的重要，因為正是未知的地域驅使人們去探索和創新，將**未知之地**置於科學的核心。

以「管」窺天

在這個正向探索和負向發現的時代，其他信念地理學中的未知領域也在人類的探索下逐漸揭開神祕面紗。1609 年，義大利數學家兼天文學家伽利略，將望遠鏡的改良版轉向了天空。望遠鏡是由荷蘭眼鏡製造商利珀希（Hans Lippershey）率先發明，他最初創造這款望遠鏡的目的是為了地上事務，例如觀察接近港口的商船旗幟和裝載物。而此時的天文學可說是處於停滯狀態，除了太陽和月亮之外，肉眼無法觀察出天體的任何細節，只能看到光點。伽利略改良了利珀希的「觀察器」，配備更大的透鏡和更大的放大目鏡，將其朝向天空，進行了許多令人震驚的觀察。

例如，伽利略指出，有衛星圍繞木星運行、金星有盈虧、月球上有山脈、太陽上有黑點。他甚至看出，銀河──天空腰間那條模糊的光帶──其實是由無數星星組成的。木星衛星的發現尤其重要，因為那證明了地球不是**萬物**的中心，這支持了哥白尼的日心說。當然，伽利略在證明之前就已相信這點了。此外，伽利略透過望遠鏡發現月球上的山脈陰影，以及不停移動的太陽黑子，這些成了亞里斯多德的宇宙論無法解釋的問題，因為亞里斯多德的宇宙論認為，所有天體必定是完美的圓形且無比光滑。

望遠鏡提供了一個可以撬動世界觀的阿基米德支點，但並不是每個人都渴望拾起這個新支點。伽利略在帕多瓦大學（University of Padua）的傑出資深同事克雷莫尼尼（Cesare Cremonini）非常忠於亞里斯多德的宇宙學，他甚至

拒絕透過那管子去看。事實上，克雷莫尼尼很懷疑能透過管子看到任何天體，他把那歸結成客廳把戲：「我不相信除了他之外還有人能看到。再說，透過玻璃片看會讓我暈眩。夠了，我不想再聽到這件事。但真是令人遺憾，伽利略先生居然參與了這些娛樂把戲。」[6]克雷莫尼尼對亞里斯多德的忠誠不渝，在很大程度上是因為天主教會已將聖經無可爭議的權威（透過偉大的13世紀奧古斯丁學者阿奎那〔St. Thomas Aquinas〕）與亞里斯多德不可否認的智慧結合在一起。克雷莫尼尼忠誠的對象是「那位哲人」，正如他在宗教裁判所中解釋的：「我不能也不想撤回我對亞里斯多德的解釋，因為這就是我對他的理解，我受雇以我所理解的方式呈現他，並且，如果我不這樣做，我就該退還我的工資。」[7]這就是對公司的忠誠，而天主教會無疑是當時最龐大也最強勢的公司團體。

　　至於那些確實透過伽利略管觀察的人，則不敢相信自己的眼睛——字面意義上的。伽利略的一位同事報告說，該儀器適用於地面觀測，但不適用於天體觀測，因為「我以一千種方式測試了伽利略的這台儀器，包括地面的物體和上面的物體。在地面，它的效果非常好；在天空中它會欺騙人。有許多優秀人士和學者可做見證……所有人都認為這個工具會騙人」。羅馬學院（Collegio Romano）的一位數學教授堅信，伽利略事先將木星的四顆衛星放入天文鏡，如果他有機會「率先將它們安放管中」，他也可以向其他人展示這樣的奇蹟。伽利略對此感到無比挫敗：「我想向佛羅倫斯的教授們展示木星的衛星，他們既看不到木星的衛星，也看不到望遠鏡。這些人相信自然界中沒有真理可尋，只能透過文本比較來尋求。」[8]

　　在伽利略的心中，太陽多出了斑點以及月亮多出了山脈，敲響亞里斯多德宇宙論的喪鐘。亞里斯多德派的學究們（也稱為**逍遙學派**〔Peripatetics〕，意思是「邊走邊思考」的人，這是希臘哲學家中流行的一種活動）拼命地想「保存」無瑕疵、不可毀的天空「表相」，但伽利略堅信這只是時間問題，正如他在1612年的一封信中以嘲諷式預言的方式寫道：「我認為這些創新將是偽哲學的葬禮和終結，或者說是對偽哲學的最後審判；啟示已出現在日月之

上。我期待聽到逍遙派關於這個主題的偉大宣言，他們希望保持天空的不朽。但我不知道如何才能挽救並保存它。」[9] 1616 年，天空得到了部分保存，當時伽利略被允許使用哥白尼系統，但僅僅是為了在數學上方便計算行星軌道。他還被口頭和書面警告，不能妄稱日心系統確實是真的。

然而，伽利略天生反骨，而且他認為自己之前與紅衣主教巴貝里尼（Cardinal Maffeo Barberini）——現在的教皇烏爾班八世（Pope Urban VIII）——的良好關係，會給他一些迴旋餘地。1632 年，伽利略發表了他最著名的著作《關於托勒密和哥白尼兩大世界體系的對話》（*Dialogue Concerning the Two Chief World Systems, Ptolemaic and Copernican*），書中明確支持哥白尼的日心說體系。伽利略的書是一部文學傑作，以兩位支持者之間的對話形式寫就，一位是地心說的支持者，另一位是日心說的擁護者。書中地心說的支持者名叫「辛普利西奧」，處處影射現任教皇烏爾班八世，伽利略將其描述為一個非理性的傻瓜。《對話》一書是對亞里斯多德物理學和宇宙學，以及逍遙派仰賴權威而非觀察的整體性攻擊。

毫不意外，烏爾班八世勃然大怒，不僅因為伽利略違反了 1616 年所設不得提倡哥白尼體系的禁令，還因為這位科學家嘲笑了在托勒密—哥白尼爭論中自己所偏好的立場。1632 年 8 月，教廷禁止進一步出版和銷售《對話》。不久後，教宗於 1633 年下令，要伽利略在羅馬宗教裁判所接受審判，他被判犯有「嚴重的異端嫌疑」。在審判的懲處階段，法庭判決如下：「聖部宣判將你無限期監禁。」[10] 逼使這位垂垂老矣的天文學家正式聲明棄絕了他的罪：

> 聖部宣布我有強烈的異端嫌疑——也就是說，主張並相信太陽是世界的中心並且是不動的，而地球不是中心而且是會移動的。因此，為了消除各位顯貴和所有忠實基督徒心中對我的強烈懷疑，我懷著真誠的心和純真的信仰，放棄、詛咒和憎惡上述錯誤和異端。[11]

　　有鑑於伽利略一生服膺於觀察勝於權威，傳說中他接下來所說的話（儘管很可能是杜撰）就非常合乎他的性格，就像他真的說了這話：「*Eppur si muove*（但它真的在動）。」當傳說成為事實，便將傳說付梓。

　　事實上，伽利略因其信仰而遭受酷刑和監禁的傳說就是如此。因為教會並沒有公布詳細記載他們對伽利略做了什麼的文件，但確實發布了伽利略將受到「嚴格檢查」（當時所有人都知道這意味著酷刑）的聲明，所以人們很自然地認為伽利略因其信念受到了酷刑和監禁。[12] 事實上，由於伽利略的名聲太大，而且受到許多當權人物的敬重，再加上他公開揚棄了原有的信念，因此法庭判處他專為「回歸信仰的前異端分子的精神利益」而執行「有益的懺悔」，此後他就被限制行動，相當於非常舒適的軟禁。他可以走到建築物外，甚至可以去附近的修道院探望女兒。儘管如此，《對話》還是遭禁，伽利略也被禁止再次教授哥白尼體系。[13] 不可思議的是，伽利略的《對話》直到 1835 年仍在天主教會的《禁書書目》（*Index of Prohibited Books*）之列。到了 1992 年，教宗若望保祿二世（Pope John Paul II）才以官方道歉為伽利略洗刷罪名，揭示信念系統一旦與不變的教條脫鉤後，就可以也確實發生了變化，即使這個過程花了三個半世紀：

　　伽利略以身為傑出物理學家的直覺，依靠不同的論證，發明了實驗方法，理解了為何只有太陽才能是世界的中心；而依當時的認知是，這世界是一個行星系統。當時的神學家堅持地球為世界中心，他們的錯誤在於認為我們對物質世界結構的理解，在某種程度上應當遵循聖經的字面意義。讓我們回想一下巴洛尼斯（Baronius）的名言：*Spiritui Sancto mentem fuisse nos docere quomodo ad coelum eatur, non quomodo coelum gradiatur*（聖靈意在教導我們如何上天堂，而不是天體如何運行）。[14]

　　為什麼救贖要耗時這麼久？伽利略在 1615 年與大公夫人克里斯蒂娜

（Christina）通信，提及他支持哥白尼學說的異端思想，他在信中提出一些見解，說：「我認為，在討論自然問題時，我們不應從聖經的權威立場開始；而是要進行合理的實驗和必要的演示。」[15]

我認為伽利略非常清楚他在做什麼——以及會產生什麼後果——才去戳動這些頑固的亞里斯多德主義者的以「管」窺天。

書籍之戰

對聖經和亞里斯多德權威的忠誠，使得伽利略時代的學者很難接受他的觀察——尤其是他從中得出的歸納——是正確的。他也很明白這點。因此，伽利略在其著作《水中的物體》（*Bodies in Water*）中，詼諧又辛酸地評論道：「阿基米德的權威並不比亞里斯多德的權威更重要；阿基米德是對的，是因為他的結論與實驗相符。」[16] 四個世紀後，物理學家費曼在談到確定理論正確與否時，呼應了伽利略的原則：「如果理論和實驗不一致，那麼理論就是錯的。這個簡單的陳述就是科學的關鍵。不管你的猜測有多漂亮，你有多聰明，是由誰做的猜測，或他叫什麼名字，這些都沒有任何區別。如果理論和實驗不一致，那麼理論就是錯的。就是這樣。」[17]

伽利略在他的觀察中反映的是科學革命的積累，這場科學革命始於一個多世紀前，並在一場書籍之戰中達到頂峰，即所謂的**權威之書** *vs.* **自然之書**。維薩里（Andreas Vesalius）在其 1543 年的《論人體結構》（*On the Fabric of the Human Body*）中對人體的解剖、吉爾伯特（William Gilbert）在其 1600 年的《論磁性和磁體以及地球大磁鐵》（*On the Magnet and Magnetic Bodies, and on the Great Magnet the Earth*）中對磁性和地球的地質觀察，以及哈維（William Harvey）在他 1628 年出版的《關於動物心臟和血液運動的解剖》（*Anatomical Exercise on the Motion of the Heart and Blood in Animals*）中對心臟和血液運動的追查，這三本書都是自然之書，挑戰數百年來一代代原封不動抄寫下來、幾乎不與現實世界核對的古代權威之書。

　　科學革命反抗天主教會及其對聖經（以及拉丁文）的依賴，反抗僵化的教會等級制度權威的解釋。這也是天主教會對新教改革反應如此激烈的部分原因——馬丁路德說每個人都可以用白話讀聖經，任何人都可以在沒有神父中介的情況下直接與上帝建立關係，而且這種嚴格的等級制度是沒有必要的。這為後來保守派和自由派之間的文化和政治鬥爭開闢了一方舞臺，而這些鬥爭一直延續至今。

　　權威之書是如何鉗制人類的想像力？西元 1 世紀羅馬作家迪奧斯科里德斯（Dioscorides）的著作《藥物論》（De Materia Medica）就是一個例子，它是植物學術語最重要的經典來源，也是之後一千六百年最重要的藥理學文本。《藥物論》對作者隨尼祿皇帝（Emperor Nero）的軍隊旅行所收集的六百多種植物進行了詳盡的描述，並在被翻譯成七種語言流通全歐後成為中世紀草藥學的基礎。然而，在迪奧斯科里德斯去世後，他的弟子們開始研究迪奧斯科里德斯，而不是大自然。漸漸地，抄寫出的書籍創造出一種與現實幾乎是兩樣的全新自然。葉子被工整地畫在樹枝上，力求對稱。為了填滿超大的對開頁，還增添了放大的根和莖系統。出版商使用木塊分別雕刻出樹根、樹幹、樹枝和樹葉，並將它們組合成任何地方都找不到的樹木複合插圖。抄寫員的幻想和想像力成為常態。例如，人們相信「藤壺樹」真的會長出藤壺。「生命之樹」上纏繞著一條長著女人頭的蛇；水仙會長出小人形。迪奧斯科里德斯長久以來的影響力是如此之大，以致 16 世紀末波隆那大學植物學系主任甚至被授予「迪奧斯科里德斯讀者」的稱號。[18]

　　圖 14 中的插圖充分體現了權威之書的力量。半人半獸的生物是「拉米亞（Lamia）的真實圖片」，出自托普塞爾（Edward Topsell）1607 年的著作《四足獸的歷史》（The Historie of Foure-footed Beastes）。半人半植物的生物是「曼多果拉」（Mandragora），如今更常被稱為曼德拉草（mandrake，茄屬植物），這張圖最早出現在 1485 年的德國書籍《植物標本館》（Herbarius）中。誰看過這樣的生物？沒人。但一旦它們被付印成冊，並在一個又一個世紀裡被不斷抄寫複製，便始終沒人去檢視原始來源——更不用說大自然了——它們

圖 14. 權威之書戰勝自然之書

尊重古代權威的傳統是如此強大,「博物學家」充其量只是抄寫者,不斷複製著年代久遠的原著。
(a) 被稱為「拉米亞」的半人／半獸生物和 (b) 被稱為「曼多果拉」的半人／半植物生物,都是
16 世紀和 17 世紀作品的標準內容。(c) 兩位畫家兼博物學家繪製真實植物的素描,標誌著從權
威之書到自然之書的轉變。「拉米亞」出自托普塞爾 1607 年所寫的《四足獸史》;「曼多果拉」
出自 1485 年德國的《植物標本館》。畫家兼博物學家出自福克斯 1542 年的《植物史》。皆重印
自 Alan Debus, *Man and Nature in the Renaissance* (Cambridge: Cambridge University Press, 1978), pp. 36,
44, 45.

就被具化為上帝創造的物種。中世紀腦袋裡的認知空間，不存在經驗觀察與驗證這種東西。相較之下，福克斯（Leonhart Fuchs）1542 年出版的《植物史》（De Historia Stirpium）中，兩位藝術博物學家的木刻插圖，透露了從權威之書到自然之書的階段性轉變。博物學家不再抄寫過往典籍，而是到戶外去核對自然，這也意味著拉米亞和曼多果拉的滅絕（儘管大腳怪和尼斯湖水怪仍活在我們的想像中）。[19]

　　這場書籍之戰涉及兩種不同的思考方式——也可以說是兩種信念引擎。權威之書以**演繹**為基礎——從概括的結論中得出具體陳述，或者說從一般推論到具體、**從理論到資料**。自然之書以**歸納**為基礎——從具體陳述中得出概括性結論，或者說從具體推論到一般，**從資料到理論**。將任何一個人或一個傳統描述為純粹使用歸納或演繹，都是過於簡化且不符現實的，因為沒有人是活在真空，所以必定會同時接收到多種來源輸入，也會運用這兩種思維模式。資料和理論缺一不可。只是，在科學史上的某些時期，其中一種更受偏重，伽利略和他的革命同伴對抗的正是深遠的演繹傳統。

　　亞里斯多德邏輯與演繹推理的結合起來的拉力，十分巨大且難以克服。例如在 1600 年代初期，在伽利略進行第一次望遠鏡觀測的同一時期，有人認為太空裡什麼也沒有——是真空的。那麼行星如何在其中移動呢？根據亞里斯多德的說法，物體是透過「衝力」（impetus）在空氣或空間中移動，空氣或「以太」穿過並包圍物體，從後方推動物體並給予推力。正如箭矢因受空氣包圍並從後方推動，才能朝前飛去一樣；行星也是由圍繞它們的以太從後面推動，才能在太空中移動。如果沒有以太，就不可能有推動行星穿越太空的推力。行星在運動，因此不存在真空。此後，以太成為第五元素——其餘四個是土、水、空氣和火——而對乙太的信念一直持續到 20 世紀，直到物理學家邁克森（Albert Michelson）和莫利（Edward Morley）關於光速的實驗完全被接受。這就是信念的持久力，即使在科學領域也是如此。

　　1620 年，英國哲學家培根（Francis Bacon）在其著作《新工具論》（Novum Organum）中，對亞里斯多德的演繹方法提出了堅定的挑戰。這種「新工具」

就是經驗法或觀察法。培根拒絕經院哲學的非實驗傳統和文藝復興時期恢復和保存古代智慧的追求，轉而尋求感官資料和推理理論的融合，強調資料並謹慎檢視理論。他提出，理想情況下人們應該從觀察開始，然後推導出一個一般理論，並能從中做出邏輯預測。培根概述了心智在這方面的運作方式：

> 探索和發現真理的方法只有兩種。一是從意義和細節直接飛向最普遍的公理，再從這些原則（其真理是確定的且不可動搖的）進行判斷並發現中間公理。另一個則是從意義和細節推導出公理，透過接連不斷的上升，最終到達最普遍的公理。這才是真實之路，但尚未驗證。[20]

然而，心理障礙阻礙了培根的目標，使人難以對事實做出清晰判斷，他將這些心理障礙分為四種類型：**洞穴中的偶像**（個人特性）、**市場上的偶像**（語言限制）、**劇場中的偶像**（早已存在的信念），以及**部落的偶像**（人類思想傳承的缺陷）：「偶像是人類心智中最深刻的謬誤。它們不在細節上欺騙……而是根源於心智上腐敗和扭曲的傾向；可以說，它奪走並玷汙了理解的所有預期。」信念在我們觀察和結論方面的驅策力量是無比深遠的：「一旦採納某種觀點後，人類的理解……便會吸引所有其他事物來支持和同意。儘管在另一面還發現了數量更多也更具分量的實例，但它要麼忽視或鄙視這些實例……以便通過這一偉大而有害的預先決定，使其先前結論的權威可以保持不受侵犯。」這是**確認偏誤**的絕佳範例，我們在上一章中看到，我們會為先入為主的信念尋找並找到確認證據，然後忽略或合理化否定證據。人人都是如此。

偶像難題的解答何在？科學。培根的《新工具論》是他稱為 *Instauratio Magna* 或「偉大復興」的龐大項目的一部分（見圖15）。這是一個重組哲學和科學的計畫，首先用科學的新工具挑戰亞里斯多德的權威。也只有培根

圖 15. 培根透過科學探索的偉大復興

培根在 1620 年所著的 *Instauratio Magna* 卷首插畫，亦即透過 *Novum Organum*（新科學工具）進行的「大復興」。這些船隻代表了科學知識的工具，載著探險家（科學家）穿過海克力士之柱（字面上是指直布羅陀海峽；比喻上指未知的大門）。The frontispiece from Francis Bacon, *Instauratio Magna*, 1620 is from E. L. Eisenstein, *The Printing Revolution in Early Modern Europe* (New York: Cambridge University Press, 1983), p. 258.

這樣聲譽卓著的人，才能肆無忌憚地提出「只剩下一條道路了⋯⋯以更好的計畫重新來過，在適當的基礎上，開始全面重建科學、藝術及所有人類知識」。培根提出，「正如水上湧的高度，不可能超過它源自的第一個泉源的高度。源自亞里斯多德且得以免於檢驗的知識，再高也不可能超過亞里斯多德的知識。」[21]

　　關於歸納和演繹在科學中的相對優勢和作用的爭論，持續了好幾世紀，至今仍無定論。例如，當達爾文的智性成熟並發展出他的演化論時，鐘擺已經盪到了歸納法這邊，對於歸納法是什麼以及如何在科學中使用，科學哲學家之間爭論不休。雖然定義各有不同，但歸納法大致上被理解為從具體到一般的論證，從資料到理論。然而，1830 年，天文學家赫歇爾（John Herschel）主張，歸納法是從已知到未知的推理。1840 年，科學哲學家休厄爾（William Whewell）堅持，歸納法是透過心智將概念疊加到事實上，即使這些概念無法經由經驗驗證。1843 年，哲學家密爾聲稱，歸納法是從具體事實中發現一般規律，但必須經過經驗驗證。例如，克卜勒（Johannes Kepler）發現的行星運動定律，就被認為是歸納法的經典案例。對赫歇爾和密爾來說，克普勒是透過仔細觀察和歸納發現了這些定律。對休厄爾來說，這些定律是不證自明的真理，可以先驗地知道並在之後透過觀察來驗證。到了1860 年代，隨著演化論的聲勢不斷增強並有更多人接受，赫歇爾和密爾將歸納法等同於觀察的說法占了上風，這並不是因為他們是對的而休厄爾是錯的，而是因為經驗主義逐漸成為進行「好的科學研究」之必要因素。這也是達爾文推遲出版《物種源始》的部分原因——他想在公開之前為他的理論收集大量資料。[22]

純粹經驗主義的力量與貧乏

　　所有的智性運動都像鐘擺一樣在心理空間中擺動，在極端之間來回擺盪，然後漸漸落入不斷縮小的觀念範圍內。書籍之戰亦然，隨著時間推移，

權威和經驗主義之間的極端振盪趨於穩定，今天我們（希望如此）已經認識到資料和理論兩者都很重要。第一個發現擺錘原理的人是伽利略，因此我在這裡使用這個比喻多少有些諷刺。伽利略的經驗性發現，對於推翻過去幾個世紀的權威教條雖然重要，但在對土星的觀察方面，伽利略仍囿限於自己的認知限制和想像。

在透過他的小小望遠鏡觀察土星（當時最遙遠的行星）後，伽利略寫信給他的天文學同事克卜勒，說：*Altissimum planetam tergeminum observavi.*（我觀察到最遙遠的行星有三部分）。然後他解釋了他的意思：「這是說，令我非常驚訝的是，土星在我看來不是一顆星，而是三顆星在一起，幾乎互相接觸。」土星在他眼中不是一顆有環的行星，就像我們現在用最小型的家用望遠鏡都能看到的那樣，而是一個大球體被兩個較小的球體環繞，這樣才能解釋它的橢圓形形狀。

為什麼伽利略——觀察和歸納的王者——會犯下這個錯誤？在盛讚經驗主義是科學的必要條件之後，我們現在必須承認它的限制。伽利略的錯誤對於我們理解資料和理論的交互作用深具啟發性，而當談到土星時，伽利略在這兩方面都很欠缺。**資料**：土星和地球的距離是木星和地球距離的兩倍，因此，能穿過小管中不夠透明的玻璃片的光子更少，這使得土星環的清晰度好不到哪裡去。**理論**：沒有行星環理論。正是因為不存在的理論加上模糊的資料，使得信念的力量達到了頂峰，大腦填補了空白。就像之前的哥倫布一樣，伽利略到死相信的都不是自己眼睛實際上看到的東西，而是他的世界模型告訴他他所看到的東西。這正是**若我不信就無法看見**的一個例子。

伽利略無法「看到」土星環，無論是直接或從理論上，但他確實看到了一些東西，這就是問題所在。*Altissimum planetam tergeminum observavi.* 正如已故哈佛大學演化理論家兼科學史學家古爾德（Stephen Jay Gould），在對伽利略土星事件的評論中一針見血地指出：「他並沒有用『我猜想』、『我假設』、『我推斷』或『在我看來，最好的解釋就是……』來主張他的解

決方案。相反地,他大膽地寫下——我**觀察**到了。沒有其他詞彙可以如此精準地描述概念和程序(更不用說倫理評估)的重大變化,標示出朝向我們所說的『現代』科學的過渡。」[23]

後來伽利略經常反覆觀察土星,儘管每次看到的樣子都不一樣,但他仍然堅持最初的觀察和結論。在他 1613 年關於太陽黑子的書中,他寫道:「我決定不在土星周圍放置任何東西,除了我已經觀察到並揭示的——即兩顆接觸土星的小星球,一顆在東,一顆在西。」一位天文學家同事提出質疑,說那可能是一個橢圓形物體而不是三個球體,對此伽利略吹噓自己的卓越觀察力:「三顆星球的形狀和區別不完美地被看到。我已經用最優秀的儀器在不同時期觀察過它上千次了,我可以向你保證,我沒看出任何變化。」

然而,伽利略在他的太陽黑子書即將出版前不久,再次將觀測管指向土星時,卻看到了完全不同的東西。

> 但在過去的幾天裡我又去看它,發現它變成獨個的了,少了慣常陪伴它的星球,而且像木星一樣是完美的圓形,邊界清晰。對於這種奇怪的變形,該說些什麼呢?⋯⋯難道這真是一種幻覺和騙局,我的望遠鏡鏡頭欺騙了我這麼久——不僅是我,還有許多和我一起觀察過它的人嗎?⋯⋯對於如此奇怪和出乎意料的事件,我不需明確說些什麼;它太新、太前所未有了,我因自身的不足和對犯錯的恐懼而受到限制。」[24]

儘管如此,伽利略在書中得出的結論是,儘管有這些新資料,他所提出的最初理論依然是正確的。為什麼?答案可以在資料的視覺呈現中找到。

研究量化資料視覺呈現的偉大學者塔夫特(Edward Tufte),在其 2005年出版的著作《美麗的證據》(*Beautiful Evidence*)中附上伽利略 1613 年出版的太陽黑子書中的附頁(見圖 16),指出「伽利略是用二**個視覺名詞**報告他

發現的土星不尋常的形狀，以清晰和模糊的望遠鏡視野做比較。在伽利略的著作《太陽黑子的歷史和論證》（*Istoria e dimostrazioni intorno alle macchie Solari*，1613）中，文字和圖像結合成為簡單的證據，而不是不同的證據模式」。圖 16 中附有兩幅土星小圖的文字翻譯內容如下：「因此在完美的視覺和完美的儀器之下，土星的形狀是 ◯◯◯ ，但在不完美的情況下，則是呈現為 ◯ ，三顆星球的形狀和區別不完美地被看到。」塔夫特將這句話描述為「有史以來最好的分析設計」，因為它「依證據、圖像、繪畫、圖形、單字、名詞，來呈現土星」。[25] 儘管他最近觀察到「三顆星」已經變成「獨個」，而且「像木星一樣呈完美圓形，邊界明顯」。伽利略的圖像、圖畫、圖形、文字和名詞都凝結成證據，證明他最初的觀察是正確的。伽利略從未完全放棄他的第一個明確結論。

　　土星難題的解決方案，對於信念敘事中的資料與理論對話，同樣具有

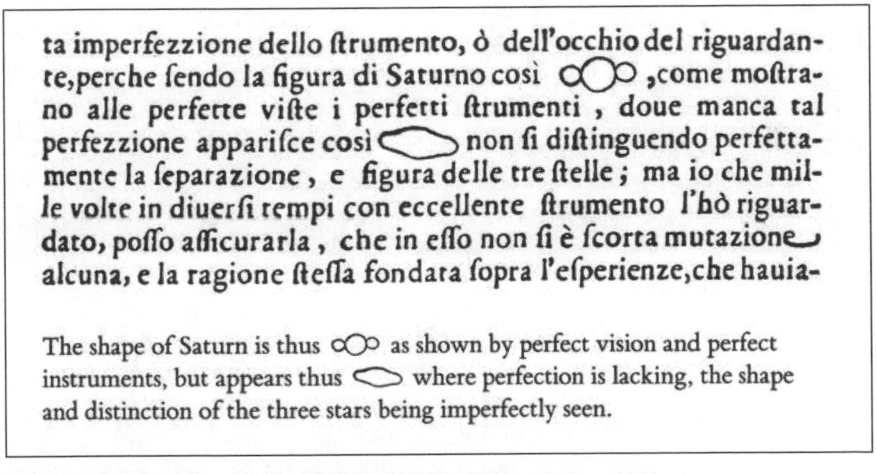

ta imperfezzione dello ftrumento, ò dell'occhio del riguardante, perche fendo la figura di Saturno così ◯◯◯ ,come moftrano alle perfette vifte i perfetti ftrumenti , doue manca tal perfezzione apparifce così ◯ non fi diftinguendo perfettamente la feparazione , e figura delle tre ftelle ; ma io che mille volte in diuerfi tempi con eccellente ftrumento l'hò riguardato, poffo afficurarla , che in effo non fi è fcorta mutazione alcuna, e la ragione fteffa fondata fopra l'efperienze,che hauia-

The shape of Saturn is thus ◯◯◯ as shown by perfect vision and perfect instruments, but appears thus ◯ where perfection is lacking, the shape and distinction of the three stars being imperfectly seen.

圖 16. 伽利略的土星「證據、圖像、繪圖、圖形、文字、名詞」

伽利略 1613 年太陽黑子書中的一頁，其中他回到了對土星之謎的思考，再次得出結論，他最初認為土星是一個三體天體是正確的。出處：Galileo Galilei, *Istoriae Dimostrazioni Intorno alle Macchie Solari*. (Rome, 1613), p. 25. 翻印於 Edward Tufte, *Beautiful Evidence* (Cheshire, Conn.: Graphics Press, 2006), p. 49.

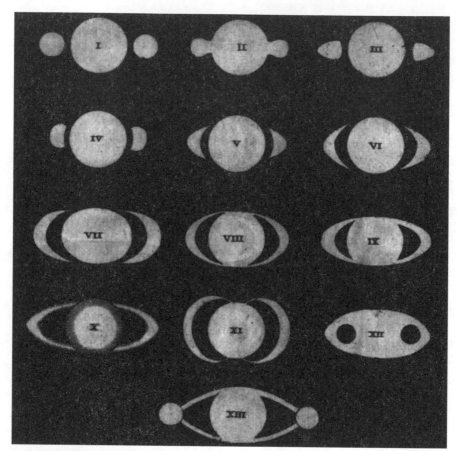

圖 17 惠更斯的錯誤目錄

荷蘭天文學家惠更斯在其 1659 年的著作《土星系統》中解開了土星之謎，其中還包括一張視覺目錄，圖示 13 個最著名的土星理論。包括 I. 伽利略，1610；II. Scheiner，1614；III. Riccioli，1641 或 1643；IV–VII. Hevel，理論形式；VIII– IX. Riccioli，1648–1650；X. Divini，1646–1648；XI. Fontana，1636；XII. Biancani，1616；Gassendi，1638, 1639；XIII. Fontana 等人，1644，1645。請注意伽利略觀察土星的第一張圖像，他從中得出結論：「我觀察到最遠的行星有三個部分。」出處：Christiaan Huygens. *Systema Saturnium* (The Hague, 1659), foldout plate at pp. 34–35. 翻印於 Edward Tufte, *Visual Explanations* (Cheshire, Conn.: Graphics Press, 1997), p. 107.

啟發意義。1659 年，即伽利略做出觀測半個世紀後，荷蘭天文學家惠更斯（Christiaan Huygens）在他的偉大著作《土星系統》（*Systema Saturnium*）中發表了這個解決方案，這是科學史上最精美的資料與理論視覺展示。在圖 17 中，我們可以看到天文學家從 1610 年（伽利略）到 1645 年（Fontana 等人）對土星做出的十三種解釋全都是錯誤的。

　　就我們的**資料—理論**組合來說，還應該要加入兩者的**呈現**。在許多方面來說，適切的呈現，才能讓人理解信念是如何產生、鞏固和改變的，因為人類天生以視覺為主，就像靈長類動物是依靠立體感知在茂密的樹林環境中穿梭。資料—理論—呈現的鐵三角，在圖 18 中精美地展示出來。惠更斯將平面的土星化為立體，並使它們繞著太陽運動。這張圖精彩呈現了資料和理論，結合了哥白尼的理論，即太陽位於太陽系的中心，而不是地球為中心（如托勒密宇宙學所主張的），以及克卜勒第一定律，即行星軌道是橢圓形，而非圓形（如亞里斯多德宇宙論所主張的），還有克卜勒第三定律，即內行星繞行太陽的速度比外行星快。

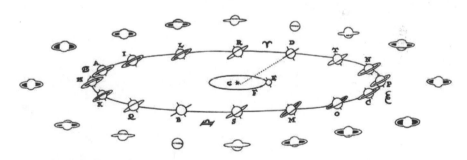

圖 18. 立體且運動中的土星

資料—理論—呈現的鐵三角，在這裡精美地展示出來，惠更斯將圖 17 中看到的平面土星，化為立體並使它們繞太陽運動。這是資料和理論的精彩呈現，結合了哥白尼的理論，即太陽位於太陽系的中心，而不是地球為中心（如托勒密宇宙學所主張的），以及克卜勒第一定律，即行星軌道是橢圓形，而非圓形（如亞里斯多德宇宙論所主張的），還有克卜勒第三定律，即內行星繞行太陽的速度比外行星快。出處：Christiaan Huygens. *Systema Saturnium* (The Hague, 1659), foldout plate at pp. 55. 翻印於 Edward Tufte, *Visual Explanations* (Cheshire, Conn.: Graphics Press, 1997), p. 108.

　　在這裡，我們從上方看到太陽—地球—土星系統——太陽系外的一個
阿基米德點提供了新的視角——而土星緩慢地在長達二九‧五個地球年的
軌道上運行。圖中三十二個土星之間的間隔約為一‧八個地球年。這樣安
排是為了指出，在地球年的不同時間，土星對於地球上的觀察者來說會顯
得不同。這就解釋了為什麼在半個世紀的時間裡，那麼多目光敏銳的天文
學家會看到那麼多不同的土星，包括根本沒有光環的土星。每個土星年會
有兩次，地球觀測者只能看到光環的側邊。塔夫特鏗鏘有力地描述了這種
視覺解釋的力量：「惠更斯呈現了一系列靜止圖像來描繪運動。為了解讀
這個以不連續空間代表連續時間活動的圖示，觀看者必須自行在影像之間
進行內插，填補間隙。兼具想像力和原創性，這張圖示十分經典，是資訊
設計的絕佳範例。」[26]

　　土星之謎及其最終解決方案，揭示了**資料、理論**和**呈現**之間，**歸納、
演繹**和**交流**之間，我們的**所見、所想**和**所說**之間的相互作用。我們無法將
這三者分開，因為這些全是心智需要的，才能產生我們在世界上賴以行動
的知識。用修辭大師古爾德的話來說，土星事件展示了「純粹經驗主義的
力量和貧乏」。這話怎麼說？古爾德的回答是對這項爭議有史以來最雄辯
的一則：

　　　　觀察可以是純粹無染（因此無可爭議）的想法——以及暗示偉大的
　　　　科學家就是能使思想掙脫周圍文化的束縛，並且僅就不受約束的
　　　　實驗和觀察得出結論，且憑藉的是清晰而普世的邏輯推理——常
　　　　常將經驗主義方法變成陳腔濫調，從而損害科學。這種情況的諷
　　　　刺之處，讓我既對脫軌的（假使不可能）理想感到痛苦，又對人類
　　　　的弱點感到有趣——因為一種旨在破壞權威證據的方法，本身變
　　　　成了一種教條。因此，就算只是為了尊重「自由需要永遠保持警
　　　　惕」這一不言而喻的真理，我們也必須充當監督者，揭穿經驗主
　　　　義神話的專制形式——並重申科學家只能在其社會和心理背景下

運作這一典型的人類主題。這樣的斷言並沒有貶低科學制度，而是豐富了我們對人類歷史上最偉大辯證法的看法：科學進步對社會的改造，出自於受社會約束和促進的基質環境。[27]

　　到了 1920 年代，在伽利略改變了對世界及近處太空的知識地理四個世紀後，資料、理論和呈現構成的宇宙邏輯基質，以一種新的模式結合在一起，徹底改變了我們看待宇宙的方式以及我們在其中的位置。儘管伽利略已經是一個勇於打破既有模式的人，但他永遠想像不到，原來太空的遼闊空曠遠超出人類所能想像。這種新模式是如何被發現、描述、質疑、辯論並最終被確定為正確的，為我們提供了科學如何仲裁衝突模式爭議的最後一個例子。

14 信念的宇宙學

Chapter Cosmologies of Belief

在清朗無雲的夜晚，遠離城市燈光，如果你的視力夠好，應該能勉強辨認出仙后座（Cassiopeia，呈 W 形的星座）附近有一片模糊的光斑。特別是如果你稍微向仙后座的一側看的話，這樣一來，二百五十萬年前離開仙女座（Andromeda）星系的光子，就會落在你的視網膜外圍，也就是暗光敏感視桿細胞所在的位置。1923 年 10 月 6 日，天文學家哈伯（Edwin Hubble）在位於洛杉磯盆地——當時世界上最大的聚光儀器——上方的聖蓋博山脈威爾遜山頂，操作一百吋（二·五四公尺）的虎克望遠鏡（Hooker telescope），證實了這片光斑以及他在目鏡中看見的許多其他雲狀影像，並不是許多天文學家所相信的那樣，是銀河系**內**的星雲。事實上，它們都是獨立的星系——曾被浪漫地稱為「島宇宙」（island universes）——而且宇宙比任何人想像的都要大……大很多。

經過幾個世紀的爭論，哈伯證實我們的星球不僅僅是一片沙灘上千億粒沙中的一粒沙子；事實上，太空裡有數千億片沙灘，每片沙灘都有數千億粒沙。這個非凡發現的故事展示了科學的實際運作：不僅是如伽利略故事中所見，科學需要資料、理論和呈現的優雅結合，還有科學爭議如何解決，以及曾廣被接受的理論因新的觀察出現而變得不合時宜時會發生什麼事。在宏觀科學的世界裡，很少有觀察目標比宇宙星雲更模糊，長期以來也一直困擾著觀察者的。星雲本質的最終定案，將大幅扭轉我們對宇宙宏觀結構的理解……以及更多。

回溯時間

　　當你眺望太空時，因為距離過於遙遠，你等於是在回顧過去；天文學家恰當地稱之為**迴顧時**（lookback time）。光的傳播速度約為每秒 299,792 公里，即每小時約 10.8 億公里。光從月球到地球需要 1.3 秒，從太陽到地球需要 8.3 分鐘，從我們最近的恆星鄰居半人馬座阿爾法星到地球需要 4.4 年。因此，當我說仙女座星系的光在 250 萬年前離開時，我指的是**迴顧時**，因為它距離我們 250 萬光年。地質學家將如此長的時間跨度稱為**深時**（deep time）。**迴顧時、深時**……無論用什麼名字來稱呼，都讓壽命堪堪八十年的生物，想像力相形見絀。

　　因為星系是如此遙不可及的天體，肉眼無法讓早期的天文學家掌握星雲的真面目，因此人類必須等到現代光學為我們提供觀測工具，才能望見如此遙遠的彼端。但有一個例外。在那個遠離城市燈光的清朗夜晚，在找到仙女座星系後，你繼續掃視天頂的其餘部分，你會看到一條寬寬的璀璨光帶橫跨整個天空，那就是銀河系。因為當局者迷，我們無法脫離觀察者的位置限制，難以從阿基米德式全局視角觀看，使得我們更難識出銀河系的真面目。自從伽利略用他的簡陋望遠鏡辨識出光帶中有個別星球以來，天文學家們一直在爭論這條光帶的真面目、我們生活的地方與它的相對位置，以及天空中其他霧狀形式是否與它相似，或與我們所在的這個不同。

　　一些天文學家推測，有一種力使得星球在天空中以帶狀排列，這種結構就像行星一樣圍繞著太陽旋轉。1750 年，一位名叫萊特（Thomas Wright）的英國鐘錶匠兼教師，在《原創理論；或，宇宙新假說》（*An Original Theory; or, New Hypothesis of the Universe*）一書中，發表了他的銀河系理論；他頗有先見之明地推測，觀察者在太空中的方向，決定了對所觀察事物的觀點。他的結論是，銀河系是我們太陽系所在的星星外殼，因此，如果對著這個外殼平視，我們可以看到許多星星，但如果看向外殼的上方或下方，看到的就會是一片空盪盪。[1] 這與我們如今觀察到的非常接近，只不過現在我們已經知

道，銀河系是一個扁平的圓盤，就像飛盤一樣，而我們的太陽系位於距其中心約四分之三的地方。如果你看「穿」圓盤——正對著厚度平面——就會看到很多星星，挨挨擠擠地像一條寬帶一樣橫跨夜空。當你把目光從寬帶上移開，就是在看盤面的上方或下方。

空中之島

　　無論事後看來多有先見之明，這樣的猜想當時在學術界幾乎無人支持，直到偉大的普魯士哲學家康德將他的見解能力轉向天空——就像是以心眼所見——提出許多天文學家以為就在近處的橢圓形「模糊星群」，實際上是非常遙遠的無數星星圓盤：「我輕易說服了自己，這些星星只可能是許多恆星的群集。之所以光亮微弱，是因為它們距離我們難以想像的遠。」但為什麼有的星雲呈圓形，有的呈橢圓形，還有的呈平面呢？這些是完全不同的東西，還是同一種東西，只是從不同角度呈現？康德推理出了一個幾乎正確的答案：「這樣一個由恆星組成的世界，如果在離它極遠處的觀者看來，那麼這個世界在一個小角度下就是一片空間；如果平面正對著觀者，看起來就是圓形；如果從側面或傾斜地去看，就會是橢圓形。」

　　這些星雲被稱為康德的「島宇宙」，他在 1755 年出版的《自然通史與天體理論》（*Universal Natural History and Theory of the Heavens*）一書中有著詩意的描述：「創造物的無限性足以構成一個世界，或是一個銀河的眾多世界，看看與它相比，一朵花或一隻昆蟲對比於大地是怎樣的。」至於銀河本身，康德以他一貫極富洞見的方式概述了他的理論：

> 正如人們發現行星在其系統中幾近處於同一平面上一樣，恆星之間的相對位置，也是盡可能地在一平面上，而這平面橫跨整個天空，因為恆星非常緊密地聚集在其中，所以呈現出被稱為銀河的光帶。我確信，由於這個被無數太陽照亮的區域幾乎完全是一個

大圓，所以我們的太陽一定位於這個大平面附近。在探索這種排列的原因時，我發現一種觀點極有可能，即所謂的恆星可能真的是緩慢移動、漫遊的高階星球。[2]

大辯論

　　康德的天體理論為一場長達數世紀的爭論揭開序幕，爭論的一方認為星雲是我們星系內的恆星系統（「星雲假說」），另一方則認為星雲代表距離極遠的獨立星系（「島宇宙理論」）。正如費里斯的經典著作《銀河系中的成年》（*Coming of Age in the Milky Way*），以及克里斯蒂安森（Gale Christianson）的傳記《埃德溫·哈伯：星雲水手》（*Edwin Hubble: Mariner of the Nebulae*），還有最近巴圖西亞克（Marcia Bartusiak）所著的精采歷史書《我們發現宇宙的那一天》（*The Day We Found the Universe*）中所重述的，哈伯在 1923 年 10 月命運的那一日，在威爾遜山頂裁決了這場辯論。[3]

　　1781 年，一位名叫梅西耶（Charles Messier）的彗星迷出版了一份星雲目錄，主要是為了把這些固定的模糊點，與他尋找的動態縷狀彗星區分開來。[4]這份目錄成了星雲的權威手冊，至今仍在使用，因為歷史命名在科學中具有優先地位（就像我們仍使用林奈的 19 世紀前達爾文時代的二項式命名法來識別生物體一樣——例如 *Homo sapiens* 是智人）。梅西耶的目錄大大方便了天文觀測，偉大的天文學家赫歇爾（William Herschel）在率先發現天王星後，將他搭配十二吋鏡面六‧一公尺長的望遠鏡，轉向梅西耶認為不會移動的物體，進行進一步的搜索。他誇口說：「我看見的太空比在我之前的任何人都更遠。」他辨識出了光斑中的恆星，這證明那確實是島宇宙！[5]康德是對的。

　　別那麼急。事實證明，赫歇爾看到的成像並不是遙遠的星系，而是球狀星團——銀河系內或附近的恆星群，天文學家將其與無法辨別單顆恆星的星雲，區分為不同類別。赫歇爾正確辨認出獵戶座星雲是銀河系內正在孕育新星的星際氣體雲；此外，赫歇爾在 1790 年透過成像看到了「一個

最奇異的現象」，也就是「一顆大約八等星等的恆星，具有微微發光的大氣層」，其中「恆星完全位於中心，而大氣層是如此稀薄、微弱且均勻，絕不可能推測它是由星星組成的；而大氣層與恆星之間的明顯聯繫也不容置疑」。[6]它是一顆行星狀星雲──我們銀河系中的一顆恆星，正在脫落其外層氣體層。這項證據不利於康德的島宇宙理論，而是支持星雲假說。在 1790 年代，赫歇爾已對一千多個新星雲和星團進行編目。儘管他記錄下的星雲類型千奇百怪，赫歇爾依舊在同行的質疑聲浪中宣稱：「這些奇怪的物體，絕不亞於整個恆星系統，不僅是因為數量，更是考慮到其重大結果，」而且「其宏偉程度可能遠遠超過我們的銀河系」。[7]

衝突的資料模式

當然，帶著後見之明偏誤，我們已經知道故事的結果了。在歷史的塵埃中翻出那些領先時代的人當然簡單，這就是我走筆至此一直在做的事，但在故事還剩下兩個世紀的情況下，天文學家顯然還沒解決星雲的謎題。而此時又出現了一個問題：從某種意義上來說，兩種理論都是正確的。一方面，我們的銀河系中有許多局部現象在夜空中都以模糊的光斑形式出現：彗星、氣態雲、球狀星團、疏散星團、行星狀星雲、古新星和爆炸後只留下氣體外殼的超新星等等。另一方面，梅西耶目錄中絕大多數被標記為星雲的天體確實是島宇宙──恆星的星系──距離銀河系極為遙遠。想要區分這兩類天體，就必須有更好的資料和完善的理論，後者緊隨前者而來，而前者直接有賴望遠鏡技術的改進。

1830 年代，愛爾蘭貴族羅斯伯爵三世帕森斯（William Parsons, third Earl of Rosse）建造了一架三十六吋的望遠鏡。透過目鏡，他勉強辨認出 M51──梅西耶目錄中的第五十一個天體──中的旋臂，這讓所有人都大吃一驚，因為即使是那些相信島宇宙理論的人，也完全不知道其他星系的結構是什麼樣子（更別說是我們自己的）。M51 後來被稱為渦狀星系，它好像是透過盤

繞中心軸的旋臂進行運動，看起來很像渦狀，因此得名。[8] 1846 年，島宇宙理論的支持者尼科爾（John Nichol）提出，一些星雲「位於太空深處，以致它們發出的光線無法到達我們的地球，直到穿越中間的深淵，經歷多到難以想像的世紀之後。」[9] 在尼科爾的想像中，這個數字可能高達三千萬年。有鑑於當時盛行的世界觀是不超過一萬年的聖經時代，這無疑是一個令人震驚的數字。私底下許多科學家都心存疑慮，但沒人知道這些有理有據的猜測有多不準確——事實證明，相差了極深迴顧時的 N 次方。

我們再次過早地選出我們預測的真理捍衛者。目前還有其他證據反對島宇宙理論，而最有力的莫過於能夠識別光成分的新儀器帶來的證據。正如牛頓在 17 世紀所證明的，白光穿過玻璃稜鏡會分散成其組成顏色。幾個世紀以來，科學家發現，如果放大這些色帶就會看到垂直線，這些垂直線似乎代表發光物體的物質元素。例如，如果你將一個元素加熱到足夠高的溫度，使其燃燒發光，再讓發出的光透過稜鏡後放大，就會發現一組該元素特有的線條——不論何時何處。

這種裝置被稱為**分光鏡**，是由一位名叫弗勞恩霍夫（Joseph von Fraunhofer）的德國光學技術人員率先採用，他在望遠鏡上安裝了一個粗糙的分光鏡，並注意到太陽、月亮和其他行星的光譜中出現了類似的線條模式，這是因為月球和行星都是反射太陽光。但弗勞恩霍夫在分析其他星星時，發現了不同的線條模式。那麼這些星星發出的光是否來自不同的來源？幾十年後，一位名叫本生（Robert Bunsen）的物理學家（因「本生燈」而聞名）用分光鏡對局部火災進行了成像，並在火焰中發現了銀和鍶。其他人有樣學樣，記錄了各種元素加熱後的光譜，因此誕生了光譜技術和天文物理科學。在將地球上的元素光譜加以編目後，天文學家終於可以將分光鏡（架在望遠鏡上的）轉向恆星——最終轉向星雲——以確定它們的成分。

1861 年，一位名叫基爾霍夫（Gustav Kirchhoff）的物理學家，對距離地球最近的恆星——太陽——進行了成像，並發現與鈉、鈣、鎂、鐵、鉻、鎳、鋇、銅和鋅的光譜線相符的線條。1864 年 8 月 29 日，一位名叫哈金斯（William

Huggins）的英國業餘天文學家，將分光鏡轉向明亮的恆星參宿四和畢宿五，並辨識出鐵、鈉、鈣、鎂和鉍，證實太陽只是另一顆恆星；或者說，恆星與太陽是同一類的天體。但當哈金斯對赫歇爾的一個行星狀星雲進行光譜分析時，他只發現了一條明顯的線，這讓爭論變得更撲朔迷離。

> 起初我懷疑是棱鏡沒裝好，而我看到的是發光狹縫的反射……然後真正的解釋閃現在我的腦海裡。這道星雲之謎終於解開了，答案以光的形式送到我們面前，它說：不是恆星的聚集，而是發光的氣體。與我們的太陽相似的恆星以及更亮的恆星會是不同的光譜；這個星雲的光顯然是由發光氣體發出的。[10]

「星雲假說眼見為實」

這項新資料又讓鐘擺擺盪向了有利於星雲是星系內結構的一方，有些人推測，也許它們是正在發展的恆星和行星系統。1888 年，皇家天文學會年會上用一張引人注目的仙女座照片，引介了最新的天文攝影技術，天文學家宣稱這是「星雲假說眼見為實！」，充分展現了這一概念在推動人們認知上發揮的力量。偉大的仙女座星系再次被降級到我們的銀河系郊區。就連在仙女座發現的一顆新星（後來成為其源自銀河外的附加證據），也透過星雲假說的濾鏡而被解讀為一種異常現象——一位天文學家寫道，它「以大約五千萬個太陽星的能量」亮度超越整個星雲的這一項事實，正意味著它根本不可能是遙遠星系中一顆爆炸的恆星。相反地，有人認為這可能是「星雲突然轉變為一顆恆星」，因此星雲假說仍然完美無缺。「星雲是否屬於外部星系的問題，幾乎不需再多做討論，」天文學家克萊克（Agnes Clerke）在她 1890 年的權威著作《恆星系統》（*The System of the Stars*）中宣稱：「新發現的進展已經回答了這個問題。可以肯定地說，現在沒有一個有能力的思想家，在看到擺在眼前的所有證據後，還能堅持任何一個星雲是與銀河系

具有同等坐標等級的恆星系統。」[11]

　　在這一點上，我們最好記住克拉克的第一定律：「當一位年高德劭的科學家聲稱某件事有可能時，他幾乎肯定是對的。當他說某件事不可能時，他非常有可能是錯的。」[12] 隨著故事的描述進入 20 世紀，我們會看到新進展支持的是克拉克而不是克萊克，先登場的就是 1899 年德國天文學家沙伊納（Julius Scheiner）對仙女座星雲的光譜分析。沙伊納將仙女座與獵戶座星雲的光譜進行了比較，當時獵戶座星雲被確定為附近的星際氣體雲。仙女座的光譜更類似一個巨大的星團，而不僅僅是一團氣體雲。為了驗證這個假設，1908 年加州聖荷西附近利克天文台（Lick Observatory）的天文學家法斯（Edward Fath）測量了球狀星團的光譜，並注意到它與仙女座光譜的相似性。終場勝出，比賽結束，至少法斯是這麼認為的。他說：「如著名的仙女座之類的星雲中心部分是一顆恆星的假設，應該立即否決，除非我們希望徹底修改何謂恆星的普遍共識。」[13] 但由於還沒有準確可靠的方法能確定這些天體的距離，所以法斯無法辨別仙女座是附近的球狀星團，還是遙遠的島宇宙。

「為眾所周知的『島宇宙』理論提供了有力證據」

　　這個天體之謎的最後一塊拼圖是在加州拼湊起來的，先是在利克天文台，最後是在威爾遜山，這是世界上最早的兩個山頂天文台。在當時，這兩處天文台是觀測宇宙的最前線，望向深邃太空、回顧時間。19 世紀末，一位名叫利克（James Lick）的富商，為了在最龐大且大膽的紀念碑上附上自己的名字，承諾投入一百萬美元，在聖荷西內陸迪亞布羅山脈的漢密爾頓山上建造一座天文台。在那裡，他豎起了「利克大折射鏡」，這是一塊三十六吋的玻璃，安裝在令人瞠目結舌的長管末端，至今仍是有史以來最美麗的天文儀器，是真正的巧奪天工之作。但這台望遠鏡——史上建造的最後一座大型折射鏡——主要用於研究行星和恆星，這就占去了天文專家

所有的精力。因此，當天文台聘請了初出茅廬的年輕天文學家基勒（James Keeler），專門從事光譜學研究時，他們派他穿過山谷到另一座山峰，那裡有第二座圓頂，裡面備配了一座不那麼優雅的普通反射望遠鏡──三十六吋的鏡子加骨架支柱，而不是筒狀鏡身。

新舊之間的過渡──從折射透鏡到反射鏡──不只是象徵性的（見圖19）。透鏡的尺寸會受到本身的重量限制，因為它只能在邊緣周圍得到支撐，時間一久就可能會下垂變形。然而，鏡子可以從下面獲得完全支撐，因此反射望遠鏡可以做得更大，足以收集來自宇宙深處遠道而來的珍稀光子。這座克羅斯利望遠鏡（Crossley）也是以一位富商的名字命名，這位紡織品製造商於 1885 年買下這座望遠鏡後，將其捐贈給利克天文台。對於光譜學家來說，克羅斯利望遠鏡還有另一個優點：玻璃鏡片對某些波長的吸收比其他波長多，所以限制了光譜分析的範圍和品質，而鏡子能平等地反射所有波長，因此更真實地呈現神祕星雲的內涵。[14]

基勒使用克羅斯利望眼鏡得出的第一批長期曝光成像，就是爭議性的 M51 渦狀星系，就連最保守的天文學家也為它目瞪口呆，其明顯的螺旋形狀暗示著運動，以及明顯臂狀的內部結構。還有意外之喜，這張四小時的曝光成像裡出現了七個以前未知的星雲，這暗示著太空裡的星雲比任何人之前想像的都還要多。不久後，梅西耶目錄就被新通用目錄（New General Catalog，NGC）大大超越，後者包含數千個星雲。當基勒轉動著克羅斯利望遠鏡，拍攝天空中這個那個 NGC 天體的長時間曝光成像時，他開始看到一個模式，圍繞著一個明亮中心旋轉的螺旋臂構成的扁平圓盤，背景中有無數尚未編目的小光斑。這就是現在所謂的碎形模式（fractal pattern）：對準某一片天空每放大一次，在取景器的主要目標後面就會出現類似的分散星雲模式。根據他的資料集推斷，天空中平均每平方度有三個星雲，基勒估計至少有十二萬個這樣的天體謎題，但他私下懷疑還有更多，也許還要多一個次方。

同樣地，因為有後見之明，我們當然會為基勒和他的同事怎麼沒立刻

圖 19. 利克天文台的望遠鏡和它揭示的神秘星雲

a. 利克天文台的克羅斯利望遠鏡在底部裝有一個三十六吋的鏡子，鏡筒頂部裝有副鏡，一起將聚焦的光反射到鏡筒側面的目鏡或分光鏡中。透過這台儀器，基勒對數千個星雲進行了成像。（攝影：作者）

b. NGC 891（深空天體新通用目錄中的第 891 號星雲）就是其中一個星雲，經過更仔細的檢查，發現其中包含許多其他星雲，基勒由此得出結論，它們是銀河系之外獨立的「島宇宙」。上圖是NGC 891 星系的廣角照片，下圖是帶有三顆亮星的右上角特寫圖，箭頭標識出其中的個別星雲。（利克天文台提供）

就推斷出，旋臂就是極遠距離的無數恆星這點感到奇怪？不過，當時流行的理論是恆星由星雲物質收縮而成，而且星雲是一邊旋轉一邊收縮，這樣行星才會如我們在太陽系中所看到的，在同一平面上依同一方向圍繞恆星旋轉。這是模式檢測和假設檢定的問題：需確定星雲模式代表的是我們銀河系中正在發展的恆星和行星系統，或是遙遠的島宇宙星系？有鑑於他在天文攝影和光譜學方面的天賦，基勒用克羅斯利望遠鏡進行最終實驗，確定出哪種模式為真只是時間問題，但基勒於 1900 年 8 月意外去世，享年僅四十二歲，因此這項任務就落到柯蒂斯（Heber Curtis）身上，他在整個 1910 年代與威爾遜山的天文學家你追我趕，而最後大獎將是宇宙本身。

　　柯蒂斯用形容詞對星雲進行分類──斑塊狀、分支狀、不規則狀、拉長橢圓形、對稱狀──並在資料中尋找有意義的模式，看是否能證明哪種假設是正確的。他從重新拍攝基勒幾年前拍攝的螺旋著手，希望能夠測量到旋轉。一無所獲後，他得出結論：「未能找到任何旋轉的證據，這代表它們的實際規模一定巨大無比，而且與我們距離極為遙遠。」也或許星雲就在附近，而且不會旋轉。誰知道呢？這個誰就是里奇（George Ritchey），他在 1917 年在威爾遜山天文台以新海爾六十吋反射望遠鏡──以天文學家海爾（George Ellery Hale）的名字命名，海爾慣於建造世界上最大的望遠鏡，這裡又有另一座安上了他的名字──拍攝 NGC 6946 的長時間曝光照片中，發現了一顆新星，與同一天體的早期照片相比更加明亮。將這顆新星與 1885 年仙女座的新星比較之後，發現它的亮度暗了一千六百倍，里奇認為這意味著它的距離遠了一千六百倍。當然，除非是有不同類型的新星，有些較亮，有些較暗──確實也是如此──所以仍需要更多資料和更好的理論。柯蒂斯也不甘示弱，開始拍攝之前已有影像的星雲，並比較這些影像以尋找新的光點。他也確實發現了並結論道，其中一個至少在兩千萬光年之外，這促使他寫下這句話：「螺旋新星為眾所周知的『島宇宙』理論提供了有力的證據。」[15]

　　原本這場辯論可以就此定論，只可惜還缺少可靠的方法來測量那麼遠

的距離。正如英國天文學家克羅梅林（A. C. Crommelin）在他 1918 年權衡支持和反對島宇宙理論證據的綜合論文中指出：「無論真假，外部星系的假說無疑是崇高而壯麗的。它呈現給我們的不是一個單一的恆星系統，而是數千個恆星系統，其中一些大而顯眼，有些則因過於遙遠而顯得小而暗淡。科學結論必須基於證據，而不是感性。但至少我們可以表達，希望這一崇高的構想能通過進一步檢驗的考驗。」[16]

紅移與變星

　　然而，島宇宙的「崇高構想」還沒準備好迎來黃金年代。偉大的英國天體物理學家金斯（James Jeans）發展出一個太陽系演化模型，看起來與天文學家認為他們在星雲中看到的非常相似。此模型中的恆星經過霧狀雲附近，將粒子攪拌成螺旋形，最終合併成行星。在亞利桑那州的羅威爾天文台（Lowell Observatory），豐富多彩、頗具影響力的天文學家羅威爾（Percival Lowell）給了星雲假說不可忽視的支持，並堅信這些模糊的光斑代表了正在形成的太陽系。 為了支持他的信念，他命令年輕的斯利弗（Vesto Slipher）對星雲進行光譜分析，他深信能在這些暗淡結構中發現代表行星的特徵光譜線。此外，也偵測了逕向速度——星雲靠近或遠離我們的速度有多快。後者的測量數據最終推翻了羅威爾的理論。

　　1912 年 9 月一個馬拉松式的集光之夜，斯利弗對仙女座進行了一三．五小時的成像。光譜板顯示光譜線向光譜的藍色端發生了位移。[17] 現在天文學家已經確定，光譜線向藍色端移動，意味著一個物體正在向我們靠近；如果向紅色端移動，就代表該物體正在遠離我們。這就是所謂的都卜勒效應，由奧地利物理學家都卜勒（Christian Doppler）發現。他指出，朝向觀察者移動的光波會被壓扁，因此會向光譜中高頻的藍色端移動；如果是遠離觀察者，光波則會被拉伸，因此會向光譜中低頻的紅色端移動。仙女座發生藍移，**明顯**的藍移——根據斯利弗的計算為每秒三百公里，這

使得仙女座遠遠超出了從前測量到的恆星運動範圍。一個移動速度如此之快的天體，怎麼可能位於銀河系內？

其他的光譜漂移也證實了斯利弗的初步發現。測量結果顯示，M81 星雲的速度為每秒一千公里——是仙女座速度的三倍——而且它正在遠離我們。到了 1914 年，斯利弗已掌握了十多個星雲的速度，全都落在仙女座和 M81 的測量範圍內——大約比平均恆星速度快二十五倍——而且大多數都在遠離我們。根據其速度以及銀河系的估計大小，許多天文學家認為這些星雲顯然不可能位於銀河系內。島宇宙理論聲勢漸長，宇宙膨脹論的種子也就此播下。

要結束這場爭論，就需要一種可靠的距離測量法，最後是由哈佛的勒維特（Henrietta Swan Leavitt）在 1900 年代初發明。她從擔任志工開始，一路往上爬，直到成為「計算員」，為全員男性的天文學家計算數字。她最終憑藉對造父變星（Cepheid variable）的研究，在天文學領域的里程碑上刻下了她的名字，後來造父變星成為哈伯於 1923 年在他的感光板上標注的標準測距天體。造父變星——因最初是在仙王座（Cepheus the King constellation）中發現這類星體而命名——的亮度會在幾天、幾週或幾個月內發生變化，而且模式高度可預測：變星越亮，週期越長。因為勒維特是在小麥哲倫雲（Small Magellanic Cloud）——麥哲倫在環球航行期間首次記錄到南方天空中的這塊光斑——中發現了這些造父變星，這代表該衛星星系內的所有恆星，與我們的距離都相同。它們的週期性是對其真實光度的直接測量，而不是出於距離變化的影響。

造父變星因此成為光距測量的「標準燭光」。如果你有一種特定類型的蠟燭，所有燭焰的大小和亮度都相同，而你發現其中一些燭光的亮度是附近標準燭光的一半、四分之一或八分之一，那就可以合理推斷它們的距離是兩倍、四倍或八倍。一旦可以透過視差（將從地球軌道一側拍攝的影像，與六個月後從另一側拍攝的影像相比，看背景恆星在目標恆星後面移動了多少）等經過驗證的方法，就能可靠地確定地球與造父變星的距離，那麼在星雲中發現

造父變星亮度暗了 X 倍，就代表它們距離 X 倍遠。如果能在距離遠超出銀河系範圍的星雲內部發現造父變星，就能證實這些恆星位於我們銀河系之外的星雲中，從而證實島宇宙理論。

「大星系」假說和神祕的旋轉星雲

但還有一類證據反對島宇宙假說，那就是偉大的宇宙學家沙普利（Harlow Shapley）關於銀河系大小的研究。沙普利使用不久前在威爾遜山頂上啟用、世界上最大的一百吋虎克望遠鏡，收集球狀星團的資料。到了1920 年，沙普利得出結論，這些恆星球體圍繞銀河系中心旋轉，就像黃蜂群繞著蜂巢飛舞一樣。由於現在已經確定太陽並不在銀河系中心附近，於是沙普利將銀河系的估計大小增加了一個次方，將直徑從三萬光年增加到三十萬光年。他稱之為「大星系」假說，這樣大的星系足以將所有天體──包括那些麻煩的星雲──納入已知的宇宙中。如果沙普利是對的，那麼宇宙就只是一個島，我們和星雲都在其中。為了檢驗他的假設，沙普利開始研究星雲是否會旋轉的資料，如果星雲確實會旋轉，就不可能離得那麼遠，因為在那麼遠的距離下，如果能在幾年的時間範圍內就可偵測到該天體的旋轉運動，就代表它的旋轉速度超過光速，而這是不可能的。因為一些天文學家認為他們偵測到仙女座有這種運動，所以沙普利得出結論，仙女座星雲的距離不可能遠於二萬光年左右。

1915 年，荷蘭天文學家范馬南（Adriaan van Maanen）使用威爾遜山的六十吋海爾望遠鏡，開始認真地測量星雲的旋轉速度。范馬南運用立體觀景器，交替使用兩個相同的感光板在不同時間拍攝，再拿 1899 年、1908 年和 1914 年拍攝的螺旋星雲，與他最近拍攝的照片比較。透過檢視不同年份的成像中是否有任何移動或旋轉變化，范馬南認為他在 M101（Pinwheel nebula，風車星雲）中看到了運動，他估計該星雲每八萬五千年完成一次完整的旋轉。如果 M101 是一個遙遠的島宇宙，那就代表星雲邊緣的恆星旋轉

速度將超過光速，而愛因斯坦最近證明這是不可能的。因此，M101——推及其他螺旋星雲——就在不遠處，而且都落在沙普利重新擴大直徑為三十萬光年的銀河系範圍內。沙普利寫信給范馬南：「恭喜得出星雲成果！我倆似乎在島宇宙中放了一個皺褶——你把螺旋帶進來，我把星系推出去。」[18]

　　既然理論之間存在衝突，那麼問題就出在資料上，柯蒂斯對此提出了質疑。他試圖親自測量星雲的旋轉運動，但卻徒勞無功。范馬南認為他看到 M33 的自轉週期為十六萬年，M51 的自轉週期為四萬五千年，M81 的自轉週期為五萬八千年，但柯蒂斯根本沒有看到任何運動。怎麼會這樣？星雲要麼旋轉，要麼不旋轉，對吧？這裡存在一個模式性問題，以及當資料無法為自己說話時（也不太可能）大腦如何填補細節。測量星雲旋轉是一項極繁瑣的工作，測量誤差很容易就會超過運動本身的數值，因而得出完全錯誤的結論。這就像估計一輛汽車的時速是三十公里／小時 ± 三十公里／小時一樣。而這很可能就是實際發生的事情。隨著測量品質的提高，星雲的運動減少……直到完全消失。

「VAR！」

　　哈伯閃亮登場，他是漫長而多彩的天文學史上最偉大的人物，儘管他來自密蘇里州，但卻培養出一身英國貴族的氣質。在能夠辨別八千公里外的燭光、宏偉的新型一百吋虎克望遠鏡（見圖 20）投入使用後不久，哈伯就來到威爾遜山。最新技術使哈伯的才智和雄心壯志如虎添翼，最後徹底裁決了星雲假說和島宇宙理論之間的大辯論。

　　1923 年是哈伯的奇蹟年，他花了幾個月的時間對熟悉的星雲進行分類和編目，隨後在 NGC 6822 中發現了十五顆變星，其中十一顆是造父變星。哈伯利用新的標準燭光，計算出這片星雲的距離為七十萬光年，遠遠超過沙普利提出的直徑三十萬光年「大星系」。10 月 4 日，哈伯拍攝了包

圖 20. 解開星雲之謎的威爾遜山一百吋望遠鏡

位於南加州聖蓋博山脈威爾遜山頂的一百吋虎克望遠鏡，哈伯在這裡徹底證明了神祕星雲並不是銀河系內附近的小型氣態物體，而是「島宇宙」——星系——結構與我們的星系相似，但距離非常遙遠。（作者攝影）

括仙女座在內的多個星雲，在第二天對感光板進行詳細的實驗室分析時，他認為他發現了一個新星，也許是三個。他更加聚精會神，第二晚他重新拍攝了仙女座並對「疑似新星」進行確認。然後，哈伯前往檔案處將這片感光板與之前拍攝的進行比較，在那裡，他在新板上的三個光點旁草草寫上「N」，代表 nova（新星）。在第三次仔細查看感光板時，哈伯意識到其中一個點並不是新的；事實上，它是一顆變星——造父變星，如假包換！哈伯在虎克望遠鏡的日誌中寫道：「在這個感光板（H335H）上發現了三顆

恆星，其中兩顆是新星，一顆證實是變星，後鑑定為造父變星——M31 中發現的第一顆。」[19] 哈伯劃掉了感光板上的「N」，重新寫上「VAR！」，板上日期寫著「1923 年 10 月 6 日」（見圖 21）。就在這一天，宇宙改變了。

接下來的幾個月裡，哈伯持續觀察仙女座，追蹤其造父變星的光變曲線，得知其光變週期是 31.415 天，由此計算出這顆恆星比我們的太陽亮七千倍。但在數小時的聚光曝光後，在感光板上仍只能勉強看出來這僅代表了一件事：仙女座非常非常遙遠。哈伯寫信給沙普利（當時人在哈佛）：「你

圖 21 改變宇宙的照片

哈伯拍攝的仙女座，他在其中辨識出了造父變星——用於測量距離——這使他能夠計算出這個星雲距離太遠，不可能位於銀河系內，因此它本身必定是一個「島宇宙」。（威爾遜山天文台提供）

應該會有興趣知道，我在仙女座星雲（M31）中發現了造父變星。本季只要天氣許可，我就觀察這個星雲，而我在過去五個月裡發現了九顆新星和兩個變星。」[20] 使用與沙普利測量球狀星團和銀河系大小相同的技術，哈伯計算出仙女座距離我們至少有一百萬光年。如果無誤，這代表仙女座是一個島宇宙。

沙普利沒能像哈伯一樣立刻看出新資料代表的意義，他告訴哈伯，他覺得哈伯的信是「這麼久以來我看到最有趣的文學作品」，並警告他，長於二十天的造父變星光變週期，可能不是可靠的距離指標。哈伯提出更多資料作為回應，包括 NGC 6822 中九個變星的成像，然後是仙女座中另外十二個變星的成像，其中三個是令人矚目的造父變星，再加上 M33、M81 和 M101 中的另外十五個變星。在另一封寫給沙普利的信中，哈伯選擇透過交際辭令，婉言勸告他的同事兼昔日競爭對手改變思維：「所有跡象都指向一個方向，開始考慮（島宇宙理論）相關的各種可能性也不會有什麼壞處。」最後沙普利終於想通，他把哈伯的信拿給一位哈佛大學天文學研究生看，並宣布「這封信摧毀了我的宇宙」。[21] 不久後，沙普利公開擁護島宇宙理論，在這些千真萬確的新資料前，放棄了他之前所抱持的信念。

至於范馬南的星雲旋轉資料，使得不少天文學家相信星雲假說是正確的，哈伯的結論則一定是測量誤差：「整合兩組資料數據的問題的確有點吸引力，但儘管如此，我認為還是必須放棄測量到的旋轉。我審視過了第一次的測量數據，歷歷指出存在重大誤差是最可能的解釋。旋轉似乎是一種強行解讀。」[22] 困惑而沮喪的范馬南再次拿出他的天文感光板，重新計算了數字後告訴沙普利，「我找不到 M33 的瑕疵，而且我有最好的材料。看起來幾乎是絕對一致的。」沙普利的反駁是對兩組資料和相應理論進行了交叉比較：「關於這些角運動，我完全不知道該相信什麼；但造父變星似乎無可質疑，只要哈伯的週期光度曲線像我們所聽到的那樣明確。」

確實如此。幾年後，沙普利在接受採訪時被問到，為什麼他捍衛范馬南的旋轉資料那麼久？他以第三人稱回答：「他們想知道為什麼沙普利會

犯這個錯誤。重點在於⋯⋯范馬南是他的朋友，而他相信朋友。」這確實
是一個令人欽佩的特質，甚至可能使得以資料為重的科學家判斷錯誤，但
資料和理論終將勝過信念和友誼。

　　關於天體星雲的大辯論是科學史上的經典研究，它證明了，隨著時間
的推移，透過更高品質的資料和更全面的理論，爭端和辯論終將獲得解決。
也許科學進步的速度沒有我們希望的那麼快，科學家經常在資料早已明指
暗示時，仍緊抓舊有的理論不放（尤其是與友誼牽扯在一起的時候），但改變終
究會出現，典範轉移了，革命發生了，我們又向前了一步，更加瞭解自然
的真實面目。

　　在島宇宙理論之後，我們又該何去何從？在膨脹的宇宙中，除了島星
系之外還有什麼呢？

科學與最大的未解之謎

　　我承認有一個謎團已被證明是科學上的重大難題，那就是我們的宇宙
是如何形成的。這個謎團一般以兩種方式呈現，一種無法回答，另一種可
能（但尚未）有答案。第一種提出的問題是：**在我們的宇宙開始之前存在什
麼**？或者，**為什麼會「有」，而不是「無」**？

　　以這種方式提出問題不僅不科學，而且根本純屬荒謬，就像問**時間
開始之前是幾點**？或是**北極以北是什麼**？問為什麼有而不是無，就等於假
定「無」是事物的自然狀態，因此「有」需要解釋。但也許「有」是事物
的自然狀態，而「無」才是有待解開的謎團。正如物理學家斯坦格（Victor
Stenger）所指出的：「當前的宇宙學指出，宇宙的形成並沒有違反任何物理
定律。物理定律本身被證明符合人們對宇宙從無到有的預期。是『有』而

非『無』，因為『有』比較穩定。」[23]

　　有神論者對存在問題的回答是：上帝在宇宙出現之前就已存在，然後在一瞬間讓宇宙從無到有，如同創世紀中描述的創造時刻。但上帝存在於宇宙**之前**，**然後**創造宇宙的概念，本身就意味著時間順序。在宗教和科學的世界觀中，時間是從宇宙大爆炸開始的，因此上帝必須存在於空間和時間之外，這意味著圍於身為生活在有限宇宙中的有限存在，我們對這樣的超自然實體不可能有任何認識，除非祂成為自然存在，並進入我們的世界施行奇蹟。

　　無論如何，在這道謎題的概念中，我們都受到語言和認知的限制：我們有限且受限的大腦，無法真正理解「無限」、「虛無」或「永恆」的真正含義，而這種思想實驗導致了悖論，最後淪為套套邏輯，就像將**引力**定義為物體相互吸引的趨勢，然後解釋物體由於**引力**而相互吸引。[24] 認為宇宙誕生後才有時間和空間，然後又問宇宙之前有什麼，本身就自相矛盾。將上帝定義為宇宙的創造者，然後將宇宙解釋為上帝的創造，依然是套套邏輯。這些語言和認知難題，無法讓我們對這個問題得出滿意的答案。物理學家伽莫夫（George Gamow）的這首打油詩把這個悖論說得好：

　　　　一位來自三一學院的年輕人
　　　　取了〔無窮大的平方根〕
　　　　　　但其位數
　　　　　　　　　讓他坐不住；
　　　　他放棄了數學學起了神學。

　　這個謎團的第二種問法，為科學家提供了一些研究的對象：為什麼我們的宇宙會如此巧妙地微調，使恆星、行星、生命和智慧能夠出現？這被稱為**微調問題**（fine-tuning problem），在我看來，這是有神論者對上帝存在的最佳論證。即使是非宗教科學家也會對這些奇怪的數字構成感到震驚，這

些數字必須正好如此，否則生命就不可能存在。英國皇家天文學家里斯爵士（Sir Martin Rees）在他的著作《只有六個數字》（*Just Six Numbers*）中概述了這個問題，並指出「我們能從簡單的大爆炸中出現，六個『宇宙數字』是關鍵」，這些數字是「最適微調」，使物質和生命得以出現。[25] 這六個數字如下：

1. **Ω(omega) = 1，宇宙中的物質量**：如果 Ω 大於 1，宇宙早就坍縮了，如果 Ω 小於 1，星系就無法形成。

2. **ε (epsilon) = .007，原子核結合的強度**：如果 ε 是 0.006 或 0.008，那麼我們所知的物質就不可能像現在這樣存在。

3. **D = 3，我們生活的維度**：如果 D 是 2 或 4，生命就無法存在。

4. **N = 10^{39}，電磁強度與引力強度比**：如果少幾個零，宇宙就會太年輕、太小，無法演化出生命。

5. **Q = 1/100,000，宇宙的結構**：如果 Q 再小一些，宇宙將毫無特徵；如果 Q 再大一些，宇宙將主要是巨大的黑洞。

6. **λ (lambda) = 0.7，導致宇宙加速膨脹的宇宙常數或「反重力」力**：如果 λ 再大一點，就會阻止恆星和星系的形成。

使生命成為可能的這六個數字（還有更多，但這些是最重要的幾個）的微調，有時可以用「人擇原理」來解釋，最強調這一點的是物理學家巴羅（John Barrow）和蒂普勒（Frank Tipler）在 1986 年的著作《人擇宇宙原理》（*The Anthropic Cosmological Principle*）：「不僅是人類在適應宇宙，宇宙也在適應人類。想像一下，如果有一個宇宙，其中一個基本的無維度物理常數，以某種方式改變了百分之幾會怎麼樣？人類永遠不可能在這樣的宇宙中誕生。這就是人擇原理的核心。根據這項原理，賦予生命的因素位於世界整體機制和設計的中心。」[26] 人擇原理因其對立學說（所謂的「哥白尼原理」）而困擾著科學家；該原理指出，我們不是特別的。智慧設計理論家、神創論者和神

學家認為，這種微調是神靈智慧設計的證據，而人擇原理就是他們的假設。
我認為這個假說至少有六種替代方案，也更符合哥白尼原理假說。[27]

1. 宇宙的微調並不那麼適合生命存在，因為宇宙中絕大部分是空
曠的，而僅有的少量物質——以恆星和行星的形式——大多不
適合生命生存。

2. 宇宙為我們微調的想法，是一種宇宙沙文主義，這是比薩根的
「碳沙文主義」（即認為生命不能基於碳以外的任何東西）更宏大的
變體。只要拒絕宇宙沙文主義，我們就會發現不是宇宙在為我
們微調，而是我們為它而微調。我們很難想像一套不同的物理
學會如何產生不同形式的生命，但宇宙可以。科學目前只花了
四個世紀的時間來研究生命的本質，演化已經用了四十億年的
時間來創造生命。演化論比科學更聰明。如果說我們確信生命
不可能在不同的法則下演化，那就太狹隘了。

3. 光速和普朗克常數等數字，在某種程度上是任意數字，可以以
不同的方式構成，讓它們與其他常數的關係不那麼巧合或神祕。
同樣地，這些常數在極長的時間跨度上可能是不穩定的，從大
爆炸到現在都在變化，使得宇宙只在現在微調得這麼好，而不
是在其歷史上的早期或後期。物理學家巴羅和韋伯將這些數字
稱為「不恆定常數」，並證明了尤其是光速、引力和電子質量，
實際上在不同時間是不恆定的。[28]

4. 如果有一天人們發現並建構了大統一物理理論，也許會發現這
六個神奇數字背後存在一個基本原理。到時候不再是六個神祕
數字，而是只有一個。在能將亞原子粒子的量子世界，與廣義
相對論的宇宙世界聯繫起來的全面性物理理論出現之前，我們

對宇宙的本質還沒有足夠的瞭解，無法躍至自然以外。加州理工學院宇宙學家卡羅爾（Sean Carroll）指出：

> 廣義相對論可能不是正確的引力理論，至少在極早期宇宙的背景下是如此。大多數物理學家懷疑，最終我們需要的是一種量子引力理論，結合量子力學的框架與愛因斯坦關於彎曲時空的想法，才能理解最一開始發生的事情。因此，如果有人問你，在所謂的大爆炸那一刻到底發生了什麼，唯一誠實的答案就是：「我不知道。」[29]

萬物的大統一理論本身就需要一個解釋，但它可能可以透過目前科學仍未知、因此無法理解的其他理論來解釋。

5. 身為科學史學家，我強烈懷疑還有更大的前景，有待天文學家和宇宙學家去發現，這些前景將完全改變問題的本質，從解釋宇宙的本質和起源到可以完全解釋其他事物。想想過去幾千年我們對宇宙面貌的認知順序：從古巴比倫人的以大地為中心、天幕上有星星圍繞其旋轉的宇宙觀。希伯來人承襲了這一觀點，亞里斯多德的靜止大地模型又加以鞏固。到了中世紀的世界觀，認為地球位於中心，恆星和行星在外圍的透明球面上旋轉。再到 16 世紀哥白尼的革命，使地球動了起來而恆星在遙遠的太空。然後是 18 世紀赫歇爾猜想天空中的模糊光斑是「島宇宙」，到 20 世紀哈伯發現這些星雲並不在銀河系中，而是無比龐大且遙遠的星系，從大爆炸之始就不斷膨脹遠離。到 21 世紀發現宇宙是以加速度膨脹，再到……什麼？

6. 基於天文學的歷史以及其他證據和邏輯的匯集指向，我想為**多**

元宇宙（multiverse）提供理由，我們的宇宙——誕生於一次大爆炸中，很可能會永遠膨脹並在嗚咽中消亡——只是眾多具有不同自然法則的泡沫宇宙之一。[30] 那些具有六個神奇數字的宇宙將產生物質，這些物質合併成恆星，其中一些坍縮成黑洞和奇點，我們的宇宙可能也是從中誕生的。因此，像我們這樣的宇宙又會誕生具有相同六個數字的嬰兒宇宙，其中一些嬰兒宇宙發展出足夠聰明的智慧生命，得以發現這種達爾文式的宇宙演化過程。包含多個宇宙的**多元宇宙**，符合宇宙地平線不斷擴大的的歷史軌跡，並鞏固了歷久不衰在的哥白尼原理，即我們只是這個行星舞台上曇花一現的演員。

當然，我們應該一視同仁地以科學規則來檢視多元宇宙假設。有哪些好理由能讓我們相信多元宇宙嗎？有的，這些模型有多種風格，套用上面的編號模式，我將其分為六種類型。

1. **永恆回歸的多元宇宙**。這種形式的多元宇宙出於宇宙膨脹收縮的永恆興衰循環，而我們的宇宙只是永恆循環中泡沫最終崩潰和再次膨脹之間的一段「插曲」。宇宙學家卡羅爾認為，「空間和時間在大爆炸之前確實存在；我們所說的爆炸是一種從一個階段到另一個階段的過渡。」因此，他說：「不存在所謂的初始狀態，因為時間是永恆的。在這種情況下，我們想像大爆炸並不是整個宇宙的開始，儘管它顯然是我們當地區域歷史上的一個重要事件。」[31] 這個多元宇宙似乎不太可能，因為迄今為止的所有證據都指出，我們的宇宙不僅仍在膨脹，而且是以加速度膨脹。我們的宇宙中似乎沒有足夠的物質能中止膨脹，並將其帶回到大擠壓中，從而以又一次大爆炸產生新泡沫。[32]

2. **多重創造的多元宇宙**。在暴脹宇宙論中，宇宙是從時空的泡沫成核中誕生的，如果宇宙的這個創造過程是自然的，那麼就可能存在多個氣泡成核，從而產生許多膨脹的宇宙，但彼此之間保持分離，沒有任何因果接觸。然而，如果這種因果上不相連的宇宙存在，我們也無法從它們那裡獲取訊息，所以這在本質上是一個無法檢驗的假設，並不比人擇原理假設更好。[33]

3. **多重世界的多元宇宙**。這種類型的多元宇宙衍生自量子力學的「多重世界」解釋，即存在無限多個宇宙，其中既有或將有的每一個可能選擇的每一個可能結果，都在其中之一發生過了。這種多元宇宙的理論是基於著名的「雙縫」實驗的奇異發現，光穿過兩條狹縫，並在後方表面形成波的干涉圖案（就像將兩塊石頭扔進池塘，觀察同心波圖案相互作用，波峰和波谷彼此增減）。令人毛骨悚然的部分在於，當你一次只發送一個光子通過兩個狹縫時——即使沒有和其他光子相互作用，仍會形成干涉波圖案。怎麼會這樣？有一個答案是光子正在與其他宇宙中的光子相互作用！在這一類的**多元宇宙**中——有時又稱為「平行宇宙」——你可能會遇到你的分身，而且依你進入的宇宙而定，你的平行自我會與你非常相似或不同，這一主題已成為科幻小說的套路。在我看來，這個版本的多元宇宙連氣味測試都沒通過。還有多個版本你我存在的想法——在無限多元宇宙模型中，將有無數個我們——一看就很荒謬，甚至比有神論的說法更不可能。

4. **多維弦理論多元宇宙**。當三維「膜」（我們的宇宙存在於其上）穿過更高維度的空間並與另一個膜碰撞時，多維多元宇宙可能會出現，其結果是另一個宇宙的活躍誕生。[34] 相關的多元宇宙是衍生自弦理論，經計算可允許存在 10^{500} 個可能的世界，而

且所有世界都具有不同的自洽定律和常數。[35] 這是一個 1 後面跟著五百個零的可能宇宙（別忘了 1 後面跟著十二個零就是一兆！）如果這是真的，那麼其中不產生智慧生命才是奇蹟了。斯坦格（Victor Stenger）創建了一個電腦模型，可以分析一百個擁有不同常數的宇宙會是什麼樣子，常數範圍從高於我們宇宙常數值五次方，到低五次方都有。斯坦格發現，至少有十億年壽命的長壽恆星——對於產生賦予生命的重元素是必要的——將在他的模型中至少一半的宇宙相當廣的參數範圍內出現。[36]

5. **量子泡沫多元宇宙**。在這個模型中，宇宙是從虛無中創造出來的，但在科學版本的「從無到有」中，太空真空的虛無中，其實包含了量子泡沫，可能會波動而創造出嬰兒宇宙。在這種組態中，任何量子態下的任何量子物體都可能產生一個新的宇宙，每個宇宙都代表每個可能物體的每一種可能狀態。[37] 這是霍金對他自己在 1990 年代提出的著名微調問題的解釋：

> 為什麼宇宙如此接近再次坍縮和無限膨脹之間的分界線？要像現在這樣接近，早期的擴張速度必須極為精準。如果大爆炸後一秒的膨脹率少了 10^{10} 分之一，宇宙在幾百萬年後就會崩潰。如果大於 10^{10} 分之一，宇宙在幾百萬年後根本就空了。無論哪種情況，都無法存在夠久到能發展生命。因此，人們要麼訴諸於人擇原理，要麼找到一些物理理論，來解釋為什麼宇宙會是現在這樣。」[38]

霍金的合作者彭羅斯（Roger Penrose）提出了更多謎團，他指出，「我們觀察到的自然大爆炸似乎需要非凡的精確度（或『微調』）……至少是 $10^{10^{23}}$ 分之一。」彭羅斯提出了兩種解答的途徑：

要麼是上帝所為，要麼我們也許能尋找一些科學／數學理論。[39]霍金選擇了第二種，並給出了這樣的解釋：「量子波動導致微型宇宙的自發產生，無中生有。大多數宇宙都會坍縮至空，但少數達到臨界大小的宇宙將以暴脹的方式膨脹，形成星系和恆星，也許還有像我們這樣的生物。」[40]

6. **天擇多元宇宙**。在我看來，最好的多元宇宙模型是美國宇宙學家斯莫林（Lee Smolin）所提出的，他在宇宙演化中加入了達爾文元素，即具有繁衍差異的泡沫宇宙間也存在「天擇」。斯莫林認為，就像生物學上的物種一樣，也可能存在許多不同的宇宙「物種」，每個宇宙都有各自不同的自然法則。像我們這樣的宇宙就會有許多恆星，也就意味著會有許多黑洞坍縮成奇點，其無限強的引力導致物質具有無限密度和零體積。如今有許多宇宙學家認為，我們的宇宙始於奇點的大爆炸，因此有理由推測，坍縮的黑洞從這些奇點中創造了新的嬰兒宇宙。自然法則與我們相似的嬰兒宇宙將是親生命的（biophilic），而具有完全不同自然法則的宇宙不允許恆星存在，不可能有黑洞，因此不會孵化任何嬰兒宇宙，進而走向滅絕。這種宇宙演化過程的長期結果，將是像我們這樣的宇宙占主導地位，所以我們不該意外，自己處於一個適合生命存在的宇宙中。[41]

　　我們該如何檢驗多元宇宙假說？如果能更瞭解黑洞的特性，也許能支持新宇宙可以從坍縮黑洞中誕生的理論。也許能在我們宇宙大爆炸留下的宇宙微波背景輻射的微幅溫度差異中，偵測到其他泡沫宇宙，而 NASA 最近發射了一艘專為研究這種輻射而建造的太空船。測試這些理論的另一種方法，可能是透過雷射干涉儀引力波天文台（Laser Interferometer Gravitational Wave Observatory，LIGO），這個天文台專門探測異常微弱的引力波。如果還

有其他宇宙，引力波的漣漪也許會透露出它們的存在。也許引力是一種相對較弱的力（與電磁力和核力相比），才會「洩漏」到其他宇宙。也許吧。

　　2010年底，霍金和加州理工學院數學家姆洛迪諾，在他們的書《大設計》中，給出了他們對宇宙大哉問的答案（「為什麼是『有』而不是『無』？」、「我們為什麼能存在？」以及「為什麼是這套法則而不是其他的？」）。他們以所謂的「模型依存實在論」（model-dependent realism）來解決這個問題，其基本假設為我們的大腦是根據感官輸入形成世界模型，我們使用最能成功解釋事件的模型，並假設這些模型與現實相符（即使事實並非如此），而當有多個模型都能做出準確的預測時，「我們可以自由選用最方便的模型」。作者解釋說，採用這種方法時，「去問模型是否真實是沒有意義的，只能問它是否與觀察結果一致。」用來描述之前討論過的光現象的兩個模型——波／粒子模型——就是模型依存實在論的一個例子，這兩種模型各自符合某些觀察結果，但都不足以解釋所有觀察結果。霍金和姆洛迪諾運用費曼的「歷史求和」（sum over histories）模型，解釋了雙縫實驗的結果，即雙縫實驗中的每個粒子都採取了所有可能的路徑，因此它與在不同歷史中的自身相互作用（而不是如前述的替代模型所述，與其他宇宙中的粒子相互作用）。

　　為了建立整個宇宙的模型，霍金和姆洛迪諾採用了「M理論」，這是弦理論（string theory）的延伸，包括十一個維度（十個空間和一個時間），納入了當前所有的五種弦理論模型。正如費曼的「歷史求和」光模型一樣，霍金和姆洛迪諾提出宇宙本身也採取了每一種可能的路徑——經歷所有可能的歷史——這導致了可以想像的最多重的多元宇宙。「按照這種觀點，宇宙是自發出現的，以各種可能的方式開始，」霍金和姆洛迪諾解釋道，「其中大部分對應於其他宇宙。雖然其中一些宇宙與我們的宇宙相似，但大多數非常不同。事實上，許多宇宙都以不同的物理定律系統而存在。」儘管

有些人將這些不同的宇宙稱為多元宇宙，但霍金和姆洛迪諾聲稱「這些只是費曼歷史求和的不同表達」。霍金和姆洛迪諾採用多重模型，將多重宇宙解釋為只是一個具有多重歷史的系統，他們結論道：「基於這些理由，M理論是完整宇宙理論的唯一候選者。如果它是有限的——這一點還有待證明——它將是一個自我創造的宇宙模型。」

宇宙如何自我創造？答案與宇宙的總能量有關，霍金和洛迪諾聲稱，宇宙的總能量必須是恆定的並且始終保持為零。由於創造恆星或行星等物體需要消耗能量，因此局部存在非零的能量不平衡。「因為引力具有吸引力，所以引力是負的：必須做功才能脫離受引力束縛的系統，例如地球和月球，」作者解釋道，「這種負能量可以平衡創造物質所需的正能量。」但整個宇宙是如何產生的呢？「在整個宇宙的尺度上，物質的正能量可以與引力負能量相平衡，因此整個宇宙的產生是沒有限制的。因為存在著像萬有引力這樣的定律，宇宙可以、也將會無中生有地創造自己⋯⋯自發性創造是『有』而非『無』的原因，是宇宙存在的原因，也是我們存在的原因。」儘管作者承認這套理論還需要經由觀察來證實，但如果屬實，那麼就不需要造物主的解釋，因為宇宙創造了自己。我稱之為「自發無中生有」。

目前還沒有確切的證據能支持多元宇宙假說，但也沒有確切的證據能證明這個問題的傳統答案：上帝。對於這兩個假設，我們都只剩下一個荒謬的問題：在多元宇宙或上帝之前是什麼？如果上帝的定義是不需要被創造的東西，那麼為什麼多元宇宙不能定義為不需要被創造的東西呢？也許兩者都是永恆的，不需要任何創造解釋。不論是哪一種，我們都只有「我想不出其他解釋」之類的負面證據，而這根本就不算證據。

如果說科學史給了我們什麼教訓的話，那就是認為以我們目前所知足以明白我們尚未能知，是過於傲慢的想法。因此，目前來說，我們還是只能取決於認知和情感偏好：只有負面證據的答案或根本沒有答案。**上帝，多元宇宙，還是未知**。你選擇哪一個，取決於你自己的信念歷程以及你想

要相信的程度。

　　我想相信，我也想知道。真相就在某處，也許很難找到，但要揭開真相，科學是我們能有的最佳工具。

　　此去險阻，通往星辰！[*]

---

[*]　譯注：Ad astra per aspera. 有時也寫做 Per aspera ad astra. 這句話源自羅馬詩人小塞內卡（Seneca the Younger），因被刻在紀念於卡納維爾角發射台火災中喪生的阿波羅一號太空人的牌匾上而為人所知。

結語
Epilogue

真相就在某處

Truth Is Out There

我稱自己為懷疑論者,意思是我採用科學方法來評估各種說法。科學就是懷疑論,科學家是天生的懷疑論者。科學家必須時刻抱持懷疑,因為大多數說法都被證明是錯誤的。從堆積如山的穀殼中剔除摻雜的幾顆麥粒,需要大量的觀察、仔細的實驗,並謹慎地推斷出最佳結論。

科學之所以如此強大,是因為有一個明確的方法可以回答有關世界的問題——一個真實可知的世界。哲學和神學依賴邏輯理性和思想實驗,而科學則運用經驗主義、證據和觀察性實驗。

科學與虛無假設

科學始於所謂的**虛無假設**(null hypothesis)。儘管統計學家對此有非常具體的定義(與比較不同的資料集有關),但我是在較一般的意義上使用**虛無假設**這個術語:所調查的假設不為真,或者說是虛無,除非另有證明。虛無假設聲明 X 不會導致 Y。如果你認為 X 確實會導致 Y,那麼你有責任提供令人信服的實驗資料,以拒絕虛無假設。

拒絕虛無假設所需的證明統計標準是相當高的。理想情況下,在對照實驗中,至少要有 95% 到 99% 的信心水準證明結果不是偶然造成的,我們才能暫時同意該效應可能為真。大家其實都很熟悉這種過程,因為新聞會報導 FDA 在廣泛的臨床試驗後批准新藥。新聞中提到的試驗涉及相當複雜的方法,以測試藥物 X(例如他汀類藥物)可降低疾病 Y(例如與膽固醇相關的心

臟病）的說法。虛無假設即他汀類藥物無法透過降低膽固醇來減少心臟病。拒絕虛無假設，就代表投以他汀類藥物的實驗組和未投以他汀類藥物的對照組，兩組的心臟病發病率存在統計學上的顯著差異。

以下是一個相對簡單的例子，可以說明這個與虛無假設有關的統計顯著性方法如何回答這個問題：異能人士可以只用 ESP 就能確定一副撲克牌是紅色還是黑色嗎？異能人士當然都說他們可以，但根據我的經驗，人們常常言過其實。那我們如何檢驗這項 ESP 說法？如果我們將卡片一張一張地放在桌子上，要異能人士指出每張卡片是紅色或黑色，那麼需要正確命中多少次，才能讓我們得出他們不是在猜顏色的結論？在這種情況下，虛無假設是異能人士的表現不會比隨便猜更好，因此要拒絕虛無假設，就需要建立一個數字來表示每回合所需的正確命中次數。如果是用猜的，我們預期異能人士的正確率大約是一半。在一副五十二張的撲克牌中，一半是紅色，一半是黑色，隨機猜測或拋硬幣平均會產生二十六次的正確命中。

當然，玩過拋硬幣的人都知道，拋十次硬幣不見得總是會出現五次正面和五次反面，經常是略有偏差——六個正面和四個反面，或三個正面和七個反面——這些都在機率範圍內。或者，正如任何玩過輪盤賭的人都知道，有時紅色比黑色出現得更多，反之亦然，而這還是不違反機率和隨機性。事實上，投注時我們要的就是這種不對稱的連勝，並希望我們有足夠的紀律，在機率暫時偏向對我們有利還未反轉之前，及時收手離開賭桌。

因此，我們不能只通過一連串簡短的卡牌猜測，來測試我們的異能人士，因為光憑運氣也能連續命中。我們需要進行多次試驗，其中某些回合可能會略低於機率（例如二十二、二十三、二十四或二十五次命中），而其他回合可能會略高於機率（例如二十七、二十八、二十九或三十次命中）。差異可能更大，但仍然只是機率。我們需要決定出一個數字，讓我們足以有信心地拒絕虛假設。在這個例子中，這個數字是三十五。異能人士需要從五十二張牌中得到三十五次的正確命中，我們才能以 99% 的信心水準拒絕虛無假設。得出這個數字的統計方法不是我們所關心的，[1] 重點是，儘管五十二次中命中

三十五次聽起來不難，但事實上，單看機率就非常不尋常，以至於我們可以有信心地說（「在 99% 的信心水準下」），這不只是出於偶然。

那有可能是什麼？可能是 ESP。但也可能是其他因素。也許我們的控制還不夠嚴格，也許異能人士能透過我們不知道的其他正常（而不是超自然）手段（例如牌面在桌面上的反射），得知牌面是紅色或黑色。也許異能人士作弊了，但我們不知道是如何作弊的。我看過蘭迪用一整副牌做了這個實驗，並完美地分成兩堆全紅和全黑的牌。魔術師格林（Lennart Green）洗牌、打亂一副牌，像是手殘一樣把牌弄亂，再慢吞吞地把牌推回到一起，然後發出四手獲勝的牌面，或依序排列的同一花色，而且全程矇眼。[2] 但蘭迪和格林是魔術師，這些都是魔術。我不知道他們是怎麼做到的，但這不代表他們真的有（超自然）魔法，事實上，大多數科學家都不知道這些魔術是如何完成的，這意味著我們在測試異能人士時，對實驗的控制需要更加警惕，也許甚至可以找魔術師加入研究團隊。所謂的不得不信——如果我無法解釋它，那麼它一定是真的——在科學上是站不住腳的。

即使嚴加控制，科學依舊無法百分之百確定。科學方法是有史以來區辨真假模式、區分現實與幻想，以及檢測胡扯的最佳工具，但我們必須永遠記得，我們可能是錯的。拒絕虛無假設並不能保證真理，而未能拒絕虛無假設也不代表某一主張一定就是錯的。我們必須保持開放心智，但又不能開放到大腦都掉了。「暫時為真」是我們能有的最上策。

科學與舉證責任

虛無假設也意味著舉證責任在於提出肯定主張的人，而不在於反駁主張的懷疑論者。我曾經上《瑞賴金現場》討論幽浮（他一直以來的最愛），旁邊坐滿了幽浮專家（信徒與懷疑論者的比例為 5：1，似乎是此類主題電視節目的常態）。瑞賴向我們這些懷疑論者提出的問題，通常忽略了科學的這個核心原則（「謝爾默博士，對於 X 先生凌晨三點在亞利桑那州某處目擊幽浮的事件，你有什麼

解釋嗎？」如果我沒能提出解釋，那就一定是外星人）。舉證責任不在於懷疑論者必須反駁不明飛行物，而是主張有幽浮的人必須去證明那是外星人。

儘管我們無法進行對照實驗，以得出拒絕外星人沒來造訪地球這一虛無假設的統計概率，但要證明外星人來訪卻很簡單：讓我們看到外星飛船或外星物體。在那之前，請繼續搜索，找到了再告訴我們。對於幽浮學家來說不幸的是，模糊的照片、粗粒子影片和天空中有詭異亮光的傳聞等等，都不能讓科學家視為外星人來訪的明確證據。照片和影片經常被錯誤解讀，而且很容易被篡改，天空中的亮光有許多平平無奇的解釋：空中照明彈、發光的氣球、實驗飛機、直升機、雲、沼澤氣體，甚至是金星，如果你開在一條遠離城市燈光、高低起伏的高速公路上，金星的確會像是一道始終跟隨你的亮光。有些段落被刪減（塗黑）的政府文件，也不能算作外星接觸的證據，因為我們都知道政府出於與軍事防禦和國家安全的成堆理由，必須保持機密。是的，政府對公民撒謊，但對 X 事件撒謊不代表 Y 事件為真。地球機密並不等於掩蓋外星事件。

許多這種性質的主張都是基於**負向證據**。也就是說，如果科學無法解釋 X，那麼你對 X 的解釋必然是正確的。事實並非如此。在科學領域中，許多謎團在進一步的證據出現之前都無法解釋，問題往往要等到之後才能解決。我還記得 1990 年代初宇宙學中有一個謎團，說是似乎有比宇宙本身更古老的恆星——女兒比母親還老！我心想這可能是一個熱門題材，能揭示當前宇宙學模型的一些嚴重錯誤，我可以發表在剛創刊不久的《懷疑》雜誌上。我先詢問了加州理工學院的宇宙學家索恩（Kip Thorne），他向我保證，這種錯亂只是出於目前對宇宙年齡估計的問題，等有更多資料和更好的定年技術，這個問題就會自行解決。事實也確實如此，正如科學中的許多問題最終都得到了解決。在等待的時候，我們不妨先說：「我不知道」、「我不確定」和「讓我們拭目以待」。

科學與收斂法

可以肯定的是，並非所有主張都能以實驗室實驗和統計檢定。許多歷史和推理科學都需要對資料進行細緻入微的分析，並從多個調查線索**匯聚證據**，以得出明確無誤的結論。就像偵探採用證據匯聚技術來推論誰最有可能犯罪一樣，科學家也採用這種方法來推論特定現象最可能的解釋。宇宙學家透過匯聚宇宙學、天文學、天體物理學、光譜學、廣義相對論和量子力學的證據，來重建宇宙的歷史。地質學家透過匯集地質學、地球物理學和地球化學的證據，來重建地球的歷史。考古學家從花粉粒、廚餘、陶器碎片、工具、藝術品、書面資料和其他特定地點的文物中，拼湊出一個文明的歷史。環境科學家透過環境科學、氣象學、冰河學、行星地質學、地球物理學、化學、生物學、生態學等，重建氣候史。演化生物學家透過地質學、古生物學、植物學、動物學、生物地理學、比較解剖學和生理學、遺傳學等，揭示和解釋生命的歷史。

儘管這些推理科學不符合實驗室科學的模型，但還是可以進行假設檢驗。事實上，從事此類歷史科學工作的科學家也必須檢驗假設，以避免確認偏誤、後見之明偏誤，和許多肯定會影響他們對資料解釋的其他認知偏誤。正如蘇洛韋在他關於歷史心理學的科學論文結尾處指出：「當大腦面臨的訊息超出其吸收能力時，它就會尋找有意義的（通常是確認性的）模式。結果是，我們傾向將與我們的期望不一致的證據最小化，使原本的世界觀再次獲得確認。」事實上，蘇洛韋認為達爾文很可能是有史以來最偉大的歷史學家，因為他不遺餘力地檢驗自己關於生命史的假設，這成為他所有著作的基礎，最終累積為《物種源始》，徹底改變了他的領域，將其從業餘博物學家不失雅趣的推測，轉變為今天的嚴謹科學。達爾文甚至將他的新科學運用在自己的生活史中，正如蘇洛韋的解釋：「達爾文理解人類對再確認現狀的偏好。在他的《自傳》（*Autobiography*）中，他指出自己往往很快就會忘記任何與他的理論相矛盾的事實。因此，他制定了一條『金科玉

律』，即一定要把這些訊息寫下來，這樣他就不會忽視了。就像達爾文的
金科玉律一樣，假設檢驗克服了人類思維處理資訊的某些限制。」[3]

科學與比較方法

　　可是歷史假設要如何檢驗？其中一種方法是透過**比較法**，加州大學洛
杉磯分校地理學家賈德戴蒙（Jared Diamond）在他的《槍炮、病菌與鋼鐵》
（*Guns, Germs, and Steel*）一書中出色地運用了這種方法，他在書中解釋了過去
一萬三千年來全球文明之間發展速度的差異。[4]戴蒙問道，為什麼是歐洲
人殖民了美洲和澳大利亞，而不是美洲原住民和澳大利亞原住民殖民了歐
洲？戴蒙駁斥了這樣的假設：種族之間遺傳的能力差異，使得某些群體的
發展速度不如其他群體。相反地，戴蒙提出了一種生物地理學理論，即馴
化穀物和家畜的可得性，引發了農業、冶金、寫作、非糧食生產專家、大
量人口、軍事和政府官僚機構以及其他促成西方文化發展的元素形成。如
果沒有這些植物和動物，以及一連串相關因素，我們文明的這些特徵都不
可能存在。

　　戴蒙採用比較方法比較了澳洲和歐洲，並指出澳洲原住民無法像歐洲
人把犁套在牛馬背上那樣把犁套在袋鼠背上。此外，可馴化的本土野生穀
物數量很少，並且僅分布在地球的某些地區——那些見證了第一文明興起
的地區。歐亞大陸東西向的軸線，有利於馴化穀物和家畜的擴散，以及知
識和思想的傳播，因此歐洲能夠更早地從馴化過程中受益。相較之下，美
洲、非洲和亞洲—馬來西亞—澳洲走廊的南北向軸線，就不適合這種運輸
流動，因此那些在生物地理上本來就不適合農業的地區，根本無法從擴散
中受益。此外，透過與家畜和其他民族的持續互動，歐亞人對許多疾病產
生了免疫力，後來他們將這些疾病的病菌，連同槍炮和鋼鐵帶到澳洲和美
洲，在當地引發了前所未有的種族大滅絕。再說，在不到一代的時間裡，
現代澳洲原住民就學會了駕駛飛機、操作電腦以及任何澳洲的歐洲居民能

做的事。相較之下，當歐洲農民被放到格陵蘭島時，他們之所以會滅絕，是因為環境改變了，而不是因為他們的基因退化了。

這種比較方法是**自然歷史實驗**的結果，戴蒙在 2010 年的這本書中提出了許多例子，包括一項將海地與多明尼加共和國進行比較的及時研究。兩個國家都居住在同一個島嶼上，但由於地緣政治差異，一個國家一貧如洗，而另一個國家則繁榮昌盛。[5] 這是怎麼一回事？這是一場**自然邊界實驗**，類似朝鮮半島的情形。1945 年北韓和南韓之間劃出的一道邊界，導致北韓的獨裁和貧困。2008 年北韓的年國內生產總值為 133.4 億美元，人均收入為 555 美元，而南韓的年國內生產總值為 9,291 億美元，人均收入為 19,295 美元。想一想，如果你的年收入是 555 美元，和年收入 19,295 美元一比，生活會有多麼不同，想必你就會感受到比較方法的力量。劃分伊斯帕紐拉島（Hispaniola）的邊界十分鮮明：一邊是蒼翠的森林，而另一邊是不見樹木的棕色土地。多雨的鋒面從東方吹來，將水分降在島東部的多明尼加共和國一側，使得西側更加乾燥，土壤更加貧瘠，不利於農業生產力。海地一側原本就較少的樹木又被大量砍伐，導致水土流失、土壤肥沃度下降、建築業木材和木炭燃料木材的損失、河流沉積物負荷增加以及水域保護減少，導致水力發電量下降。凡此種種，都使海地陷入環境惡化的負回饋循環。

比較島內兩側的政治歷史，則揭示了第二組起作用的因素。哥倫布的兄弟巴塞洛繆（Bartholomeo）於 1496 年為西班牙殖民伊斯帕紐拉島，在該島東側奧薩馬河出口處的聖多明各（Santo Domingo）建立首都。兩個世紀後，法國和西班牙關係緊張，1697 年的「里斯威克條約」（Treaty of Ryswick）授予法國對該島西半部的統治權，1777 年的「阿蘭胡埃斯條約」（Treaty of Aranjuez）永久確立了邊界。因為法國比西班牙富裕，而且奴隸是其經濟中不可或缺的一部分，所以法國把伊斯帕紐拉島的西部當成奴隸貿易的中心，85% 的人口都是奴隸，而西班牙統治下的東半部只有 10% 至 15% 的奴隸。來看看令人震驚的原始數字：島上西側約有五十萬名奴隸，而東側只有一萬五千至三萬名奴隸。有一段時間，海地比多明尼加共和國更富有。但也

只是一段時間。海地的奴隸經濟導致人口密度顯著增加，再加上法國貪圖島上的木材，導致森林迅速被砍伐殆盡和隨之而來的環境惡化。海地奴隸發展出自己的克里奧爾語（Creole），而世界上沒有其他人會說這種語言，使得海地更加自外於能帶來繁榮的經濟和文化交流。

　　當海地和多明尼加在 19 世紀獲得獨立時，另一個比較差異顯現。海地的奴隸起義非常暴力，而拿破崙試圖恢復秩序的干預，導致海地人對歐洲產生了深深的不信任。他們不想與未來的貿易和投資、進出口、或移民的遷入和遷出有任何關係，因此他們沒有從這些因素和其他因素中獲得經濟利益。相較之下，多明尼加的獨立相對非暴力，幾十年間，他們在獨立和西班牙控制之間來來回回，直到西班牙於 1865 年決定不要這片領土。在此期間，多明尼加人講西班牙語，發展出口，與歐洲國家進行貿易，並吸引了歐洲投資者和德國人、義大利人、黎巴嫩人和奧地利人等多元化移民人口，進而建立充滿活力的經濟。兩國都在 20 世紀中葉落入邪惡獨裁者手中。特魯希略（Rafael Trujillo）對多明尼加共和國的控制帶來了可觀的經濟成長，因為他渴望積聚個人財富，這導致充滿活力的出口工業（其中大部分是他擁有的）；特魯希略引進科學家和林業工作者來保護森林，供他個人使用並透過他的伐木公司牟取暴利。海地的獨裁者「醫生爸爸」杜瓦利埃（François Duvalier）就沒有這樣做，反而進一步將海地與世界其他地區隔離。

　　在自然的歷史實驗中採行比較方法，與社會學家和經濟學家比較當今的自然社會實驗並沒有什麼不同。我們不能故意讓一群人陷入貧困，然後觀察他們的健康、教育和犯罪率是否有改變。但我們可以環顧四周，找到內城區的一些貧困人口，然後衡量各種因素，並將其與其他社會經濟階層進行比較。這個過程與實驗科學中的任何方法一樣嚴格。一旦推理科學或歷史科學透過累積正向證據而充分確立，就成為一門可檢驗的科學。

科學與正向證據原則

證據匯集法和比較法，是古生物學家和演化生物學家經常用來檢驗演化假說的方法，以支持演化論的正向證據累積出結果。如果神創論者要反駁演化論，就得要拆散這些相互依存的證據，並建構一個比演化論更能解釋這些證據的競爭理論。但他們沒有，他們只有**負向證據**，「如果演化生物學家不能對 X 提出自然解釋，那麼對 X 的超自然解釋一定是正確的。」事實並非如此。**正向證據原則**指出，必須有支持你理論的正向證據，而不能光有反對競爭對手理論的負向證據。

正向證據原則適用於所有主張。懷疑論者就像來自「索證州」密蘇里州的人。給我看支持你主張的正向證據。讓我看看大腳野人的屍體。給我看看亞特蘭提斯的考古文物。給我一個顯靈板，讓完全矇住眼的參與者拼寫出單字。拿出一首諾查丹瑪斯四行詩，是在事實發生**之前**（而不是之後）預測了二次大戰或 911（由於後見之明偏誤，事後的言論在科學中不算數）。拿出替代醫療比安慰劑更有效的證據。讓我看看外星人或帶我去母船。讓我看看那位智慧設計師。讓我看看上帝。讓我看見，我就會相信。

大多數人（包括科學家）都將上帝問題與所有其他主張區分對待。如果這項主張——即使只是在原則上——不能以科學檢驗，他們這樣做就是正確的。但哪些能包括在內？大多數宗教主張都是可以檢驗的，例如祈禱能對療癒有正面影響。就這個例子而言，迄今為止的對照實驗指出，受祈禱和未受祈禱的患者之間沒有區別。能讓我不得不相信的，必須是斬釘截鐵的事實，例如斷肢再生。這一點兩棲類可以做到，再生醫學的新科學也似乎即將實現這一目標。毫無疑問，一個無所不能的神靈一定可以做到。

科學與信念

這趟信念的敘事之旅已經走到尾聲，但其實這只是全新理解的開端，

關於大腦如何產生信念並將其鞏固為真理。在我們發現的許多謎團和試圖回答的問題中，有一個特別引人注目：**理性人**（*Homo rationalis*）——透過嚴格無情的邏輯和對資料的理性分析，仔細權衡所有決定的人類——不僅已經滅絕，而且可能從未存在過。史巴克只存在於科幻小說。這是一件好事，因為那些大腦情緒網絡（尤其是邊緣系統）受損的人，發現自己幾乎無法對生活中最平凡的選擇做出哪怕是最簡單的決定——例如，買哪種牙膏：有這麼多的品牌、尺寸、品質和價格需要考慮，光靠理性只會讓你站在商店走道裡猶豫不決，動彈不得。這就是分析癱瘓。要度過平凡的每一天，往往需要超越理性的感性信念之躍，更不用說做出人生重大決定的時候了。

說到底，我們所有人都在試圖理解這個世界，而大自然賦予了我們一把雙面刃，既能斬開前路，也有可能自傷。在刀身的一側，我們的大腦是宇宙中最複雜、最精確的資訊處理機器，不僅能夠理解宇宙本身，也能夠理解理解的過程。在刀身的另一側，透過形成關於宇宙和自身信念的相同過程，我們也比任何其他物種更有能力自欺欺人，甚至在我們試圖避免被大自然愚弄的同時，愚弄了自己。

說到底，我想相信，我也想知道。真相就在某處，也許很難找到，但要揭開真相，科學是我們能有的最佳工具。

此去險阻，通往星辰！

致謝
Acknowledgments

　　打造一本書，跟打造一棟建築有許多相似之處，在鷹架被拆除，施工人員也轉移到其他項目之後，讀者只能看到完工的外表。這本書的地基和組裝——以及我的整體工作——得到了許多人的幫助，首先是我的經紀人 Katinka Matson、John Brockman 和 Max Brockman，他們一同幫助我將科學寫作這個類別，塑造成我所謂的整合科學，將資料、理論和敘述整合成一個統一的整體。感謝我的演講經紀人 Scott Wolfman 和他在 Wolfman Productions 充滿企圖心的團隊，他們富有遠見，將科學和懷疑論作為一種可行的娛樂和教育形式進行行銷。也要感謝 Henry Holt/Times Books 的 Stephen Rubin、Paul Golob 和 Robin Dennis 監督這個項目，特別感謝我的總編輯 Serena Jones 督促我加強手稿，還要感謝出色的文案編輯 Michelle Daniel 逐行瀏覽手稿，並提出許多出色的建議，使我的文字免於尷尬。我也要感謝本書的設計者 Meryl Sussman Levavi，其版式、排版和設計使本書昇華為優雅；感謝負責銷售和行銷的 Maggie Richards，以及負責宣傳的 Nicole Dewey 將書稿推向市場，從很多方面來說，這是不斷變化的圖書出版世界中最後也是最重要的一步。

　　我還要感謝懷疑論者協會和《懷疑》雜誌的辦公室工作人員，包括 Pat Linse、Nicole McCullough、Ann Edwards、Daniel Loxton、William Bull、Jim Smith、Jerry Friedman，以及資深編輯 Frank Miele、資深科學家 David Naiditch、Bernard Leikind、Liam McDaid、Claudio Maccone 和 Thomas McDonough，特約編輯 Tim Callahan、Harriet Hall、Phil Molé 和 James Randi；

編輯助理 Sara Meric；感謝攝影師 David Patton 和 Brad Davies 為《懷疑》的加州理工學院科學講座系列留下了視覺記錄。我還要感謝《懷疑》雜誌的董事會成員：Richard Abanes、David Alexander、已故的 Steve Allen、Arthur Benjamin、Roger Bingham、Napoleon Chagnon、K. C. Cole、Jared Diamond、Clayton J. Drees、Mark Edward、George Fischbeck、Greg Forbes、已故的 Stephen Jay Gould、John Gribbin、Steve Harris、William Jarvis、Lawrence Krauss、Gerald Larue、William McComas、John Mosley、Bill Nye、Richard Olson、Donald Prothero、James Randi、Vincent Sarich、Eugenie Scott、Nancy Segal、Elie Shneour、Jay Stuart Snelson、Julia Sweeney、Frank Sulloway、Carol Tavris 以及 Stuart Vyse。

也要感謝 Susan Davis、Eric Wood、Hall Daily、Laurel Auchampaugh、Christof Koch、Leonard Mlodinow、Sean Carroll 和 Kip Thorne 對加州理工學院懷疑論者協會的體制支持。同樣地，我要感謝 Claremont Graduate University 政治與經濟學院的體制支持，特別是 Paul Zak、Wendy Martin、Mary Ellen Wanderlingh、Thomas Willett、Thomas Borcherding 和 Arthur Denzau。一如既往，我要感謝帕沙第納 KPCC 89.3 FM 電台的朋友們，尤其是 Larry Mantle、Jackie Oclaray、Karen Fritsche 和 Linda Othenin-Girard。我要感謝懷疑論者協會的慷慨支持，包括 Jerome V. Broschart、Tom Glover、Matthew D. Madison 和 Sharon E. Madison、Ted A. Semon、Daniel Mendez、Robert 和 Mary Engman 夫婦以及 Whitney L. Ball。最後，我要特別感謝那些為我們組織的各項事務提供幫助的人：Stephen Asma、Jaime Botero、Jason Bowes、Jean Paul Buquet、Adam Caldwell、Bonnie Callahan、Tim Callahan、Cliff Caplan、Randy Cassingham、Shoshana Cohen、John Coulter、Brad Davies、Janet Dreyer、Bob Friedhoffer、Michael Gilmore、Tyson Gilmore、Andrew Harter、Diane Knudtson 以及 Joe Lee。

我還要特別感謝《科學美國人》的 Mariette DiChristina 和 John Rennie，因為他們是如此值得信賴的朋友，每個月都善加帶領，才能不讓懷疑論者

專欄開天窗。能在這本美國創刊最久的雜誌（一百六十五年，且持續增加中）聲譽卓著的頁面上發表專欄，是我在工作中最有成就感的一件事。

　　這本書獻給德芬‧齊爾‧謝爾默（Devin Ziel Shermer），她現在已經開始另一段自己的人生旅程，感謝她讓我有機會表達無條件的愛，並賦予我的生命深刻目的和終極意義，因為我們一同為延續三十五億年的演化使命，也就是生命的代代相傳，做出了貢獻。永遠記住，沒有一個地方比得上家……

注釋
Notes

　　本書參考資料眾多。考慮到紙本書的厚度與重量，繁體中文版的注釋將以電子檔形式收錄。歡迎讀者視需要掃描下方 QR Code，或在瀏覽器上輸入連結網址 http://qrcode.bookrep.com.tw/eagleeye_20 下載注釋電子檔。

　　如遇任何問題，請來信鷹出版客服信箱 gusa0601@gmail.com。

鷹之眼 20

我們為何相信：

從鬼魂、神和外星人，到陰謀、經濟和政治，大腦如何打造信念並鞏固為真理

The Believing Brain: From Ghosts and Gods to Politics and Conspiracies - How We Construct Beliefs and Reinforce Them as Truths

作　　　者	麥可・謝爾默 Michael Shermer
譯　　　者	蔡丹婷

副 總 編 輯	成怡夏
責 任 編 輯	成怡夏
協 力 校 對	羅寬愉
行 銷 總 監	蔡慧華
封 面 設 計	莊謹銘
內 頁 排 版	宸遠彩藝

出　　　版	遠足文化事業股份有限公司 鷹出版
發　　　行	遠足文化事業股份有限公司（讀書共和國出版集團）
	231 新北市新店區民權路 108 之 3 號 8 樓
客 服 信 箱	gusa0601@gmail.com
電　　　話	02-22181417
傳　　　真	02-86611891
客 服 專 線	0800-221029

法 律 顧 問	華洋法律事務所 蘇文生律師
印　　　刷	成陽印刷股份有限公司

初　　　版	2024 年 4 月
初 版 二 刷	2024 年 6 月
定　　　價	540 元
I S B N	978-626-7255-34-6
	978-626-7255-33-9 (EPUB)
	978-626-7255-35-3 (PDF)

國家圖書館出版品預行編目 (CIP) 資料

我們為何相信：從鬼魂、神和外星人，到陰謀、經濟和政治，大腦如何打造信念並鞏固為真理 / 麥可.謝爾默 (Michael Shermer) 作；蔡丹婷譯 . -- 初版 . -- 新北市：鷹出版：遠足文化事業股份有限公司發行 , 2024.04
　　面；　公分 . --（鷹之眼；20）
譯自：The believing brain : from ghosts and gods to politics and conspiracies@@how we construct beliefs and reinforce them as truths.
ISBN 978-626-7255-34-6(平裝)
1. 信仰　　2. 認知心理學
176.3　　　　　　　　　　　　　　　　　　　　113002809